INTERDISCIPLINARIDADE

pensar, pesquisar e intervir

Dados Internacionais de Catalogação na Publicação (CIP)
(Câmara Brasileira do Livro, SP, Brasil)

Interdisciplinaridade : pensar, pesquisar, intervir / Ivani Catarina Arantes Fazenda (org.) ; Herminia Prado Godoy (coordenadora técnica). — São Paulo : Cortez, 2014.

ISBN 978-85-249-2168-1

1. Interdisciplinaridade na educação I. Fazenda, Ivani Catarina Arantes. II. Godoy, Herminia Prado.

13-13218 CDD-370.1

Índices para catálogo sistemático:

1. Interdisciplinaridade : Filosofia da educação 370.1

IVANI CATARINA ARANTES FAZENDA (ORGANIZADORA)
HERMINIA PRADO GODOY (COORD. TÉCNICA)

INTERDISCIPLINARIDADE
pensar, pesquisar e intervir

CORTEZ EDITORA

INTERDISCIPLINARIDADE: pensar, pesquisar e intervir
Ivani Catarina Arantes Fazenda (Org.)

Capa: de Sign Arte Visual sobre imagem de Ricardo Hage de Matos
Preparação de originais: Jaci Dantas de Oliveira
Revisão: Maria de Lourdes de Almeida
Composição: Linea Editora
Coordenação editorial: Danilo A. Q. Morales

Direitos para esta edição
CORTEZ EDITORA
Rua Monte Alegre, 1074 – Perdizes
05014-001 – São Paulo – SP
Tel. (11) 3864 0111 Fax: (11) 3864 4290
E-mail: cortez@cortezeditora.com.br
www.cortezeditora.com.br

Impresso no Brasil – março de 2014

Dedico este livro a todas as crianças,
representadas aqui por minhas netas:
Isabella, Gabriella, Victória e Sophia.

Ivani Fazenda

Sumário

PREFÁCIO
Ivani Fazenda 13

INTRODUÇÃO
Ivani Fazenda 17

A ESTÉTICA DO MÉTODO
Cláudio Antônio Tordino 21

AÇÃO
Odila Amélia Veiga França 27

AGORA
Peterson José Cruz Fernandes 35

ARTE
Ana Lúcia Gomes da Silva 37

CIÊNCIA
Diamantino Fernandes Trindade 43

COMPETÊNCIA

Peterson José Cruz Fernandes 48

CONCEITO

Diva Spezia Ranghetti 51

CONSCIÊNCIA

Sarah Fantin de Oliveira Leite Galvão 60

CONSCIÊNCIA ESPIRITUAL

Hermínia Prado Godoy 64

CORAGEM

Maria José Eras Guimarães Biguetti 71

CORPO

Telma Teixeira de Oliveira Almeida 77

CRIAÇÃO

Christine Syrgiannis 82

CUIDADO

Valda Inês Fontenele Pessoa 85

ESCRITURA

Maurina Passos Goulart Oliveira da Silva 91

ESPAÇO

Ricardo Hage de Matos 98

ESPIRITUALIDADE
Maria Sueli Periotto 107

ESTRATÉGIA
Peterson José Cruz Fernandes 110

FENOMENOLOGIA
Luciana Pasqualucci 117

FORMAÇÃO DOCENTE E CONTEXTO INSTITUCIONAL
Marina Graziela Feldman 117

GASTRONOMIA
Rosana Fernandez Medina Toledo 122

GENEROSIDADE
Andrea Cury Borges de Gouvêa Tonanni 126

GESTÃO EDUCACIONAL
Jerley Pereira da Silva 130

IDENTIDADE
Dirce Encarnación Tavares 135

INTUIÇÃO
Manolo Perez Vilches 140

LIBERDADE
Peterson José Cruz Fernandes 146

MEDIAÇÃO
Nali Rosa Silva Ferreira 149

METÁFORA
Mariana Aranha Moreira José 157

NEGOCIAÇÃO
Adalzira Regina de Andrade Silva 166

OLHAR
Dirce EncarnaciónTavares 172

PACIÊNCIA E PRUDÊNCIA
Marilda Prado Yamamoto 179

PARADIGMA
Ana Luíza Xavier Strang 186

PERFORMANCE
Sonia Regina Albano de Lima 192

RECONHECIMENTO
Ana Maria dos Reis Taino 197

RELAÇÃO PEDAGÓGICA
Diva Spezia Ranghetti 202

SABOR
Fátima Aparecida Arantes Sardinha 215

SABORES
Ana Maria Ruiz Tomazoni 221

SENSIBILIDADE
Elenice Giosa 226

SENTIDO
Mariana Aranha Moreira José 232

SONHO
Peterson José Cruz Fernandes 238

SUSTENTABILIDADE
Beatriz Marcos Telles e Arnoldo José de Hoyos Guevara 240

TRABALHO CRÍTICO
Ana Rosa Vidigal Dolabella 246

VALORES
Mariana Aranha Moreira José 251

VIVÊNCIA SIMBÓLICA
Simone Moura Andrioli de Castro Andrade 257

GEPI, Obras, Organizadora, Coordenadora e Autores 265
– Grupo de Estudos e Pesquisa em Interdisciplinaridade (GEPI) 265
– Relação de obras publicadas por e sob a organização de Ivani Catarina Arantes Fazenda 266
– Organizadora 270
– Coordenadora técnica 271
– Autores 272

Prefácio

Há quarenta anos, quando iniciamos nossas pesquisas em Interdisciplinaridade, os escritos e as pesquisas sobre teoria, prática e pesquisa interdisciplinares eram incipientes.

Hoje verificamos que a proposta de lei educacional, redigida em 1971, na qual a Interdisciplinaridade surgia como proposta para toda a Educação, encontra-se com os mesmos dilemas, ainda não superados.

Enfrentar as necessidades de uma interdisciplinaridade científica, profissional, metodológica e prática, como demonstram os estudos que realizei desde 1979 até a presente data com meus parceiros, parece adquirir finalmente **legitimidade**. O ano de 2013 torna-se emblemático, no sentido de re-ativar a discussão adormecida em todos os níveis, graus e áreas de estudo.

O **Renascimento**, ao que tudo indica, ocorre ao final de 2012 quando a Capes conclama todas as universidades brasileiras a apresentarem os resultados da formalização ocorrida dez anos antes e se compromete a promover encontros regionais durante o ano de 2013 para que se tenha um panorama de como se encontra a inserção da interdisciplinaridade nos currículos educacionais ao final de 2014, para que novas medidas sejam tomadas para que a efetiva implantação de uma educação interdisciplinar em nossas escolas aconteça.

Com muita alegria e satisfação encontro-me participando desses encontros e tendo a oportunidade de transmitir o que eu e meu grupo de pesquisa — o Grupo de Estudos e Pesquisa em Interdisciplinaridade (GEPI) — construímos sobre teoria, pesquisa e prática interdisciplinar nesses mais de 30 anos de trabalho.

Percebemos nestes encontros que muitos não entendem ainda o que significa a interdisciplinaridade e outros tantos não sabem como pesquisar e praticar uma educação interdisciplinar.

Neste momento somos ouvidos, temos a oportunidade de transmitir os resultados de nossas pesquisas e somos chamados para assessorar aqueles que querem aprender o que sabemos e chegam a nós como parceiros que desejam adquirir o estudo para o aprofundamento, expansão e aprimoramento das práticas interdisciplinares.

O reconhecimento do papel do aluno mais recolhido e do professor mais tímido começa a sair do ostracismo!!! Outros certamente se animarão a ser, saber e intervir interdisciplinarmente, pesquisando a História, reconhecendo nela as hipóteses da inovação!!!!!

Há aproximadamente dez anos, organizei uma obra publicada pela Cortez Editora intitulada *Interdisciplinaridade: dicionário em construção*.

A referida produção teve por objetivo a aproximação de pesquisadores brasileiros e estrangeiros que a ela se dedicaram no sentido de sintetizar em verbetes aspectos interdisciplinares de suas pesquisas acadêmicas. Chamados na ocasião de verbetes, sintetizavam a palavra-chave das pesquisas de seus autores. O chamado dicionário foi muito difundido e utilizado em vários setores do meio educacional, propiciou a criação de inventários ou fragmentos inovadores, incentivando autônomas formas de pensar, pesquisar e intervir interdisciplinarmente.

O livro que hoje apresentamos evolui, no sentido de introduzir formas diferenciadas de *intervenção educativa,* apresentando-as em breves súmulas de pesquisas concluídas no Brasil — súmulas essas que merecerão críticas, acréscimos e avanços posteriores em que contaremos com a parceria dos nossos leitores, tal como ocorreu na obra citada *Interdisciplinaridade: dicionário em construção*.

Estratégias próprias de como identificar os saberes profissionais, de como compreender a essência dos processos de construção e de elaboração destes saberes, de analisar a compreensão dos sentidos dentro de um agir profissional, são questões relevantes tratadas com detalhes na íntegra das pesquisas aqui em súmulas apresentadas.

A função subversiva e polêmica da pesquisa interdisciplinar em educação pressuporá o sentido de uma formação profissional dos docentes, em educação deliberadamente subversiva e polêmica. Porque esta é a única direção que pode oferecer a garantia de evitar as interpretações subentendidas, a hegemonia de uma doxa pedagógica, o discurso complacente, organizando a felicidade por decreto, como dizia Olivier Reboul[1] em 1992. E, sem dúvida, favorecendo este encontro, esta confrontação construtiva entre os diferentes quadros teóricos e conceituais que se propõem a ler e compreender a prática de ensino que a formação profissional poderá reverter em todo seu poder de mudança social.

Este é, a meu ver, o manifesto desta obra, tecida a tantas mãos: Deslocar os docentes/pesquisadores de seu patamar disciplinar soberano para a efetivação de uma complacente autonomia.

Ivani Fazenda
Outubro de 2013.

---

1. Olivier Reboul foi um filósofo francês (1925-1992) especialista em Retórica e Filosofia da Educação.

Introdução

A questão da *interdisciplinaridade* e formação docente, em particular, está intimamente ligada à problemática da *intervenção educativa*.

O olhar interdisciplinar sustentado pela *intervenção educativa* nos convida, de fato, a questionar a prática profissional dentro de uma perspectiva multirreferencial.

Primeiramente, lembramos que o desenvolvimento do docente-formador interdisciplinar é acompanhado de um recurso manifestado na análise das *práticas*. Mas essa análise, tal qual se pratica hoje dentro de certo número de organismos universitários de formação profissional, não permite jamais que se identifique o eixo fundador da prática docente; destarte, algumas críticas de pesquisadores mais conservadores nos incitam a um cuidado maior com o escopo de uma *produção teórica* consistente da própria prática.

O que nossas pesquisas constatam é a existência de um quadro teórico e conceitual frequentemente pouco estabilizado, e até mesmo separado das ações próprias dos docentes, que as colocam num lugar isolado na organização dos currículos das universidades. Quando as mesmas aparecem em geral encontram-se envoltas numa ordem rigidamente prescritiva.

Esquecidos os saberes eruditos, esquecida a questão dos fundamentos epistemológicos dos saberes docentes, infelizmente o que parece apenas contar é a capacidade dos estudantes se adaptarem às realidades do mercado de trabalho a partir de uma formação prioritariamente prática, proposta pelas universidades; nos dias de hoje, uma garantia de fazer apenas de penetrar no ofício, sem a capacidade de recriá-lo.

Para que esta realidade seja modificada supõe-se a superação de pelo menos duas condições: *a primeira é a de incentivar a identificação, a leitura e a compreensão daquilo que se funda numa prática.*

Esta primeira condição necessita, antes de tudo, de um retorno às origens dos saberes profissionais essencialmente iniciados e postos que se abrirão para um futuro prático, melhor dizendo: *História.* Para além deste retorno às fontes do saber profissional, convém, também, poder acompanhar os futuros profissionais dentro de uma atividade delicada e arriscada de leitura e compreensão da sua *prática já vivenciada, bem como de suas potencialidades latentes ou pulsantes.*

A análise deste ato, que se funda na história da atividade profissional, coloca como indagantes as representações habituais, que deixariam entender que por camuflagem e/ou por mimetismo pode-se aprender a agir profissionalmente.

Só uma caminhada reflexiva e crítica, levando um olhar ao mesmo tempo introspectivo e retroativo, mas, interativo no sentido profundo de sua ambiguidade, permitiria o efetivo exercício da interdisciplinaridade.

A segunda condição é a *permissão da formação universitária em garantir uma formação* realmente profissionalizante, que toque na questão da *atitude de mediar sem abortar.*

Assim, só o exercício da autopercepção, do pesquisador sobre sua formação anterior torna possível a função de mediação entre presente e futuro.

A interdisciplinaridade não pode confundir o sentido de uma formação profissional, aquela que ajuda um novato a conceber e a construir o ato profissional com o dispositivo de formação, se apoiando principalmente sobre uma aposta em estágio baseado na ilusão de uma indispensável sinergia entre teoria e prática como um vetor de profissionalização.

O desafio que a formação interdisciplinar neste momento adquire é a de incrementar, nos próximos anos, sua capacidade de identificar os diferentes tipos de saberes em jogo no ato de ensinar, tomando-os como incompletos e sempre insuficientes.

É neste ato de perene incompletude que a potencialidade do vir a ser se constituirá.

Enfim, o mesmo ato de inventar um dispositivo pedagógico que invada este ensinamento didático desta atualização dos saberes profissionais, da compreensão de sua organização em sistemas organizadores de *intervenção educativa inovadora* dependerá o sucesso dos dispositivos de formação dos docentes.

Seguem súmulas que sintetizam pesquisas de mestrado e doutorado de seus autores sob minha orientação e que são ensinamentos práticos da ação interdisciplinar que é uma *intervenção educativa inovadora.*

Ivani Catarina Arantes Fazenda

A ESTÉTICA DO MÉTODO

Cláudio Antônio Tordino

Inquiry can be viewed as a search for new metaphors for thinking about everyday affairs.

Popkewitz

Bronowski (1977) considera que um dos mais deletérios preconceitos de nosso tempo tem sido a comunidade científica considerar que a arte e a ciência são campos diferentes e como que incompatíveis. Possivelmente, por trás desse entendimento subjazem as crenças: primeiro, de que qualquer investigação que se queira merecedora de crédito dependa do rigor do método que a instrui, o que é difícil de negar; segundo, que para ser rigoroso e para ser científico o método deva revestir-se de tal austeridade, que há de ser vetusto, o que é difícil de aceitar.

Nas ciências humanas e sociais, em geral, e na educação, em particular, o pesquisador está quase sempre diante de um quadro em que o emprego da racionalidade, em seu sentido mais estrito, é de alguma forma limitado. Isso por se ver obrigado a assumir hipóteses ou pressuposições sobre as características, condições e estados do ambiente ou do contexto e sobre as características, situações e estados do objeto — que se refletirão nas questões a serem convertidas em dúvida metódica, a justificar a pesquisa —, e, simultaneamente, por se ver premido por essas mesmas condicionantes na seleção do específico método que anteveja como potencialmente adequado a seus propósitos. Nessa delimitação da pesquisa incluem-se, então, todo o referencial de aspirações e valores do pesquisador, como conveniências metodológicas, malgrado o rigor empregado.

É que, em ciências humanas e sociais, a pergunta fundadora da pesquisa provém mais da sensibilidade do pesquisador para perceber, *ex ante*, o padrão ou o desvio que se embutem na realidade a ser explorada, ou nas categorias e atributos a serem analisados, do que do emprego de qualquer aparato de racionalidade. Por isso, a pesquisa que tende a ser mais contributiva é aquela engendrada por questionamento primordial arguto e sutil, o qual, em seu próprio formular, já faz antever a compreensão da complexidade dos fenômenos que busca ultrapassar: pura arte!

Pode parecer que, assim tratada e comparada às denominadas ciências duras, a pesquisa em ciências humanas e sociais tenda a uma certa acientificidade. Porém, por não ser de seu feitio a busca ou o encontro de relações de causa e efeito no sentido determinista, próprio das ciências exatas, exige elaboração teórica complexa e sofisticada, para nela ancorar métodos e técnicas que possam ser considerados adequados e rigorosos. Apesar da rigorosidade, contudo, contrariamente ao que ocorre nas ciências duras, a teoria, nas ciências humanas e sociais, pode prestar-se à manipulação de acordo com os interesses que em cada caso possam prevalecer.

Popkewitz (1984, p. 12), alerta que a teoria pode ser empregada para:

> 1) "fornecer uma base racional para mudar condições sociais e econômicas, fazendo essas mudanças parecerem razoáveis;
> 2) fornecer um mecanismo para legitimar interesses institucionais ou institucionalizados;
> 3) orientar a preparação de planos sociais alternativos".

Daí advém a necessidade de compromisso e a responsabilidade do pesquisador. Mas, por isso mesmo, por carecer desses atributos comportamentais, regidos pela moral e pela ética, é que a pesquisa em ciências humanas e sociais não pode ser estritamente racional. Como acentua Flyvbjerg (2001, p. 12), "a ciência social nunca foi e provavelmente nunca será apta a desenvolver o tipo de teoria explicativa e preditiva que é o ideal e a marca da ciência natural".

Quando o pesquisador almeja adotar atitude interdisciplinar diante da produção do conhecimento, por paradoxal que possa parecer, as dificuldades e as possibilidades aumentam.

Aumentam as dificuldades porque a atitude diante do conhecimento, influenciadora de sua própria construção, é a de buscar abordagens cada vez mais abrangentes e complexas para aqueles saberes que, durante toda a Modernidade, se abrigaram no âmbito das disciplinas. Estas foram sendo criadas quase que por cissiparidade: à medida que os saberes acumulados em uma disciplina justificavam maior aprofundamento ou especialização, o que fora uma linha de pesquisa instituía-se em nova disciplina. É esse pretenso processo de racionalidade, que progressivamente afasta o conhecimento produzido de sua matriz geradora de referência, pela crescente introdução de pressupostos "racionalizadores", que permite a Nicolescu (2000, p. 22) afirmar, em relação às ciências humanas, que "infelizmente, no mundo dos seres humanos, uma teoria sociológica, econômica ou política continua a existir apesar de múltiplos fatos que as contradizem". Na interdisciplinaridade, o movimento é centrípeto, sem aspirar, porém, à unificação dos saberes, mas à integração deles: não por soma ou justaposição, mas por amálgama e multiplicação.

Aumentam as possibilidades porque se ensejam condições para a instauração de nova mentalidade, no sentido que propõe Japiassu (2001). Este autor considera que é necessário valorizar um novo tipo de saber e a noção de mentalidade aparece como sugestiva, pois "ao designar todo um conjunto de representações, atitudes, referências, comportamentos e motivações que se forjam e consolidam na prática, permite-nos compreender como é possível pensar de outro modo, segundo novas formas de 'racionalidade'". Morin (2000) também entende que a busca do conhecimento objetivo envolve forçosamente a interação entre as estruturas mentais e a subjetividade do sujeito com o mundo exterior, sendo dele uma reconstrução, implicando, portanto, numa ativa posição crítica, tanto em relação a si mesmo, quanto em relação ao mundo e ao próprio conhecimento.

Ora, se é possível pensar de outro modo, segundo novas formas de racionalidade e se a busca do conhecimento objetivo decorre da interação da subjetividade do sujeito com o mundo exterior, se é requerido ultrapassar a barreira dos saberes disciplinares, pela conjunção proporcionada por variados saberes dispostos de forma hologramática para ampliar a compreensão, mister se faz incorporar ao método toda a multiplicidade de recursos e procedimentos que, mantendo-lhe o rigor, incentivem a criatividade e a liberdade do pesquisador. Só assim é possível proporcionar-lhe a construção de conhecimento que possa ir além do novo e encontrar o inusitado, para que, da perplexidade originada pelo estranhamento, surjam fraturas que permitam a formação da nova mentalidade. Nada mais próximo da obra de arte! Como salienta Benjamin (1975, p. 29),

> Sempre foi uma das tarefas essenciais da arte a de suscitar determinada indagação num tempo ainda não maduro para que se recebesse plena resposta. A história de cada forma de arte comporta épocas críticas, onde ela tende a produzir efeitos que só podem ser livremente obtidos em decorrência de modificação do nível técnico, quer dizer, mediante uma nova forma de arte. Daí porque as extravagâncias e exageros que manifestam nos períodos de suposta decadência nascem, na verdade, daquilo que constitui, no âmago da arte, o mais rico centro de forças.

Assim deve o método ser entendido na interdisciplinaridade. Nela, liberdade e rigor não se opõem, como antagônicos. Liberdade é mesmo, em última instância, uma espécie de atributo do rigor, que dela precisa por querer-se livre, em sua rigorosidade, para não se tornar rígido; por não se querer rigorista a constranger a liberdade, para poder apreender o inaudito nas suas livres e plenas manifestações. Quer-se rigor no escrutínio do fenômeno, mas sabe ser o escrutínio posterior à sua emergência, compreende que é primeiro preciso captá-lo, por vezes em sua sutileza e fugacidade, já que depois haverá tempo e modo de interpretá-lo, não como elucubração ensimesmada do delírio, mas como alvo do cuidadoso percorrer do sentir e do pensar. Por sua vez, a liberdade tem no rigor uma espécie de atributo, pois não se quer liberdosa, já que se entende consequente e compromissada. O rigor da liberdade é aquele do libertista e não do liberalão, pois se quer aberta ao novo e ao inusitado como possibilidade de encontro de alternativa naquilo que tem de novel, mas sem ser a novidadeira que a tudo acolhe sem reflexão. Quer-se liberdade na captação, na reflexão, na expressão, por isso rigorosa.

No dizer de Quintás (s/d), "viver criativamente caminha junto com pensar de forma rigorosa". É possível parafraseá-lo: pensar de forma rigorosa caminha junto com viver o método criativamente: nisso repousa a arte do pesquisador. Arte e estética são coisas bem diferentes, mas é da arte no engendramento do método que a pesquisa deriva sua estética.

REFERÊNCIAS

BENJAMIN, Walter. *A obra de arte na época de suas técnicas de reprodução*. São Paulo: Abril Cultural, 1975. v. XLVIII. (Col. Os Pensadores.)

BRONOWSKI, Jacob. *O senso comum da ciência*. São Paulo: Edusp, 1977.

FLYVBJERG, Bent. *Making social science matter*: why social inquiry fails and how it can succeed. Cambridge (UK): Cambridge University Press, 2001.

JAPIASSU, Hilton. *Desistir de pensar?* Nem pensar. São Paulo: Letras & Letras, 2001.

MORIN, Edgar. *Saberes globais e saberes locais*: o olhar transdisciplinar. Rio de Janeiro: Garamond, 2000.

NICOLESCU, Bassarab. Um novo tipo de conhecimento: transdisciplinaridade. In: ______ et al. *Educação e transdisciplinaridade*. Brasília: Unesco, 2000.

POPKEWITZ, Thomas S. *Paradigm and ideology in educational research*. Philadelphia, PA: The Falmer Press, 1984. p. 12.

QUINTÁS, Alfonso López. *El secreto de una enseñanza eficaz*. Madrid: Universidad Complutense, s/d. (Mimeo.)

AÇÃO

Odila Amélia Veiga França

Reiterados pronunciamentos de Fazenda, seus escritos na área da Educação e na produção de pesquisa educacional, compreendidos do início da década de 1980[2] até os dias atuais, têm favorecido ao seu público leitor, interlocutores e seguidores entenderem que a interdisciplinaridade é, em princípio, uma categoria de *ação*.

Interessa-me nesse estudo compreender, com maior profundidade e solidez, de que a natureza é essa *ação*. Qual é a sua tessitura. De que sons e vozes se compõem. Que perfil há de ter os seus cantores e seus músicos. Se cantor e canto podem ser os mesmos. Sobretudo, com quantos e quais instrumentos e notas musicais se compõe a peça musical. De que é constituída a extensão média em que ela está escrita. Quais tessituras da *ação interdisciplinar* podem influenciar, de forma positiva e proativa, o processo de ensino no contexto da escola brasileira de educação básica.

Em outras palavras, como educadora e pesquisadora iniciante da temática, resta apropriar-me da funcionalidade e da contextura dessa singular *ação*. Sabendo-me prematura na *competência intelectiva*, mas movida pela *competência intuitiva* e pela *competência prática* (Fazenda,

2. A honorável professora doutora Ivani Catarina Arantes Fazenda teve seu primeiro trabalho publicado no *Cadernos PUC*, sob o título "pressuposto epistemológicos ao estudo das metodologias de ensino", em 1980, e em 1983, com a parceria de uma amiga, tem seu primeiro livro publicado, pela Editora Loyola, sob o título "Anotações sobre metodologia e prática de ensino na escola do 1° grau".

2001), coloco-me cautelosa frente à presunção de que a presente reflexão possa atender minimamente o caráter de conclusividade, mesmo trazendo claro que o "intuitivo e o formal são apenas extremos de uma ampla escala. E que as intuições culminam em processos de aprendizagem e pesquisa... A prática da razão fortalece a intuição" (Bunge, 2002, p. 203).

Este filósofo da ciência define a *ação* humana como "qualquer coisa que os humanos fazem *Sín.* de práxis. A fonte suprema da vida social. Algumas ações humanas são deliberadas; elas são precedidas pelo projeto de um plano. Teoria da *ação* = praxiologia" (Bunge, 2002, p. 18 e 292).

Por outro lado, a etimologia do vocábulo *ação* permite-nos relacioná-lo a uma multiplicidade de sentidos, significados e contextos em que se mostra passível de ser empregado, como "ato ou efeito de agir; ato; atuação; feito; obra. Manifestação de uma força, de uma energia, de um agente. Capacidade de mover-se, de agir... atitude... movimento, funcionamento... Exercício da força, do poder de fazer alguma coisa". Privilegiando o ponto de vista ético, diz respeito à "atividade responsável de um sujeito, realização de uma vontade que se presume livre e consciente". Eleito o ponto de vista filosófico, temos que é o "processo que decorre da natureza ou da vontade de um ser, de um agente, e de que resulta criação ou modificação da realidade" (Ferreira, 2004, p. 23).

Dessa forma, e pautando-me nesses sentidos e significados, considero não equivocado o entendimento de que tratamos de uma *ação* concebida como ingrediente de força constitutiva da interdisciplinaridade e, como tal, irrefutável e inegociável na formação *à* interdisciplinaridade *pela* interdisciplinaridade e *para* a interdisciplinaridade científica, prática e metodológica. Uma *ação* informada pelo conhecimento, a práxis, bem coloca Bunge (2002).

Na formação à interdisciplinaridade, a exigência recai no rigor da revisão da literatura produzida no Brasil e no estrangeiro. Significa conceber a interdisciplinaridade como núcleo temático de conhecimento e, enquanto tal, de natureza eminentemente gnosiológica do valor e dos limites do conhecimento e da relação sujeito-objeto. Sua finalidade é a de conceituação na formação. Enquanto meio, a formação *para* a interdisciplinaridade diz respeito à apropriação dos princípios, fundamentos e estratégias, estas, podendo impregnar-se das vivências ativadas por metáforas. A formação *pela* interdisciplinaridade vale-se do rol de conhecimentos já organizados, sistematizados e, portanto, fundantes na formação dos profissionais da educação, já que sua finalidade prática é a intervenção socioeducativa e pedagógica. Nesse sentido, abre-se o leque para todas as ciências que se apresentem dispostas a romper com suas barreiras.

Na verdade, esse é um pensamento que, no Brasil, é gestado e nutrido por Fazenda desde os idos anos de 1980, na época às voltas em que se via em meio ao turbilhão de inquietações afetas à multidisciplinaridade e transdisciplinaridade, em seus aspectos epistemológicos e práticos inseridos na seara pedagógica. Enfim, a ideia é a de que *a formação interdisciplinar nasce do trabalho, nasce da vida das pessoas e volta do trabalho para a vida das pessoas* (Fazenda, 2000).[3]

Recorrente tem sido a orientação de Fazenda nesse sentido. De uma de suas sínteses do pensamento sobre a formação de professores e pesquisadores na perspectiva interdisciplinar, tem, na força da teoria defendida, assim exposta a sua raiz: "[...] as questões da interdisciplinaridade precisam ser trabalhadas numa dimensão diferenciada de conhecimento, daquele conhecimento que não se explicita apenas no nível da reflexão, mas, sobretudo, no da *ação*..." (Fazenda, 2009, p. 51). Uma *ação*, pois, cujos fundamentos legítimos podem imprimir legitimidade aos *princípios*, *estratégias*, *procedimentos*, além de patentear *práticas de intervenção* (Fazenda, 2010).

Está claro que sem *ação* desta natureza inexiste interdisciplinaridade em quaisquer das dimensões formativas antes arroladas, já que é

3. Colocação feita em sala de aula, sistematizada em registros de memória em abril de 2000 (PUC-SP).

inválida a fundamentação teórica que não resulta em iluminação da prática. Por conseguinte, se faz cega a prática se lhe subtraída essa iluminação. Da mesma forma, fica invalidada a intenção que não é vivificada e engastada na atitude, pois que incapaz de engendrar a sustentabilidade da própria *ação*. Ao contrário, a *ação interdisciplinar* se projeta para além do discurso de fazer; extrapola, sobretudo, aquilo que se sabe fazer e dá concretude àquilo que, de fato, se faz com o que se sabe saber e fazer.

Logo, tratamos de uma *ação* cuja natureza, finalidade e funcionalidade cuidam do olhar acurado sobre a intenção de fazer, define a direção e o sentido da *ação* a qual, por sua vez, gera e nutre, de forma autônoma e responsável, a sustentabilidade requerida (Fazenda, 2001). E nisso parece residir a singularidade e a especificidade da *ação interdisciplinar*. A explicitação de sua tessitura a qual exige que cantor e canto sejam e operem uníssonos, pois entendo que é *pela ação interdisciplinar* que o sujeito histórico se dá conta de si mesmo e do outro; que se faz capaz de mobilizar a habilidade de pensar; de acelerar a destreza mental, de enfrentar, com a ousadia necessária, a natureza e o mundo e por ambos ser enfrentado. Desenvolve a capacidade de compreender que o sujeito que não encarna a intenção na *ação* em nada pode alterar a realidade, pois lhe falta a *ação* com meta definida.

Nesse sentido, a *ação interdisciplinar* é a ferramenta de ideação com a qual o homem age no mundo e cria os bens materiais e ideais, entre esses últimos, a educação. Uma ferramenta indispensável e que o leva a perceber os bens por ele criados como não absolutos, não a-históricos nem imutáveis, mas absolutamente assumidos na sua marca indelével de transitoriedade e de falibilidade e dos quais somos todos produtos e produtores. Sobretudo, a que o faz consciente de que o conhecimento, que é um bem ideal da cultura, e por ser produzido por todos os sujeitos histórico-culturais deve, na escola, ser considerada propriedade de todos e não apenas de alguns poucos privilegiados e/ou de algumas ciências eleitas como exponenciais (Cortella, 2000).

Registros sistematizados avivam a minha memória e hoje fazem-me entender, com maior profundidade, que "A interdisciplinaridade pauta-se na intenção; a intenção pressupõe a *ação*; a *ação* gera o movimento de criação do novo [...] e isso é mais que a interconexão entre as disciplinas" (Fazenda, 2001).[4] Assim é que a *ação interdisciplinar* pode fulminar a ignorância intencional que segundo Bunge é "o destino dos dogmáticos, tacanhos e dos hiperespecializados" (Bunge, 2002, p. 183).

Extirpada a ignorância, a que se refere Bunge, cria-se, via de regra, o espaço mágico que permite operar o conhecimento (quebrar a noz para conhecer o que tem dentro). O espaço que permite resgatar o conhecimento do confinamento em que se entregou nas entranhas da disciplina. Liberar o trânsito engarrafado em que se deixou enclausurar por tanto tempo (Ronca e Terzi, 1996).

Sem, contudo, negligenciar o estatuto epistemológico da disciplina, o que a coloca como reconhecida possibilidade do trânsito para a interdisciplinaridade. Ouso até mesmo recorrer ao sentido bioecológico do termo simbiose para dizer da *vida em comum*, do entendimento íntimo (Ferreira, 2004) disciplina/interdisciplina como condição capital para que a *ação interdisciplinar* possa ganhar vida, possa ser trazida à luz e ter condições concretas para simultaneamente vitalizar a disciplina.

É de Fazenda a incessante trajetória de busca do sentido da palavra para entender das *relações entre interdisciplinaridade e linguagem* para, só então, alcançar *o sentido do pertencer*. Escreve a estudiosa que para o enfrentamento do desafio que lhe fora posto, ela, *a priori*, exerceu uma "[...] imersão na interdisciplinaridade a partir de uma investigação disciplinar" (Fazenda, 2003, p. 32). Entre a multiplicidade de conceitos investigados, leituras resgatadas, análises e compreensões alcançadas, a pesquisadora sinaliza para "a palavra só tem sentido na *ação*... Só conhecemos nosso ser em nossos atos; e esses atos traduzem-se na comunicação com o outro; nos encontros" (Fazenda, 2003, p. 33; grifo nosso).

4. Colocação feita em sala de aula, sistematizada em registros de memória em 14/3/2001 (PUC-SP)

Apostando na ousadia, chego ao entendimento de que a interdisciplinaridade é mesmo a categoria de *ação* que não apenas favorece a compreensão do conhecimento disciplinar, mas que faz fluir o seu trânsito interno e que permite a exteriorização, a regularização e a sistematização desse mesmo trânsito. Permite-me entender que os sons e vozes que compõem a *ação interdisciplinar* são produzidos pelo "eu" de cada um de nós, pela comunicação dialógica e pela sinergia dos muitos "eus" que se fundem e objetivam seus saberes e práticas; seus desejos, sonhos e buscas; suas lutas e seus processos de conhecer numa rede inter-relacional. Cantores, contos e cantos; músicos e instrumentos são o testemunho e a manifestação da *ação interdisciplinar* e a extensão média em que está escrita e circunscrita a peça musical por ela vivificada.

Des-velar; velar, e re-velar são ações que ocorrem dinâmica e dialeticamente na existência humana e que a cada ocorrência permite-nos apreendê-las apenas em uma de suas nuances e, mesmo assim, nosso olhar fragmentado não dá conta de abarcar as incontáveis possibilidades que se alojam na complexidade das nozes e das vozes ressonantes e dissonantes do fenômeno tomado a conhecer. Eis por que a nenhum dos mortais é facultado o pensar a sentir e o agir em que habite a "Verdade Absoluta" (Ferreira, 2011, p. 22; grifo do autor) — esta é a condição: a cada síntese, a fecundação, a gestação e o nascimento de uma nova tese. O fazer e o refazer que se dá no movimento de fluxo e refluxo semelhante à incessante troca entre o rochedo e o mar.

Nas palavras de Ferreira, esse pode ser o "re-nascimento da visão holística de mundo que constitui a essência da interdisciplinaridade" (Ferreira, 2011, p. 20).

Assim é que nas reflexões "em camadas" acerca da *ação interdisciplinar* simplesmente vital ao educador comprometido com a causa, foi possível captar *a virtude* e *a força* (Fazenda, 1999) que ela tem de influenciar de forma positiva o processo de ensino no contexto da escola brasileira de educação básica, desde que não a pensemos desapartada da disciplinaridade e a tomemos como autossuficiente, frente à tarefa de tamanho fôlego.

A interdisciplinaridade é uma categoria de *ação* do fazer reflexivo, do acontecer entre duas ou mais pessoas e objetos. É a relação sujeito-objeto e entre sujeitos por meio do qual é possível a integração e a unicidade do conhecimento a partir de zonas de permeabilidade de diálogos e a leitura de diferentes mundos. É *ação* em movimento com o pressuposto da metamorfose e da incerteza. Fazendo minhas as palavras que expressem o pensamento do grupo da interdisciplinaridade prática[5], defendo que as questões ora abordadas são o ponto de partida, para chegarmos a uma estação do tempo, para de novo partir para outras estações, nunca chegando ao destino final. Estaremos sempre procurando, questionando, perguntando, pois a *ação* interdisciplinar é, sobretudo, comprometimento. "Nenhum autor é sozinho, todo autor é parceiro, nem que seja apenas de seus teóricos. Nenhuma pesquisa nunca começa, ela sempre continua..." (Fazenda, 2004).[6]

REFERÊNCIAS

BUNGE, Mario. *Dicionário de filosofia*. Tradução de Gitak Guinsburg. São Paulo: Perspectivas, 2002. (Col. Big Bang.)

CORTELLA, Mario Sergio. *A escola e o conhecimento*: fundamentos epistemológicos e políticos. 3. ed. São Paulo: Cortez, 2000. (Instituto Paulo Freire.)

FAZENDA, Ivani Catarina Arantes (Org.). *A virtude da força nas práticas interdisciplinares*. 4. ed. Campinas: Papirus, 1999.

______ (Org.). *Dicionário em construção*: interdisciplinaridade. São Paulo: Cortez, 2001.

5. Seminário PUC-SP, nov. 2011.

6. Colocação feita em sala de aula, sistematizada em registros de memória em 24/3/2004 (PUC-SP).

FAZENDA, Ivani Catarina Arantes. *Interdisciplinaridade*: qual o sentido? São Paulo: Paulus, 2003.

______. Colocação feita em sala de aula, sistematizada em registros de memória em 24 mar. 2004. Pontifícia Universidade Católica, São Paulo, 2004.

______. Interdisciplinaridade e transversalidade. *Revista Aprendizagem*: *a revista da prática pedagógica*, ano 3, n. 14, p. 51, 2009.

______. Interdisciplinaridade. *Casa em Revista*, São Paulo, ano 2, edição especial, nov. 2010.

______ (Org.). *Práticas interdisciplinares na escola*. 12. ed. São Paulo: Cortez, 2011.

FERREIRA, Aurélio Buarque de Holanda. *Novo dicionário Aurélio da Língua Portuguesa*. 3. ed. Curitiba: Positivo, 2004.

FERREIRA, M. H. M. P. Ciência e interdisciplinaridade. In: FAZENDA, Ivani Catarina Arantes (Org.). *Práticas interdisciplinares na escola*. 12. ed. São Paulo: Cortez, 2011.

RONCA, Paulo Afonso Caruso; TERZI, Cleide do Amaral. *A aula operatória e a construção do conhecimento*. 7. ed. São Paulo: Edesplan, 1996.

AGORA

Peterson José Cruz Fernandes

Um dia, Millôr Fernandes refletiu que "viver é desenhar sem borracha"[7]. Essa ideia leva-me a refletir com tantos filósofos a questão do tempo, que para Aristóteles é movimento, sucessão de agoras; para Agostinho de Hipona, memória constituída de momentos de presente, passado e futuro; para Immanuel Kant, possibilidade de conhecimento; para Martin Heidegger, constituição existencial do *dasein*.

Gosto de refletir com Martin Heidegger sobre a ideia de que não existe pessoa totalmente isenta de condicionamento, como dizia Aristóteles, ninguém é uma tábula rasa, pois traz consigo vivências de seu passado, fatos vividos no presente e possibilidades para o futuro. Para Mounier (*apud* Moix, 1968, p. 135), a pessoa está enraizada no mundo e recebe influências de todas as esferas: educação, economia, política, cultura, religião, clima, pessoas etc. Porém e, felizmente, o homem não pode se acomodar e se sentir totalmente isento de qualquer ação, pois, enquanto ser engajado dentro de um tempo e de uma história, ele tem a possibilidade de optar pela transformação do meio que o cerca. A pessoa está inserida, "[...] encarnada num lugar, engajada num tempo e entre os homens. Mas o homem, ser natural, é mais que um ser natural: transcende a natureza. Não se reduz a um conjunto de funções ou de reflexos combinados" (Moix, 1968, p. 135).

7. Disponível em: <http://pensador.uol.com.br/frase/MTYyOA/>. Acesso em: 10 set. 2013.

Não há como deixar a historicidade de fora, pois ela é constituinte do ser. Passado e futuro confundem-se na presença, pois cada vivência compõe o processo de construção do ser. Para Agostinho (*apud* Dias, 2005, p. 49), o passado e o futuro estão contidos no presente.

> O que agora claramente transparece é que nem há tempos futuros nem pretéritos. É impróprio afirmar que os tempos são três: pretérito, presente e futuro. Mas talvez fosse próprio dizer que os tempos são três: presente das coisas passadas, presente das presentes, presente das futuras. Existem, pois, estes três tempos na minha mente que não vejo em outra parte: lembrança presente das coisas passadas, visão presente das coisas presentes e esperança presente das coisas futuras. Se me é lícito empregar tais expressões, vejo então três tempos e confesso que são três.

Parece-me que é papel da escola hoje trabalhar essa realidade com seus alunos, obviamente, de maneira mais simples, mas não menos profunda. A capacidade de transcendência do homem e de ressignificação de seus traumas é extraordinária. Porém, nesse dinamismo, ao mesmo tempo em que nos compomos e recompomos, nos desgastamos e perdemos. É bem complexo o que vou dizer, mas, no mundo contemporâneo, não conseguir evitar algumas quedas é perder tempo, e, com isso, competitividade e oportunidades.

De alguma maneira, aqueles momentos mal vividos durante o período escolar, ou durante a convivência com familiares e amigos, por exemplo, farão falta em alguma fase da vida. Não se trata aqui de afirmar nossa condenação, uma vez que somos falíveis e essas realidades estarão conosco durante toda a nossa peregrinação. Trata-se de uma sensibilização para uma vida consciente, saborosa, colorida e feliz, pois dedicada, inteira, vivida verdadeiramente em cada segundo, em cada presente, repleta de intencionalidade de realização.

REFERÊNCIAS

AGOSTINHO *apud* DIAS, Elizangela Chavez. *A "virada" da fenomenologia para a hermenêutica na questão do tempo em Martin Heidegger*. Trabalho de Conclusão de Curso (Licenciatura em Filosofia) — Centro Universitário Salesiano de São Paulo, Lorena, 2005.

MOIX, Candide. *O pensamento de Emmanuel Mounier.* Rio de Janeiro: Paz e Terra, 1968.

MOUNIER *apud* MOIX, Candide. *O pensamento de Emmanuel Mounier.* Rio de Janeiro: Paz e Terra, 1968.

ARTE

Ana Lúcia Gomes da Silva

Arte, do latim *artis*, no seu sentido etimológico, tinha uma acepção muito mais ampla do que a que é hoje empregada. Falava-se em arte a respeito de qualquer atividade na qual se dava valor também pela forma que ela se caracterizava. Deste sentido amplo, participavam expressões e termos como a arte do bem viver, as artes mecânicas, a poesia, a pintura etc. Depois de uma longa elaboração milenar, hoje, o conceito de arte se torna menos impreciso, referindo-se mais explicitamente a uma atividade espiritual criadora de beleza, não subordinada a modelos, resultante de uma visão intuitiva e não de um conhecimento racional e tendente a exprimir o espírito na forma sensível. É com este olhar que a atividade espiritual compreende a arte como estudo interdisciplinar, nas suas características de unidade, integridade e harmonia.

Nesse universo, reporto-me aos meus escritos porque me sinto parte viva no papel de aprendiz e de mestre, visto que:

> Desde o princípio da história, o homem vem buscando formas de exprimir seus sentimentos por meio da Arte, nessa busca instigante pelo sentido da vida, em que se encontra a força do sonho, da comunicação e interação pelas formas, pelas cores e luzes. (Silva, 2013, p. 63)

Dos pontos refletidos amplio tal abordagem considerando que o homem foi construindo seu conhecimento sobre a Arte, enquanto representação do "belo", da realidade histórico-social e cultural, forma de expressão e manifestação humana diante da natureza em sua totalidade, transmitindo, assim, às novas gerações, a forma de ler, compreender, interpretar e registrar o mundo, em diferentes períodos da humanidade.

Uma das funções sociais da arte é a de ser um instrumento da educação. Procura-se, por meio, dela formar homens criativos, inventivos e descobridores de novas verdades. Aliás, não é somente através da arte que o potencial criativo do homem se desenvolve; em todo conhecimento há possibilidades de ocorrências criativas. Mas, na arte, há a emoção e o prazer de se criar um produto que é o resultado da expressão subjetiva do seu criador, atendendo às suas próprias necessidades, anseios, percepções e motivações. O homem externa algo de si mesmo ou de sua coletividade, criando, dessa maneira, força no princípio interdisciplinar da ousadia, atributo inconfundível e de dimensões imprevisíveis.

Asseguro em meus registros que, "as questões ligadas à educação em arte não podem ser separadas das questões relacionadas com a própria arte, enquanto processo de civilização e objeto estético na sua dimensão política e pedagógica" (Silva, 2005, p. 102). Os numerosos pontos de vista que, ao longo dos tempos, têm surgido acerca do significado, valores e finalidades da educação em arte refletem questões específicas das várias épocas sobre a função social da escola e o papel da arte na sociedade.

Daí reconhecer não só a necessidade da arte, mas a sua capacidade transformadora nas atitudes interdisciplinares dos educadores para que o acesso a ela seja um direito do homem. Aceitar que o fazer artístico e a fruição estética contribui para o desenvolvimento de crianças e de jovens é ter a certeza do seu potencial expressivo e criativo. Ostrower (1978, p. 9) faz uma referência que aqui transita muito bem: "Criar é tão difícil ou tão fácil como viver. E é do mesmo modo necessário".

Seria, então, conceber e olhar o mundo de modos diferentes, considerar a complexidade da existência humana. Esta postura interdisciplinar torna-se essencial, a fim de que a prática pedagógica tenha coerência, possibilitando ao educando conhecer o seu repertório cultural e entrar em contato com outras referências, sem que haja a imposição de uma forma de conhecimento sobre outra, sem dicotomia entre reflexão e prática. Barbosa (1991, p. 4) comenta que a "Arte não é apenas básico mas fundamental na educação de um país que se desenvolve. É uma forma diferente da palavra para interpretar o mundo, a realidade, o imaginário e é conteúdo".

A pesquisa e a construção do conhecimento são valores tanto para o educador quanto para o educando, rompendo com a relação sujeito/objeto de uma educação que não mais atende o lado criativo e perceptivo do humano. Um processo interdisciplinar desafiador, onde se delimita o ponto de partida e o ponto de chegada será resultante da compreensão, da intuição, da expressão e da sensibilidade. Dessa forma, o ensino de arte estará intimamente ligado ao interesse de quem aprende. Fazenda (2006, p. 12) argumenta a favor quando revela "A emoção do ato de pesquisar é como a arte, única a cada contemplação".

Entender e estimular o ensino da arte nesta perspectiva tornará a escola um espaço vivo, produtor de um conhecimento novo, revelador, que aponta para o potencial criador e exercita a expressividade das emoções. Essa é também a compreensão de Eisner (In: Barbosa, 1997, p. 82) que diz: "É a arte que encoraja a criança a colocar sua visão pessoal e sua assinatura em seus trabalhos. A arte não pode se tornar algo sem vida, mecânico, como tem ocorrido com o que ensinamos em todos os níveis da educação".

Há de se considerar que, paralelamente ao conhecimento de mundo, o homem vai atribuindo valores, construindo crenças, criando possibilidades e necessidades, produzindo novos conhecimentos a partir do já conhecido, inovando, inferindo, descobrindo novas relações, identificando utilidades e multiplicidades de sentidos, enfim, mediatizando-se pela linguagem com o mundo da experiência e com o mundo do outro e, pois, ampliando a sua visão de mundo. Portanto, a escola necessita ser, nesse sentido, provedora dos instrumentos necessários para a formação do indivíduo, assim como de expressão e criação, em todos os aspectos possíveis.

Por todos os horizontes interdisciplinares, percebe-se o valor da Arte no processo educacional, uma vez que o pensamento e os sentidos se disponibilizam para atender a demanda do conhecimento. Sem dúvida, a arte contribui para despertar e aguçar as percepções do homem; se a ele é dada oportunidade da experiência, todo pensamento se volta para a elaboração de uma ideia que será exteriorizada em uma forma ou outra. Isso fará com que ele experimente a autonomia e a liberdade que o ato criador gera no ser humano, em contínuo processo de construção.

A interação entre a concepção de arte e a concepção de educação encaminha-se na confluência do que conhecemos como arte-educação, conceito este que aponta para o entendimento de uma questão mais ampla que é a arte no espaço educativo. Se há um olhar — uma perspectiva da escola, já que ela propõe ser formadora — temos então que considerar o olhar dos nossos alunos pelo que eles têm de cultura, quando vivem os cotidianos escolares. Esta maneira de propor o ensino da arte rompe barreiras de exclusão, visto que a prática educativa está embasada não no talento ou no dom, mas na capacidade de viver de cada um.

Pensar a arte é pensar interdisciplinarmente para recuperar o ser poético, o que, por assim dizer, é um modo único de despertar a consciência e novos modos de descobrir o prazer da criação. Por fim é construir nosso próprio percurso em cada recomeço.

REFERÊNCIAS

BARBOSA, A. M. *A imagem no ensino da arte*: anos 80 e novos tempos. 3. ed. São Paulo: Perspectiva, 1991.

EISNER, E. Estrutura e mágica no ensino de arte. In: BARBOSA, A. M. (Org.). *Arte-Educação*: leitura no subsolo. São Paulo: Cortez, 1997.

FAZENDA, I. A. (Org.). *Pesquisa em educação e as transformações do conhecimento*. 8. ed. Campinas: Papirus, 2006.

OSTROWER, F. *Criatividade e processos de criação*. São Paulo: Imago, 1978.

SILVA, Ana Lúcia Gomes. *Interdisciplinaridade na temática indígena*: aspectos teóricos e práticos da educação arte e cultura. Tese (Doutorado em Educação) — Programa de Pós-Graduação em Educação/Currículo da Pontifícia Universidade Católica, São Paulo, 2013.

______. *O ensino de arte*: contribuições para o processo ensino-aprendizagem no município de Aquidauana. Dissertação (Mestrado em Educação) — Programa de Pós-Graduação em Educação da Universidade Católica Dom Bosco (UCDB), Aquidauana, 2005.

CIÊNCIA

Diamantino Fernandes Trindade

A Ciência é o conhecimento ou um sistema de conhecimentos que envolve verdades as mais gerais e abrangentes possíveis bem como a aplicação das leis científicas derivadas; ambas especificamente obtidas e comprovadas por meio do método científico. É uma das formas que o homem construiu para tentar compreender e explicar o mundo. Religião, Filosofia e Arte também podem ser consideradas, cada um a seu modo, instrumentos dessa busca pela verdade. Contudo, o conhecimento científico tem características próprias e está longe de ser um conjunto bem estabelecido de verdades imutáveis; é, antes, um processo em contínua revisão.

Na ciência moderna, eleita a condutora da humanidade na transição das trevas para a luz, o conhecimento desenvolveu-se pela especialização e passou a ser considerado mais rigoroso quanto mais restrito seu objeto de estudo; mais preciso, quanto mais impessoal. Eliminando o sujeito de seu discurso, deixou de lado a emoção e o amor, considerados obstáculos à verdade. Japiassu (2001) nos diz que a Ciência, por mais que elabore um discurso racional e objetivo, jamais poderá estar inteiramente desvinculada de suas origens religiosas, místicas, alquimistas ou subjetivas.

Isto não significa que a atitude científica deva ser igualada à mística e uma reduzida à outra. A Ciência, na forma em que a conhecemos e a construímos no decorrer do tempo, não necessita do misticismo, nem este dela. No entanto, o ser, como humano, emerge da relação harmônica e dinâmica entre ambos.

A fé no modelo científico, fora do qual não há qualquer verdade, foi o fator limitante da concepção cartesiana e, no entanto, é, ainda hoje, muito difundida. Seu método, baseado no raciocínio analítico, alavancou o desenvolvimento do pensamento científico; contudo, de outro lado, acabou provocando uma profunda cisão no nosso modo de pensar, gerando o ensino disciplinar compartimentado.

Especializado, restrito e fragmentado, o conhecimento passou a ser disciplinado e segregador. Estabeleceu e delimitou as fronteiras entre as disciplinas, para depois fiscalizá-las e criar obstáculos aos que as tentassem transpor. "A excessiva disciplinarização do saber científico faz do cientista um ignorante especializado" (Santos, 2002, p. 46).

Até o final do século XIX, a metáfora da ciência moderna era a de um edifício pronto, acabado, e os cientistas conheciam cada um de seus tijolos, suas partículas fundamentais. Mas a partir de alguns descobrimentos na Química e na Física, essa forma de se situar no mundo foi profundamente abalada. Até mesmo a Ciência, que nos oferecia algumas explicações seguras, mostrou-se agora povoada por dúvidas e incertezas.

A Teoria da Relatividade, de Einstein, o Princípio da Incerteza, de Heisenberg, o Princípio da Complementaridade, de Niels Bohr, o Princípio da Dualidade, de Louis de Broglie, o Teorema da Incompletude, de Gödel e a Teoria das Estruturas Dissipativas, de Prigogine, demonstraram que o universo determinista e mecanicista, passível de ser dividido em partes, era fruto do desejo humano de controle sobre a natureza e refletia apenas uma crença pessoal, não uma característica intrínseca da mesma. Tal concepção mostrou-se semelhante ao antigo universo animista, no qual deuses e deusas dispunham dos objetos à sua volta para satisfazer seus caprichos. Se no mundo determinista não há história nem criatividade, no mundo vivo a história tem um significado importante; e se o futuro é incerto, é porque na incerteza reside a semente de toda a criatividade.

A partir daí, começou a surgir uma nova forma de pensar aliada a uma nova forma de perceber o mundo para se contrapor à fragmentação oriunda do pensamento linear e simplificador acomodado em nossas mentes.

Este pensamento simples, acostumado apenas a abstrações,

> [...] tem nos levado a tratar o meio ambiente natural — a teia da vida — como se ele se constituísse de partes separadas, a serem exploradas comercialmente, em benefício próprio, por diferentes grupos. Além disso, estendemos essa visão fragmentada à nossa sociedade humana, dividindo-a em outras tantas nações, raças, grupos religiosos e políticos. A crença segundo a qual todos esses fragmentos — em nós mesmos, em nosso meio ambiente e em nossa sociedade — são realmente separados alienou-nos da Natureza e de nossos companheiros humanos, e, dessa maneira, diminuiu-nos. Para recuperar nossa plena humanidade, devemos recuperar nossa experiência de conexidade com toda a teia da vida (Capra, 2001, p. 230).

A revisão contemporânea do conceito de Ciência nos direciona para a exigência de uma nova consciência, que não se apoia somente na objetividade, mas que assume a subjetividade em todas as suas contradições.

É interessante notar que foi no bojo da Ciência, tida como essencialmente racionalista e objetiva, que as noções de complementaridade, interdependência e subjetividade, inerentes à linguagem simbólica, ressurgiram, especialmente dentro da mecânica quântica e da teoria da relatividade. Sem poder abrir mão daquilo que a sustenta — sua divisão disciplinar, a organização, suas normas e os seus limites — a Ciência começou, recentemente, a incluir em sua perspectiva esses valores, dela excluídos para se constituir. A partir daí, passamos a considerar o Universo como uma teia de eventos, levando em conta todas as suas interfaces: "a imagem do Universo como uma máquina tem sido substituída pela de um todo interconectado, dinâmico, cujas partes têm de ser entendidas como padrões de um processo cósmico" (Capra, 2001, p. 232).

Uma forma interessante de olhar e ensinar ciências, que reconheço como interdisciplinar, é por meio da História da Ciência, que pode ser um espaço aglutinador. A contextualização sociocultural e histórica da Ciência e tecnologia associa-se às Ciências Humanas e cria importantes interfaces com outras áreas do conhecimento. O caráter interdisciplinar da História da Ciência não aniquila o caráter necessariamente disciplinar do conhecimento científico, mas completa-o, estimulando a percepção entre os fenômenos, fundamental para grande parte das tecnologias e desenvolvimento de uma visão articulada do ser humano em seu meio natural, como construtor e transformador desse meio.

A História da Ciência possibilita a construção e uma compreensão dinâmica da nossa vivência, da convivência harmônica com o mundo da informação, do entendimento histórico da vida científica, social, produtiva da civilização, ou seja, é um aprendizado com aspectos práticos e críticos de uma participação no romance da cultura científica, ingrediente primordial da saga da humanidade.

A minha experiência bem-sucedida como professor de História da Ciência no Ensino Médio e nos cursos de formação de professores de Ciências foi tema da pesquisa *O olhar de Hórus*: uma perspectiva interdisciplinar do ensino na disciplina História da Ciência, tese de doutorado orientada pela Profa. Dra. Ivani Fazenda, onde o resgate da minha trajetória de vida inserida na vivência de professor remeteu-me ao encontro das lendas da criação, do mito de Hórus, utilizado como metáfora sobre a qual estruturei a narrativa. Hórus lançou seus olhares para a Ciência, os professores e os alunos. O primeiro olhar estabeleceu relações da Ciência com o mito, a religião, o poder e a educação. O segundo olhar mostrou os impasses da prática de um professor da disciplina História da Ciência no Ensino Médio e nos cursos de formação de professores de ciências. O terceiro olhar revela-se a partir de depoimentos dos meus alunos.

A disciplina História da Ciência mostrou-se um atributo interdisciplinar para a produção e alteração do conhecimento, abrindo caminhos para os alunos, conduzindo-os à autonomia nos estudos e na sociedade e a um novo olhar sobre a Ciência, rompendo com os antigos paradigmas que conduziam à fragmentação do conhecimento.

REFERÊNCIAS

CAPRA, Fritjof. *O ponto de mutação.* 22. ed. São Paulo: Cultrix, 2001.

JAPIASSU, Hilton. *Revolução científica moderna.* 2. ed. São Paulo: Letras & Letras, 2001.

SANTOS, Boaventura de Sousa. *Um discurso sobre as ciências.* 13. ed. Porto: Afrontamento, 2002.

COMPETÊNCIA

Peterson José Cruz Fernandes

A complexidade do mundo atual exige competência para viver. Tentemos elucidar tal expressão.

A partir de René Descartes, Francis Bacon, Galileu Galilei e, principalmente, Isaac Newton, a ciência moderna deslocou a razão para o plano lógico-matemático. O modelo da física newtoniana foi transposto para os demais campos da ciência, de maneira que qualquer e toda pretensão de validade acerca dos estados de coisas ou da ação humana devessem ser sustentadas logicamente. Esse processo resultou no estabelecimento de uma compreensão científica do mundo, no qual o conhecimento passou a se determinar por um mecanismo empírico-causal e pela necessidade de um progresso interminável, fundamentado metodologicamente nas ciências modernas. Trata-se de uma ilimitada confiança no progresso secular e na razão, entendida como científica e repleta de possibilidade de domínio do homem sobre a natureza. Nesse sentido, parece-me que seria papel da escola hoje transcender essa visão cientificista que, segundo Fazenda (2011, p. 14) gerou a dicotomia ciência/existência.

Em sua última obra lançada no Brasil, Perrenoud (2013, p. 44-45) afirma que "[...] seria absurdo propor uma visão única das competências, pois esse conceito está inserido em diferentes campos conceituais e se refere a diferentes problemáticas de diferentes disciplinas".

No ano de 2011, tive a oportunidade e satisfação de visitar algumas escolas, em diversos estados e regiões do Brasil, desenvolvendo um projeto de capacitação docente com o Vasco Moretto, importante educador brasileiro. Nessas ocasiões, pude revisitar, várias vezes, sua leitura sobre competência, a qual me agrada bastante. Com o apoio de Guy Le Boterf e de Philippe Perrenoud, Moretto (2010, p. 70) define competência como a "[...] capacidade do sujeito mobilizar recursos visando abordar e resolver situações complexas". O que é uma situação complexa? Eis uma definição de Morin (2006, p. 13):

> A um primeiro olhar, a complexidade é um tecido (*complexus*: o que é tecido junto) de constituintes heterogêneas inseparavelmente associadas: ela coloca o paradoxo do uno e do múltiplo. Num segundo momento, a complexidade é efetivamente o tecido de acontecimentos, ações, interações, retroações, determinações, acasos, que constituem nosso mundo fenomênico. Mas então a complexidade se apresenta com os traços inquietantes do emaranhado, do inextrincável, da desordem, da ambiguidade, da incerteza.

Situação complexa é tudo! Acordar cedo para trabalhar ou estudar é complexo, constituir uma família é complexo, trabalhar é complexo, comer é complexo, escrever esse texto e lê-lo é complexo, conviver é complexo... A vida é complexa! Inclusive o sucesso é complexo! Gostaria de chamar a atenção para a seguinte realidade que tenho observado em alguns lugares: muitas escolas preparam o aluno para viver o insucesso. E quanto ao sucesso? Há a necessidade de prepararmos também nossos alunos para esse estado. Quantas pessoas bem-sucedidas do ponto de vista profissional ou econômico que, diante de tal situação, não são competentes para enxergar o outro, ou o mundo, ou o caminho que trilhou.

Para Moretto (2010, p. 78) os recursos são "conteúdos conceituais, habilidades, linguagens, valores culturais e administração do emocional". Nessa ótica, a escola estaria colaborando com o desenvolvimento de pessoas competentes, a partir do momento que oportunizasse o contato do aluno com os diversos conhecimentos que possibilitam a leitura, a interpretação e a ação no mundo; a construção de habilidades, que permitem o fazer, a atualização do conhecimento a partir de uma práxis; e o relacionamento consigo, com o outro e com o mundo. Tudo isso, de maneira contextualizada, com a consciência de onde se fala e para quem se fala.

REFERÊNCIAS

FAZENDA, Ivani Catarina Arantes. *Interdisciplinaridade*: história, teoria e pesquisa. 11. ed. Campinas: Papirus, 2011.

MORETTO, Vasco Pedro. *Planejamento*: planejando a educação para o desenvolvimento de competências. 5. ed. Petrópolis: Vozes, 2010.

MORIN, Edgar. *Introdução ao pensamento complexo*. Porto Alegre: Sulina, 2006.

PERRENOUD, Philippe. *Desenvolver competências ou ensinar saberes?* A escola que prepara para a vida. Tradução de Laura Solange Pereira. Porto Alegre: Penso, 2013.

CONCEITO

Diva Spezia Ranghetti

Os conceitos são as senhas com
que se desenha a realidade.

Nicol (1997)[8]

Conceito, termo de origem latina, *conceptum*, que designa "[...] ação de conter, ato de receber, germinação, fruto, feto, pensamento [...]" (Houaiss, 2001). Em sua raiz, está o verbo conceber que significa gerar, compreender. Por isso, ao definir conceito Houaiss (2001) apresenta-o como um "[...] produto da compreensão que alguém tem de uma palavra; noção, concepção, ideia". Para a concepção filosófica, o conceito é uma "[...] representação mental de um objeto abstrato ou concreto, que se mostra como um instrumento fundamental do pensamento em sua tarefa de identificar, descrever e classificar os diferentes elementos e aspectos da realidade". Contudo, a tradição racionalista da filosofia ocidental, de Platão (427-348 a.C.) a Hegel (1770-1831), traz como significação a manifestação da essência ou substância do mundo real. Já na "[...] tradição que atravessa o *estoicismo* grego, o *nominalismo* medieval e o *empirismo* moderno, conceito é um signo ou representação linguística que mantém uma relação significacional — não ontológica — com os objetos do conhecimento" (Houaiss, 2001; grifos do autor).

8. Nicol, Eduardo. *El porvenir de la filosofía.* México: Fondo de Cultura Económica, 1997. p. 352.

Nesta perspectiva, podemos dizer que conceito, do ponto de vista lógico, possui duas propriedades: extensão e compreensão. A "[...] compreensão é formada por um conjunto de caracteres que constituem a definição ou o conceito e a extensão caracteriza-se pelos elementos particulares dos seres aos quais se estende esse conceito" (Japiassu e Marcondes, 1996, p. 48-49).

Rios (2001, p. 65-67) se utiliza da lógica aristotélica como recurso para ampliar sua compreensão em relação ao termo conceito.

> [...] O núcleo da investigação da lógica é o *juízo*. Estes são expressos em *proposições*. [...] os juízos se compõem de conceitos, que são representações mentais dos objetos do conhecimento: homem, salário etc. Os conceitos se expressam em *termos ou categorias*. Exemplificando: a extensão do termo homem será o conjunto de todos os seres que podem ser designados e chamados de homem. A compreensão é formada pelas qualidades e características do termo homem: racional, bípede, mortal, mamífero (grifos da autora).

Constata-se que quanto maior for a extensão de um termo, menor é sua compreensão e vice-versa. Por exemplo, se tomarmos o termo Sócrates a extensão é menor, pois diz de um único ser humano; no entanto, sua compreensão é maior porque, além das propriedades do termo homem, tem as propriedades que lhes são próprias. Entretanto, há de se ressaltar que estas propriedades têm sofrido modificações ao longo dos tempos, bem como do contexto em que são utilizados.

A palavra conceito, no pensamento junguiano, tem duas posições, a saber: 1ª) o conceito é uma essência particular, enquanto produto do processo antropológico do conhecimento. É sempre parcial e relativo a tal processo, visto que o pensamento conceitual e a linguagem captam as coisas no seu ser fenomênico. É visto como ocasião para prender parcialmente e relativamente, de um lado, a essência do objeto, e de outro a essência do sujeito, pois para Jung (1927-1931), "[...] a função da consciência é não só a de reconhecer e assumir o mundo exterior pela porta dos sentidos, mas traduzir criativamente o mundo exterior para a realidade visível" (Jung *apud* Pieri, 2002, p. 115); 2ª) conceito como signo se encontra numa relação de significação, na qual revela sua natureza de signo. É um ato interpretativo que permite ao sujeito compreender conscientemente, ou evitar assimilações ou dissimilações inconscientes. De outro lado, possibilita ao objeto ser compreendido e, assim, sair da obscuridade e da sua condição de singularidade (Jung *apud* Pieri, 2002, p. 115). Por isso, Gamboa (1991, p. 101) argumenta que "[...] a compreensão de um fenômeno só é possível com relação à totalidade à qual pertence (horizonte da compreensão)". Ou seja, visa entender a dimensão objetiva e subjetiva do fenômeno.

Na interdisciplinaridade, os conceitos suscitam a compreensão porque esta teoria intenciona aproximar-se da totalidade do fenômeno que se pesquisa, estuda. Encontra no diálogo o movimento que dá sustentação aos entrelaços da objetividade e subjetividade, da interioridade e exterioridade, da razão e emoção, da teoria e prática, do sujeito e objeto, acompanhando a história e a historicidade do fenômeno, considerando o contexto, as ações, as reações, os sujeitos que afetam e são afetados no decurso da história. Compreender é ver além do alcance do olhar e, conforme os argumentos de Pineau (2000, p. 23), fineza, brandura, trato, sensibilidade, movimento, laços são as características, hoje, necessárias à compreensão.

Para Fóurez[9] (1995, p. 231) conceito é um termo de "[...] âmbito preciso, teórico e axiomático". Portanto, cada disciplina deverá ressignificá-lo. Como exemplo, o autor cita o termo "coma". E diz que, para criar uma linguagem mais operacional do termo, "[...] os médicos necessitam redefini-la em um conceito que fará referência a várias teorias". Este autor assume em seus argumentos que as representações são

9. Fóurez (1995, p. 231) procura fazer uma diferenciação entre os termos NÃO FALOU A RESPEITO DE CONCEITO, conceito, ideia e noção. Para este autor, noção significa certo conhecimento, uma representação vaga das coisas sem a pretensão de conhecê-la, utilizando-se da lente de uma teoria ou da ideologia para designar o que seria tal coisa. Já o termo ideia requer uma definição que funciona como norma, de maneira universal, do que é essa noção. Por exemplo: *amizade*. As ideias para Platão estariam encarnadas nas coisas. Por exemplo: *justiça ideal*.

conceitos historicamente construídos num dado contexto, por isso são relativos. Representar uma situação é construir um modelo conceitual com certa intenção e objetivo. Pressupõe imaginação e criatividade, na medida em que essa representação é singular e única, pois cada ser vê a vida e a própria história de maneira individual.

A ênfase dada ao relativo em detrimento ao absoluto, na construção de conceitos, está diretamente relacionada à singularidade das experiências dos contextos, do movimento histórico e cultural em que se vive. Por isso, "[...] definir um conceito é indicar quais são os relatos que lhes corresponderão [...] os relatos ligados aos conceitos fornecem as pessoas às 'palavras para expressar', as palavras para falar sobre a sua própria experiência" (Fóurez, 1995, p. 238).

Deste modo, conceitos são construtos que servem para comunicar experiências com sentido próprio e, para isto, faz-se necessário criar uma nova maneira de ver as coisas; histórias que narram maneira de agir que "[...] sejam aceitáveis por uma comunidade científica, na qual introduz normatividade[10] aos conceitos" (Fóurez, 1995, p. 239). Este autor nos traz uma contribuição importante para pensar o conceito a partir da teoria da interdisciplinaridade: a *observação*. Observar é interpretar integrando uma certa visão na representação teórica que fazemos da realidade. "[...] favorece novas formas de aproximação da realidade social e nova leitura das dimensões socioculturais das comunidades humanas" (Fazenda, 2001, p. 14). Todavia, há necessidade de descrevê-la a partir dos conhecimentos que se possui. Por isso, aquele autor diz que "[...] a observação é uma *interpretação teórica não contestada*, porém, ao colocar em dúvida o próprio conceito em relação ao fenômeno observado não se estará apenas observando, mas teorizando" (Fóurez, 1995, p. 40; grifos do autor).

Na teoria junguiana, a função do conceito é concebida de dois modos: *finalisticamente* (valor de fazer ser a coisa) ou *instrumentalmente* (assume por si o valor do instrumento). Nesta função final do conceito,

---

10. Esta normatividade da convenção particular da linguagem produz o conceito.

Jung (1947-1954) escreve que "[...] o fato de apreender conceitualmente um objeto propicia-lhe a melhor oportunidade de desenvolver todas aquelas propriedades que jamais se manifestariam, se ele não tivesse sido circunscrito mediante uma definição conceitual" (Jung *apud* Pieri, 2002, p. 117). Já a função instrumental do conceito estabelece limites conceituais e confere nomes bem definidos a determinadas esferas de fatos psíquicos. Assim, os principais aspectos dessa interpretação são: a) descrever e reconhecer os objetos e fazer referências a eles; b) classificar; c) organizar, mas não sistematizar; d) antecipar-projetar. Jung explica "[...] que a realidade da psique é sua hipótese de trabalho, portanto sua principal atividade".

O conhecimento é construído a partir dos referenciais de cada sujeito. Para a interdisciplinaridade, a análise conceitual é o ponto de partida, o *locus* em que reside a matriz da *compreensão* e da *autorrevelação* do conhecimento, que se põe a (re)construir, (re)criar, ou melhor dizendo, ressignificar. Assim, "[...] o sentido de um trabalho interdisciplinar está na sabedoria de aprender a construir sem destruir o construído" (Fazenda, 2001, p. 18). Uma construção que tem o "velho como ponto de partida para que o novo possa se constituir" (Fazenda, 2001, p. 15).

Nas pesquisas de mestrado (Ranghetti, 1999), "o conceito de afetividade numa educação interdisciplinar" e no doutorado (Ranghetti, 2005), "uma lógica curricular interdisciplinar para a formação de professores: a estampa de um design", percorri diferentes labirintos para me encontrar com o *locus,* no qual a matriz dos conceitos de afetividade, currículo, formação, design se aninhavam. Dialoguei com as teorias (literatura geral e dicionários e com a literatura específica, na área da filosofia, da psicologia, da sociologia e da educação), com a prática de outros profissionais, com a minha própria, com as experiências vividas como pessoa e profissional e com a história de vida. Todavia, esse diálogo foi acompanhado de lentes transparentes, límpidas, desvinculadas de pré-conceitos, constituída pelos princípios e pressupostos da teoria da interdisciplinaridade.

Gostaria de partilhar momentos de ousadia mesclados com a coragem e o medo que o ato da criação suscita. Como professora, procuro desenvolver nas primeiras aulas a relevância de se conhecer o sentido e o significado das palavras para poder argumentar, compreender, discutir, apreender, duvidar. Essa é uma prática inerente a minha ação, independente da disciplina que ministro. Com uma turma de Pedagogia, organizei uma tabela, que apresento na sequência, para auxiliar os(as) acadêmicos(as) a verificarem seus conhecimentos sobre determinados termos utilizados no cotidiano da profissão docente. Os conceitos pesquisados[11] relacionavam-se à construção de um projeto educativo próprio.

Tabela 1

Elaboração conceito próprio[12]

Conceitos	Conhecimentos prévios	**Pesquisa em diferentes fontes**			Elaboração do conceito próprio
		Dicionário ou enciclopédia	Leitura específica 1	Leitura específica 2	

Com a organização da Tabela 1, os(as) acadêmicos(as) perceberam a diferença entre apropriar-se dos conceitos e/ou definições que se encontram elaborados, e (re)elaborar um novo conceito, sem negar o existente, mas, sobretudo, acrescentar a ele os desdobramentos presentes na história do contexto do próprio conceito, bem como a experiência de vida do ser que dele irá se utilizar. Segundo depoimento de

11. Alguns conceitos que foram pesquisados: homem, mundo, sociedade, educação, currículo, aprendizagem, ensino, observação, registro, avaliação, prática, interdisciplinaridade, projeto, criança, conhecimento escolar, conhecimento científico, estratégia, procedimento, pesquisa, escola, projeto pedagógico, disciplina científica, método, cultura, conceitos, pergunta, problema, limite, ser humano, atitude, sono, infância, educar, cuidar, espaço, movimento, tempo, rotina etc.

12. Organizado pela autora.

uma das acadêmicas, "[...] foi muito significativa esta etapa, pois não havia imaginado a importância da construção de conceitos e desconhecia a diferença entre conceitos e significados".

Este foi um dos momentos em que houve a compreensão da relevância dos conhecimentos gerais, específicos, do senso comum e/ou prévios, das experiências de vida, no movimento que se produz no ato de ensinar e de aprender, da teoria, da prática, do conhecimento da etimologia da palavra para a compreensão dos termos e conceitos utilizados, na maioria das vezes, sem o devido entendimento. A compreensão permite conhecer o fenômeno investigado, "[...] apreendê-lo no conjunto dos acontecimentos históricos, não na frisa do tempo em que a história se realizou, mas no conjunto do seu movimento, das suas idas e vindas, assim como nas grandes rupturas em que se produziram" (Martins, 1992, p. 63).

A (re)construção do conceito, sua (re)significação é condição essencial para nos tornarmos parte ativa na construção da história da humanidade, como atores e autores presentes, vivos e conscientes de nossas ações. Por isso, a teoria da interdisciplinaridade insiste na relevância de "habitar" o conceito, torná-lo seu, após estudo, reflexão, contextualização no tempo e no espaço, comparações, críticas. Para que assim, ao transformá-lo em conhecimento, possamos devolver-lhe o grau de saber, após travestirmo-nos com/de sua sabedoria. Acredito que é isso que a análise conceitual busca: "[...] desvendar o significado de um conceito, detalhando claramente seus relacionamentos com outros conceitos e revelando seu papel em nossas práticas sociais" (Garcia, 1997, p. 3).

Conhecer o sentido e o significado das palavras pesquisando o seu desenrolar e suas diferentes nuanças no decurso da história é condição *sine qua non* para compreendermos o presente, sairmos do anonimato e, como seres inacabados, conscientes do não saber, assumirmos a continuidade da própria história, da história desse mundo que também é nossa. Eis a virtude da força do olhar! Daquele olhar que vê, desfaz, desmonta, desmaterializa, com a intenção de (re)construir, (re)significar, des-velar, para gerar e apreender o conhecimento que, por muito tempo, na história da humanidade, foi/é privilégio de poucos.

REFERÊNCIAS

FAZENDA, Ivani (Org.). *Dicionário em construção*: interdisciplinaridade. São Paulo: Cortez, 2001.

FÓUREZ, Gerard. *A construção das ciências*: introdução à filosofia e à ética das ciências. Tradução de Luiz Paulo Rouanet. 1. reimp. São Paulo: Ed. da Unesp, 1995.

GAMBOA, Sílvio Sanchez. A dialética na pesquisa em educação: elementos de contexto. In: FAZENDA, Ivani (Org.). *Metodologia da pesquisa educacional*. 2. ed. São Paulo: Cortez, 1991.

GARCIA, Joe. *Análise conceitual*: uma introdução. São Paulo, 1997. [Material não publicado.]

HOUAISS, Antônio. *Dicionário eletrônico da língua portuguesa*. São Paulo: Objetiva, 2001.

JAPIASSU, Hilton; MARCONDES, Danilo. *Dicionário básico de filosofia*. 3. ed. rev. e amp. Rio de Janeiro: Zahar, 1996.

JUNG *apud* PIERI, Paolo Francesco. *Dicionário junguiano*. Tradução de Ivo Storniolo. São Paulo: Paulus, 2002.

MARTINS, Joel. *Um enfoque fenomenológico do currículo*: educação como *poíesis*. Organização de Vitória Helena C. Espósito. São Paulo: Cortez, 1992.

NICOL, Eduardo. *El porvenir de la filosofía*. México: Fondo de Cultura Económica, 1997.

PINEAU, Gastão (Org.). O sentido do sentido. In: NICOLESCU, B. et al. *Educação e transdisciplinaridade*. Tradução de Vera Duarte et al. Brasília: Unesco, 2000.

RANGHETTI, Diva Spezia. *O conceito de afetividade numa educação interdisciplinar.* Dissertação (Mestrado em Educação) — Programa de Pós-Graduação em Educação/Currículo da Pontifícia Universidade Católica, São Paulo, 1999. 116 p.

______. *Um design curricular interdisciplinar para a formação de professores* — a estampa de um design. 2005. 231 f. Tese (Doutorado em Educação). Programa de Pós-Graduação em Educação/Currículo da Pontifícia Universidade Católica, São Paulo, 2005.

RIOS, Terezina Azerêdo. *Compreender e ensinar:* por uma docência da melhor qualidade. 2. ed. São Paulo: Cortez, 1991.

SANTOS FILHO, J. C.; GAMBOA, Silvio S. *Pesquisa educacional:* quantidade-qualidade. São Paulo: Cortez, 1995. 111 p. (Col. Questões da Nossa Época, v. 42.)

CONSCIÊNCIA

Sarah Fantin de O. Leite Galvão

A palavra consciência vem do latim *concientia*, que significa o conhecimento de alguma coisa comum a muitas pessoas, conhecimento, consciência, senso íntimo.

A consciência pode existir sob diferentes aspectos e se forma a partir de valores. De acordo com Chaui (2012) a consciência é uma atividade sensível e intelectual dotada do poder de análise e síntese por meio de juízos. Os juízos se formam a partir da identificação do sentimento de nossa própria personalidade, esta formada por nossas vivências.

Uma vez que a consciência se dá por meio das vivências, torna-se então, no reconhecimento da própria personalidade, um ponto de identidade. É uma memória, é a espera pelo futuro com base na vivência do passado.

Marcondes e Japiassu (2008) afirmam que é a percepção imediata pelo sujeito do que se passa com ele e em seu ambiente. É a ciência de alguma coisa, é fator essencial para se existir.

Entretanto, não se pode afirmar que a consciência é absoluta; ela tem que ser consciente de suas limitações, de sua composição, de seu lugar.

Por meio de uma consciência, é possível valorizarmos os nossos semelhantes, já que nos reconhecemos como indivíduos, indivíduos que, uma vez valorizados, constituem uma memória, uma vivência coletiva, que se registra de forma atemporal.

A consciência coletiva se forma em decorrência da consciência pessoal. Esta se estrutura de acordo com a formação e os valores adquiridos ao longo da vida de cada um, o que destaca o papel essencial do ser.

Entretanto, Gusdorf (1982) afirma que a consciência individual, apesar de tentar buscar uma autonomia, não é uma força que possa modificar o andamento da sociedade inserido em forças do universo; ele é regido por um mundo artificial, tornando-se dependente dele. Dessa maneira, um homem não pode criar mudanças significativas sozinho.

Assim, a consciência coletiva representa o reconhecimento de cada um em si mesmo. Cria a necessidade de o homem se identificar como indivíduo que compõe o todo. De acordo com Ribeiro (1993), em 1988, Hobbes já dizia que o desentendimento do homem faz parte de sua natureza, que a desconfiança é utilizada para defender suas posses adquiridas pela competição; e a glória, por ninharias como palavras, sorrisos, insultos direta ou indiretamente dirigidos às pessoas, suas profissões e nomes, o que possibilita a destruição do senso comunitário, social. Portanto, é necessário que o homem desenvolva valores que superem a disputa e a competição, é preciso que se cada indivíduo forme sua consciência individual a partir de princípios básicos da interdisciplinaridade, que são, de acordo com Fazenda (2003), humildade, coerência, espera, respeito e o desapego.

A partir desses valores é possível que o homem se torne interdisciplinar, que o homem encontre seu caminho, que o homem estabeleça parcerias. Parcerias, de acordo com Galvão (2013), estabelecem um relacionamento interpessoal desprovido de interesses egoístas, fortalece famílias, desenvolve trabalhos em equipes responsáveis, integra, forma, desenvolve, cria confiança, companheirismo e lealdade, ou seja, constrói a partir do respeito por si próprio e de compreensão de sua incompletude, caminhos para, então, se formar com o outro.

Muitas memórias, muitas vivências, muitos juízos, diversas consciências remetem à consciência coletiva. A consciência coletiva reflete o conjunto de conhecimentos e valores que a união dos indivíduos compõe. Podemos dizer que a consciência transforma o homem, de acordo com Marcondes e Japiassu (2008), num "homem do mundo", ou seja, é a apreciação, é a avaliação do bem e do mal, apreciação dos nossos atos e dos atos dos outros.

A consciência coletiva é irrepreensível, pois representa uma conduta geral, culmina no sentimento que o indivíduo tem de não se identificar com a perfeição.

Reconhecendo-se como imperfeito, o homem aprende a ser humilde. Fazenda (2003) afirma que a humildade é um limite que nos leva a valorizar o próximo em proveito da sociedade e de si. Assim, o indivíduo descobre a necessidade de estruturar seu desenvolvimento individual tornando-se diferente, mas, ao mesmo tempo, parte igual do todo. Dessa maneira, a consciência remete, de acordo com Fazenda (2003), à verdade do homem enquanto ser do mundo.

Gusdorf (1982) complementa ao dizer que a única maneira de se voltar à orientação de uma civilização mais humana é retomar o sentido dos valores perdidos. De acordo com Galvão (2013), estes valores serão baseados na forma como cada indivíduo enxerga o mundo e torna-se capaz de uma inflexão em sua história. As virtudes esquecidas de respeito e paciência devem ser trabalhadas em paralelo ao reconhecimento do humano pelo humano.

Portanto, é preciso pensarmos na complexidade das relações familiares, conjugais, nos laços de amizade e nas parcerias realizadas ao longo da vida e entender como a vida social, escolar, além de qualquer outra, dos diversos caminhos que constroem as histórias de vida, influenciam o desenvolvimento de se ter consciência individual da necessidade de se desenvolver a consciência coletiva.

A consciência possibilita a valorização do indivíduo para a formação da coletividade. É a reflexão do "eu" para a descoberta do "nós". É revisitar vivências, lembranças e memórias, para se construir o hoje e o amanhã. É complementar-se, de forma não linear, para o alcance do senso íntimo na formação consciente da sociedade.

REFERÊNCIAS

CHAUI, Marilena. *Convite à filosofia.* 14. ed. São Paulo: Ática, 2012.

FAZENDA, Ivani. *Interdisciplinaridade:* qual o sentido? São Paulo: Paulus, 2003.

GALVÃO, Sarah F. O. L. *A parceria na Interdisciplinaridade:* formação de uma nova consciência coletiva — vivências a partir das vivências em ensino superior. Dissertação (Mestrado em Educação) — Programa de Pós-Graduação em Educação/Currículo da Pontifícia Universidade Católica, São Paulo, 2013.

GUSDORF, Georges. *A agonia da nossa civilização.* 2. ed. São Paulo: Convívio, 1982.

MARCONDES, Danilo; JAPIASSU, Hilton. *Dicionário básico de filosofia.* 5. ed. Rio de Janeiro: Zahar, 2008.

RIBEIRO, Renato J. Hobbes: o medo e a esperança. In: WEFFORT, Francisco C. (Org.). *Os clássicos da política.* 4. ed. São Paulo: Ática, 1993.

CONSCIÊNCIA ESPIRITUAL

Herminia Prado Godoy

Podemos observar pelas definições que espiritualidade é tratada como uma "doutrina" do progresso na vida espiritual. Doutrina (Ferreira, 2002) é definida como: um "conjunto de princípios que servem de base a um sistema religioso, político, filosófico, científico etc.".

Juntando as definições, temos que a *espiritualidade* pode ser definida como *um conjunto de princípios sobre a vida do espírito.*

Espírito é definido por Ferreira (2002) como a parte imaterial do ser humano; transcende à matéria e é sinônimo de alma.

Podemos definir *Espiritual* como: *relativo, ou, pertencente ao espírito por oposição à matéria; imaterial, relativo à religião, místico ou sobrenatural.*

A espiritualidade para Dalai Lama — Gyatso (2000) — está relacionada com as virtudes do espírito humano: amor, compaixão, tolerância, paciência, capacidade de perdoar, contentamento, noção de responsabilidade, noção de harmonia.

Para Boff (2001) seria a experiência da realidade como um todo e resulta em cada um desenvolver a capacidade de contemplação e escuta das mensagens e dos valores que estão no mundo em que vivemos. Para Grof (2000) a espiritualidade é universal e abrangente

Para Espírito Santo (2008), espiritualidade é a vivência do amor.

Entendo então a espiritualidade (Godoy, 2012) como relacionada com as virtudes do espírito humano; como experiência de desenvolver a capacidade de contemplação e escuta das mensagens e dos valores que estão no mundo em que vivemos; como a vivência do amor e como a vivência das qualidades espirituais como paciência, fraternismo, solidariedade, cooperação etc. o que seria vivenciar os princípios da interdisciplinaridade como espera, coerência, humildade, desapego, respeito (Godoy, 2012).

Viver a espiritualidade, segundo Godoy (2005, 2012), significa ter uma atitude calcada em princípios de respeito a si mesmo, ao outro e ao mundo.

As teorias do desenvolvimento psicológico, de que a maioria dos profissionais da área da saúde se valem, abordam o desenvolvimento neurofisiológico e psicológico do ser humano, porém, não levam em consideração a condição energética/espiritual desse ser.

Observamos que muitos dos males que as pessoas padecem são advindos de esferas energético-espirituais e que trazem muito transtorno para a pessoa nos meios que ela habita: familiar, educacional e social.

Desenvolvi (Godoy, 2005) na década de 1990 a Terapia da Consciência Multidimensional (TCM), que estuda e trata das patologias no campo energético/espiritual que as pessoas apresentam. O trabalho é realizado com e por qualquer profissional que possua a disposição para trilhar o caminho do autoconhecimento e alteridade, que é qualificado por Godoy (2005) como terapeuta da consciência. O terapeuta da consciência tem o objetivo de despertar consciências para sua realidade espiritual e trabalhar com seus clientes para que coloquem em prática no seu dia a dia os valores espirituais, tais como: *a solidariedade, o respeito, a fraternidade, o amor, a humildade, a espera e a tolerância*.

A TCM um modelo terapêutico que pode ser utilizado por qualquer pessoa e considera o ser humano integral: corpo, mente, emoção, energia e espírito e leva as pessoas a tomarem consciência de sua realidade espiritual. Vai além do campo de estudo da psicologia, pois apresenta fundamentação teórica e técnicas de tratamento para os transtornos energéticos e espirituais que causam disfunções na forma de agir, pensar e sentir do ser humano. Implica em um grande processo de educação espiritual de consciências.

Faço a construção sobre o que é *consciência* da seguinte maneira: "atributo altamente desenvolvido na espécie humana; conhecimento imediato das faculdades psíquicas; faculdade de estabelecer julgamentos; conhecimento; senso de responsabilidade e honradez" (Godoy, 2012, p. 36).

Vamos pensar que a qualidade do pensamento da pessoa repercute em seu estado emocional, seu estado físico, energético e/ou espiritual, causando-lhe um bem-estar ou um mal-estar. A sequência poderia ser outra. A qualidade das emoções repercute no padrão mental, energético/espiritual e no campo físico. Qualidades positivas geram padrões de pensar, agir e sentir positivos. Padrões negativos geram desequilíbrios no campo mental, emocional, energético, espiritual e/ou físico que acarretam as diversas modalidades de doenças. Pensando assim qual seria a origem da doença? Começa no corpo físico, passa pelo corpo emocional, mental e chega no corpo energético e espiritual, ou começa no corpo espiritual, atinge o corpo energético e os outros sucessivamente? A resposta é: depende!

Algumas doenças têm suas raízes no campo espiritual, outras no campo energético, outras ainda no corpo físico, outras são provenientes dos padrões de pensamento que a pessoa apresenta e outras advêm de seu debilitado estado emocional. Para tratarmos do ser humano doente, ou em desarmonia, temos que abordá-lo em sua integralidade e totalidade. Temos que entender que o homem é um sistema harmonioso, integrado e inter-relacionado. O trabalho interdisciplinar com o ser humano é a opção mais eficaz que temos ao nosso dispor para lançarmos mão.

O trabalho integral envolve identificar os padrões negativos de pensamento e trabalharmos com a aquisição de padrões positivos. Estimular emoções positivas, um meio ambiente saudável e harmonioso, são parte do tratamento.

Os trabalhos realizados pelo terapeuta da consciência caminham na direção de levar o ser humano a adquirir autonomia, maturidade consciencial, tais que realize suas tarefas existenciais, aprenda as lições que a vida lhe ensina, expanda sua consciência física e desenvolva as qualidades espirituais com base nos princípios universalistas, tais como fraternismo, solidariedade, amor, entrega, compaixão, tolerância, paciência, cooperação, bem comum, honestidade, humildade, respeito e justiça. O objetivo é promover a autonomia e a maturidade consciencial.

Dizemos que a pessoa atingiu a autonomia e maturidade consciencial quando é capaz de suprir suas necessidades de sobrevivência, vive feliz consigo própria, tem autodeterminação, autodisciplina, autoconfiança, consegue conviver de forma harmoniosa com seu grupo social, profissional e familiar, alcança realização profissional, emocional e financeira e é consciente das interferências sociais, culturais, políticas e espirituais na sua forma de pensar, sentir e agir.

Eu fui para o doutorado com o firme propósito de passar para a Educação os conceitos e técnicas que construí sobre a Terapia da Consciência e fui surpreendida com a consciência espiritual que encontrei na vivência e prática de Fazenda e colegas do grupo de estudos, GEPI, que me levaram a perceber a Interdisciplinaridade como uma Terapia da Consciência no campo educacional.

Para mostrar como cheguei à conclusão de que a Interdisciplinaridade exercida por Fazenda é uma Terapia da Consciência, usei a metáfora da *Phoenix,* a mesma que usei para descrever minha trajetória de vida.

Classifiquei em *três* as categorias de modificações internas e externas que o contato e a vivência com a Interdisciplinaridade trouxeram para minha vida: a *desconstrução*, o *retorno à essência* e o *renascimento* (Godoy, 2012).

A desconstrução é morte: a ave que se ateia fogo e é reduzida a cinzas. Representa a perda de todas as certezas, perda do chão, ao se sentir nada.

O retorno à essência é o monte de cinzas inertes, paradas, mortas, mas existe ali uma centelha divina, uma energia, um princípio inteligente, um ovo que está em estado de latência, de gestação, que pode observar, contemplar e assimilar tudo ao seu redor e, em silêncio, pode avaliar, reavaliar, ressignificar a vida que teve e que acabou. Percebe-se vivo, essência, energia pensante. Não morreu, pulsa vida. Tem o tempo certo para se reconstruir, observar a si mesmo, sua vida que não acabou, suas ações, suas relações, pode tomar consciência de suas inadequações, verificar que teve em mãos outras opções. É uma energia que pulsa, vive e percebe que está sendo gestada, e enquanto ocorre esta gestação é o tempo para redecidir suas ações, replanejar uma nova vida. Num primeiro momento é o desespero. A consciência das perdas de oportunidades é muito dolorida, mas a solidão faz com que mergulhe dentro de si, desvista-se, e eis que maravilha! Pode recomeçar. Pode refazer. Encontra uma luz, que lhe envolve e lhe acalenta, percebe que ela lhe acolhe, lhe envolve num manto de amor e percebe que não está sozinho, descobre Deus dentro de si. Vem-lhe a paz, a certeza que é assistida por uma Providência Maior e que no tempo certo renascerá, com novos objetivos, novos planos e programações. Um passo evolutivo é dado. Nascerá para novos desafios levando a vivência acumulada de muitas vidas. Ao tomar consciência está pronta para renascer: é só esperar a hora certa, determinada pelos que a assistem.

Chega o dia. Nasce uma nova ave. É acolhida, tratada, ganha força, e voa, voa alto, sente a liberdade de agora com mais experiência e mais maturidade para recomeçar. Recomeçar, com humildade, a partir do ponto zero, a partir do ponto em que se perdeu. Porém, traz em sua essência o acúmulo das experiências vividas. Recomeça para mais uma vida, agora mais madura, com mais sabedoria e atenta para não incorrer nos erros passados e nas mesmas perdas de oportunidades. Tem como meta seguir adiante e que a cada dificuldade possa usar todas as virtudes: paciência, garra, generosidade, bondade, força, confiança, persistência, trabalho, tolerância, espera, desapego, fraternismo.

A todo momento estamos morrendo, avaliando a vida que tivemos, reprogramando e nascendo para uma nova vida. Esta é a essência da Terapia da Regressão no contexto consciencial. Reprogramar para uma nova vida com base no vivenciado e com muita garra e força para modificar e transformar o que causa dano, pesar e sofrimento.

Vivi o movimento de renascer inúmeras vezes na vida, nos vários processos psicoterápicos aos quais me submeti e, surpreendentemente, o vivi em sala de aula interdisciplinar pelas mãos da terapeuta/educadora Ivani Fazenda.

Em meu trabalho de tese (Godoy, 2012) pude identificar que o terapeuta da consciência é um educador de consciências e que o educador interdisciplinar é um terapeuta de consciências.

Considero que a espiritualidade está intrínseca na Interdisciplinaridade e se for considerada como um novo princípio da Interdisciplinaridade, sintetiza e contém os demais: a espera, o desapego, a humildade, o respeito, a coerência. E acrescento alguns princípios da espiritualidade que circundam a Interdisciplinaridade: o amor, a cooperação, o fraternismo, a alegria, o prazer, a generosidade, a bondade, a compaixão e a tolerância.

O trabalho interdisciplinar que o educador desenvolve com as consciências é um trabalho profilático, que pode prevenir as doenças psíquicas e muitos trabalhos de reeducação. É um trabalho de educação das consciências para o desenvolvimento de suas potencialidades, suas criatividades e autoestima. Conhecendo e respeitando a si mesmo, a pessoa toma consciência do respeito ao outro, ao mundo em que vive. Desenvolvendo sua paciência, espera o tempo do outro, aprendendo com isso a fazer parcerias. Desapegando do que supõe ser seu e compartilhando com o outro aprende que muito tem a aprender nesta vida como também a ensinar e com humildade reconhece os verdadeiros bens a serem conquistados na vida que são os bens espirituais e o maior deles é o amor para consigo, para o outro e para com o mundo em que vive.

REFERÊNCIAS

BOFF, Leonardo. *Espiritualidade*: um caminho de transformação. Rio de Janeiro: Sextante, 2001.

DALAI LAMA. *Uma ética para o novo milênio/Sua Santidade, o Dalai Lama*. Rio de Janeiro: Sextante, 2000.

ESPIRITO SANTO, Rui Cezar do. *O renascimento do sagrado na Educação*. Petrópolis: Vozes, 2008.

FAZENDA, Ivani Catarina Arantes. Desafios e perspectivas do trabalho interdisciplinar no Ensino Fundamental. Contribuições das pesquisas sobre Interdisciplinaridade no Brasil: o reconhecimento de um percurso. In: ENDIPE, 14., *Anais*... Belo Horizonte, 2010.

FERREIRA, Aurélio Buarque de Holanda. *Dicionário da língua portuguesa*, 2002 (CD-ROM).

GODOY, Herminia Prado. *A consciência espiritual na educação interdisciplinar*. São Paulo: Ponto Cosmopolitana, 2012.

______ (Org.). *Terapia da consciência multidimensional*. São Paulo. Obra registrada na Biblioteca Nacional sob n. 359.548, livro 664, folha 208 em 10/11/2005.

GROF, Stanislav. *Psicologia do futuro, lições das pesquisas modernas da consciência*. Niterói: Heresis, 2000.

CORAGEM

Maria José Eras Guimarães Biguetti

Na pesquisa interdisciplinar, a investigação difere de outros procedimentos de pesquisa, ela se alicerça em vestígios, que são apresentados, segundo Fazenda (2002), como lampejos de verdade e, ao serem decifrados e reordenados, mostram os indícios do caminho a seguir.

O exercício da dúvida, prática natural em um professor/pesquisador interdisciplinar, leva-nos a buscar sempre o "sentido do sentido" (Pineau, 2000)[13] em nossas práticas, leva-nos a questionar sobre os caminhos escolhidos em nossas pesquisas, aproximando-nos de novos conceitos, ampliando nosso olhar, resgatando-nos da indução rasa, despertando em nós a coragem adormecida.

Nesse sentido — o da direção — descrevo minha aproximação com o conceito de coragem, como um vestígio que possibilitou o encontro do caminho seguido em minha tese de doutorado.

Com o título *Avaliar formando: o sentido do olhar interdisciplinar na educação,* o estudo empreendido por meio de uma pesquisa-ação-formação buscou responder a seguinte questão: qual o sentido de minhas práticas de avaliação na formação de educadores sob o olhar interdisciplinar?

A busca pela resposta para esse questionamento levou-me à compreensão de que o caminho de uma pesquisa não nasce de um desejo

13. Pineau (2000) compreende o sentido a partir de três significados: significação (signos), sensação (vida) e direção (ação).

imediato do pesquisador. Ele precisa ser desconstruído e reconstruído constante, disciplinar e coerentemente, pois, numa investigação interdisciplinar, tal caminho vai se descortinando à medida que nos tornamos dono dessa procura, pois "toda pesquisa parte de uma busca" (Fazenda, 2005).

Numa concepção de educação, na qual a ação de avaliar sugere pensar o passado e o presente para poder construir o futuro, com uma avaliação vivida em processo permanente de reflexão cotidiana (Freire, 1997), entender o tema coragem no fazer docente é fundamental. É uma constante investigação de sentido do ato de avaliar, tanto para aquele que avalia, quanto para aquele que é avaliado.

Sendo a coragem um dos atributos essenciais ao pesquisador interdisciplinar, que permite o exercício da cautela, da espera e a provocação das mudanças, destaco a importância de estarmos atentos a esse movimento autoavaliativo, que, presente e constante no percurso dos pesquisadores do GEPI, nos impulsiona a buscar sempre.

Apresento, pois, o estudo sobre a coragem, partindo das relações palavra-encontro (Fazenda, 1994), em que temos a palavra como expressão de um pensamento que possibilita revelar a outrem o interior do homem e permite também que ele próprio tome consciência de si mesmo, seguida da relação palavra-ação, na qual o sentido e a significação de toda palavra está diretamente relacionado com nossas experiências individuais.

Destaco na relação palavra-encontro o encontro com a palavra. Movimento intenso, desencadeador de outros tantos encontros: encontro com os fundamentos e princípios que sustentam meu fazer, com teóricos diversos. Encontro com meu compromisso e meu desejo em educar exercendo minha docência.

Encontro com o diálogo, com o sagrado existente em mim e no outro, encontro com minha coragem adormecida. Coragem que permitiu desvendar meu ser pessoal/profissional por meio da análise e interpretação de minha prática, uma coragem no sentido ético e ontológico, como propõe Tillich (1976, p. 1): "Coragem é uma realidade ética, mas se enraíza em toda extensão da existência humana e basicamente na estrutura do próprio ser. Deve ser considerada ontologicamente a fim de ser entendida eticamente".

Para Sócrates (Chaui, 2000, p. 214), enquanto não soubermos o que é a essência da coragem não saberemos qual educação é benéfica para ela. Precisamos conhecer a ideia da coragem para saber, em nosso mundo, quando e como existem pessoas corajosas e atos corajosos. "Para saber o que são as coisas que percebemos, precisamos, primeiro, saber o que são as coisas em si mesmas, isto é, precisamos pensar suas ideias ou essências".

Ainda em Chaui (2000, p. 214), somos brindados com o pensamento de Sócrates:

> Julgam a coragem um valor positivo e, portanto, uma virtude. Nesse caso, antes de saber o que é a coragem, temos que conhecer uma outra ideia da qual a ideia de coragem depende: a ideia de virtude. Sem conhecer a essência da virtude, sem conhecer o ser da virtude, não sabemos qual é a essência da coragem.

Estabelecido o dilema no qual a coragem seria uma virtude ou parte dela, Sócrates conclui: "falhamos em descobrir o que coragem é realmente". Tillich (1976) considera este fracasso socrático mais importante do que qualquer outra definição, e afirma:

> O fracasso em encontrar uma definição de coragem como uma virtude entre outras virtudes revela um problema básico da existência humana. Mostra que uma compreensão de coragem pressupõe uma compreensão do homem e de seu mundo, suas estruturas e *valores*. Só quem sabe isto sabe o que afirmar e o que negar. (Tillich, 1976, p. 2; grifo meu)

Em Tillich (1976), a coragem é discutida enquanto bravura, sabedoria, autoafirmação, vida, e, a partir de alguns conceitos correlacionados, o não-ser, a ansiedade, o medo, a culpa, a vitalidade, a participação, a individualização, a transcendência.

Com Japiassu (2006), fortaleço minhas crenças: é preciso coragem, paixão e prazer para adentrar na aventura de um caminho no qual ignoro o ponto de chegada, mas ouso cada vez mais propor processos de trabalho em comum no qual partilho minhas experiências e interrogações. Assumir os próprios sentimentos — ansiedade, medo, culpa, tristeza, insegurança — também exige coragem.

Não seria o entendimento destes elementos presentes em nossa existência, essenciais ao entendimento do Ser/Pessoa/Professor? Múltiplas facetas de um mesmo ser, em constante transformação, que, na busca de transformar o outro, por meio de uma prática consciente e reflexiva, transforma a si mesmo.

Na medida em que a comunicação estabelecida nos diferentes círculos de diálogo, considerada por Fazenda (1994) como "possuidora de uma força criadora que autoriza interpretar, explicar, compreender e consequentemente modificar", permite também transformar, extrapolar o vivido, da imanência (individual) à transcendência (coletiva), da teoria à prática, do saber-fazer ao saber-ser.

Permite ainda perceber que esse processo de construção do conhecimento, da imanência à transcendência, só é possível àqueles que possuem a coragem de se autoavaliar, de rever seus percursos pessoais e buscar a evolução, mesmo que para isso tenham que olhar para dentro de si e ver suas sombras. Só existe sombra porque existe luz. Se não enxergamos as sombras, nos deixamos ofuscar pela luz, nos afastamos do sagrado, nos afastamos dos outros, nos afastamos de nós mesmos.

Retorno à consciência com um novo olhar: o olhar da coragem, olhar do coração. Olhar que permitiu o encontro com minha estética e minha ética interior, reveladas no desenvolver da pesquisa-ação-formação em minha tese de doutorado.

Se toda pesquisa nasce de uma busca, toda busca pode levar a um encontro.

Transito entre a essência, a existência e a transcendência, e pela trajetória descrita, volto à pergunta inicial: qual o sentido de minhas práticas de avaliação na formação de educadores sob o olhar interdisciplinar?

Indico minha resposta: atribuo o sentido de minhas práticas de avaliação na formação de educadores sob o olhar interdisciplinar, a possibilidade do encontro.

Olhar sensível, olhar de totalidade: despertar da coragem de participar do poder criador que existe em todo ser humano, reconhecimento do outro e de si mesmo, encontro com o mundo. Nesse encontro, pelo exercício intencional da troca, da cooperação, do diálogo e do respeito, o despertar do sentido da sensação das experiências formadoras: sentido da avaliação interdisciplinar.

Por fim, o encontro com teorias, práticas e valores, com meu jeito de formar avaliando e avaliar formando e nesse encontro a síntese de um método de avaliação interdisciplinar que tem no olhar o fundamento maior e na coragem seu melhor atributo.

REFERÊNCIAS

CHAUI, Marilena. *Convite à filosofia*. São Paulo: Ática, 2000.

FAZENDA, Ivani Catarina Arantes. *Interdisciplinaridade*: história, teoria e pesquisa. Campinas: Papirus, 1994.

______. *Integração e interdisciplinaridade no ensino brasileiro*: efetividade ou ideologia. 5. ed. São Paulo: Loyola, 2002.

______. *Registro de classe*. Aula ministrada na Disciplina de Interdisciplinaridade do Programa de Pós-Graduação em Educação/Currículo da Pontifícia Universidade Católica, São Paulo, 2005.

FREIRE, Madalena. *Avaliação e planejamento*: a prática educativa em questão. São Paulo: Espaço Pedagógico, 1997.

JAPIASSU, Hilton. *O sonho transdisciplinar*: e as razões da filosofia. Rio de Janeiro: Imago, 2006.

JUNG, Carl Gustav. *Sincronicidade*. 5. ed. Petrópolis: Vozes, 1991.

GUIMARÃES, Maria José E. *Avaliar formando*: o sentido do olhar interdisciplinar na educação. Tese (Doutorado em Educação) — Programa de Pós-Graduação em Educação/Currículo da Pontifícia Universidade Católica, São Paulo, 2010. 201 p.

PINEAU, G. O sentido do sentido. In: NICOLESCU, B. *Educação e transdisciplinaridade*. Brasília: Unesco, 2000.

TILLICH, Paul. *A coragem de ser*. São Paulo: Paz e Terra, 1976.

CORPO

Telma Teixeira de Oliveira Almeida

A abordagem que se faz do corpo é predominantemente marcada pelo dualismo, entendido de maneira geral como a separação entre corpo e alma, matéria e espírito. O dualismo opõe o mutável e o imutável, o sensível e o racional, privilegiando o espírito, o intelecto, a razão no processo de conhecimento da verdadeira proposta e, por exclusão, separando o corpo, a matéria.

A visão dualista despreza o fato de que o homem é um ser que faz (corpo), um ser que pensa (mente) e, sobretudo, um ser que sente; a partir do momento em que ele possui sentimentos, começa a manifestá-los das mais diversas formas. Assim, os educadores precisam refletir e preparar melhor os alunos, oferecendo-lhes oportunidades de superar suas dificuldades e possibilitando-lhes espaço permitido de aprendizagem, envolvendo os caminhos de descoberta dos talentos que necessitam emergir.

Corpo e mente não são organismos distintos e opostos, mas se integram numa relação de mútua dependência, em algo que denominamos ser humano.

Merleau-Ponty (1994) aborda conceitos de corpo-próprio e motricidade para, a partir deles, delinear a perspectiva ontológica de sua concepção de corpo, destacando o conceito de corporeidade como critério fundamental para a veiculação de práticas pedagógicas que integram ou estabelecem uma visão de totalidade do ser humano.

O pensador enfatiza a relação homem-mundo, tendo como princípio a relação corpo-consciência e destacando a presença do homem no mundo como sendo uma presença corporal, marcada pela sua motricidade. E, na motricidade, encontra-se a intencionalidade original, o sentido e a significação de toda ação humana, uma ação que é histórica e cultural.

A concepção fenomenológica de corpo supera a tradição cartesiana do corpo-máquina e do conhecimento da realidade pautado na lógica racionalista que opõe corpo e mente, sujeito e objeto do conhecimento.

Merleau-Ponty (1994) situa a relação homem-mundo como prioridade na Fenomenologia, aprofundando-se como eixo a relação corpo-consciência; não o corpo físico, uma massa material e inerte, mas o corpo-vivo ou corpo-próprio, dotado de uma intencionalidade original, isto é, de motricidade, que pode lançar-se ao mundo e cujo sentido pode ser apreendido.

Como base em todo existir está o sentir, numa manifestação interna para que assim o ser possa descobrir seus verdadeiros sentimentos, a partir do seu mundo-vida, da sua existência, da sua corporeidade.

As noções de Merleau-Ponty (1994) sobre corpo-próprio e de motricidade, numa análise da espacialidade corporal, conduzem a resultados que podem ser generalizados. A propósito do corpo-próprio, pode-se constatar aquilo que é verdadeiro de todas as coisas percebidas. Concebida da perspectiva fenomenológica,

> [...], a relação entre corpo e consciência é de outra ordem: não se trata de uma relação causal entre dois termos e sim de uma dialética de intenções, onde a unidade do homem é expressa no corpo e Merleau-Ponty nos diz, mas eu não estou diante de meu corpo, estou em meu corpo, ou antes, sou meu corpo. (Merleau-Ponty, 1994, p. 207-208).

Não se pode considerar o corpo como uma massa material e inerte, mas como o lugar de nossas ações primeiras e originais. A originalidade do ser no mundo está expressa no corpo-próprio. O ser no mundo refere-se ao homem em sua unidade existencial, conforme aponta Merleau-Ponty (1994, p. 208):

> [...] não contemplamos apenas as relações entre os segmentos de nosso corpo e as correlações entre o corpo visual e o corpo tátil: nós mesmos somos aquele que mantém em conjunto esses braços e essas pernas, aquele que mantém e ao mesmo tempo os vê e os toca.

Se ainda se pode falar, na percepção do corpo-próprio, de uma interpretação, seria preciso dizer que ele se interpreta a si mesmo. Merleau-Ponty (1994, p. 208) entende que:

> O que reúne as "sensações táteis" de minha mão e as liga às percepções visuais da mesma mão, assim como às percepções dos outros segmentos do corpo, é um certo estilo dos gestos de minha mão, que implica um certo estilo dos movimentos de meus dedos e contribui, por outro lado, para uma certa configuração de meu corpo. Não é ao objeto físico que o corpo pode ser comparado, mas antes à obra de arte.

Nessa perspectiva, o corpo não se coloca como objeto; ele é o próprio Ser, em sua identidade e expressão original. O domínio simbólico, propriamente humano, habita a unidade do corpo.

Merleau-Ponty (1994, p. 208) afirma que, a partir da realidade corporal, "sou meu corpo dessa forma, o ser do homem, sua realidade ontológica, o homem coincide com sua realidade corporal". O homem considera-se como homem pelo seu corpo e não pelo pensamento. O centro do eu é deslocado da perspectiva racionalista, na qual o sujeito é representado pelo cogito, pelo eu penso, para uma perspectiva sensível, expressa no corpo.

Vale lembrar que a existência do sujeito no mundo é o ponto central da Fenomenologia, mais especificamente na versão existencialista formulada por Merleau-Ponty (1994) fazendo que a vivência homem-mundo seja basicamente corporal.

O corpo realiza a existência, põe o sujeito em situação, diferenciando-se dos objetos exteriores, inclusive por sua espacialidade diferenciada, como explica Merleau-Ponty (1994, p. 143):

> O contorno de meu corpo é uma fronteira que as relações de espaço ordinárias não transpõem. Isso ocorre porque suas partes se relacionam umas às outras de uma maneira original: elas não estão desdobradas umas ao lado das outras, mas envolvidas umas nas outras.

Constituindo-se em uma unidade indivisível, o corpo não está no espaço como um objeto; ele desenha o espaço, garantindo uma conformação original de acordo com a situação.

Consequentemente, essa presença no espaço e no tempo, que é uma presença corporal, marca a singularidade da existência do sujeito e o horizonte de seus projetos. Nas palavras do filósofo francês Merleau-Ponty (1994, p. 194-195):

> Enquanto sou um corpo e através dele ajo no mundo, para mim o espaço e o tempo não são uma soma de pontos justapostos, nem tampouco uma infinidade de relações das quais minha consciência operaria a síntese e em que ela implicaria meu corpo, não estou no espaço e no tempo, não penso o espaço e o tempo; eu sou no espaço e no tempo, meu corpo aplica-se a ele e o abarca. A amplitude dessa apreensão mede amplitude de minha existência; mas de qualquer maneira ela nunca pode ser total: o espaço e o tempo que habito de todos os lados têm horizontes indeterminados que encerram outros pontos de vista. A síntese do tempo assim como a do espaço é sempre para se recomeçar.

Apreendemos o mundo com o corpo, mas essa apreensão é sempre uma síntese inacabada, formada pelas perspectivas da situação vivida. Essa forma de apreensão é reconhecida como originária, não se referindo a uma representação puramente intelectual, mas a uma função motora, regida pela motricidade. A motricidade diz respeito à intencionalidade motora, isto é, todo movimento tem um fundo que o acompanha.

Nesta perspectiva, a Interdisciplinaridade pauta-se numa ação em movimento. Segundo Fazenda (2002, p. 12):

> pode-se perceber esse movimento em sua natureza ambígua, tendo como pressuposto a metamorfose, a incerteza. Todo projeto interdisciplinar

competente nasce de um lócus bem delimitado; portanto, é fundamental contextualizar-se para poder conhecer. A contextualização exige que se recupere a memória em suas diferentes potencialidades, resgatando assim o tempo e o espaço no qual se aprende. A análise conceitual facilita a compreensão de elementos interpretativos do cotidiano. Para tanto, a linguagem deve ser compreendida em suas diferentes modalidades de expressão e comunicação, como uma linguagem reflexiva, mas, sobretudo, corporal.

Diante do modo de ser no mundo, estas contribuições partem da premissa da unidade do homem e da natureza, a unidade do corpo e mente e a unidade do eu e do outro; essas características constituíram o fundamento do que temos observado sobre uma visão interdisciplinar com relação ao conhecimento.

Assim sendo trabalhei em minha tese de doutoramento com hipóteses de trabalho com o corpo que enfrentassem essas proposições. Concluindo que o ato de conhecer não é mental, ele é, antes de tudo, interdisciplinarmente, corpóreo, como já anunciava Wagner Moreira em seus escritos.

REFERÊNCIAS

FAZENDA, Ivani C. A. (Org.). *Dicionário em construção*: interdisciplinaridade. 2. ed. São Paulo: Cortez, 2002.

______ (Org.). *Metodologia da pesquisa educacional*. 11. ed. São Paulo: Cortez, 2008. (Biblioteca da Educação, Série I, Escola; v. 11).

MERLEAU-PONTY, Maurice. *Fenomenologia da percepção*. São Paulo: Martins Fontes, 1994.

MOREIRA, Wagner W. (Org.). *Corpo presente*. Campinas: Papirus, 1995.

CRIAÇÃO

Christine Syrgiannis

A palavra criação, conforme Abbagnano (2012), em todas as línguas:

> é uma palavra com sentido muito genérico indicando qualquer forma de causalidade produtiva: do artífice, do artista ou de Deus...

Pode relacionar-se com atividades humanas, como artística, literária, científica, que resultem numa simples ação: Faça-se deixando vir à tona o que estava latente em nós! Para isso, precisamos encontrar um ambiente propício à criação.

Sendo assim, a Interdisciplinaridade como forma de enxergar as infinitas possibilidades do ser é solo fértil para a *criação*.

A *reverência à vida* e o espaço para os *aspectos criativos do ser* favorecem o desenvolvimento de inovações alinhadas ao sentido de sustentabilidade para além da necessidade de seguir regulamentos e leis, mas para a vontade espontânea de adotar princípios éticos universais.

A pesquisa que realizei como dissertação de mestrado, sob a orientação de Ivani Fazenda, mostra que essa atitude é resultado de transformação interior, oportunidade oferecida tanto a professores como a alunos, por meio da criação, de um ambiente de confiança mútua, que ajude a desenvolver a consciência de *si* durante o processo criativo.

Analisei através de uma visita à historia das civilizações como a questão da criação foi colocada, verificando que a busca por resultados materiais em curto prazo prevaleceu por muitos séculos, acentuando-se na Revolução Industrial, quando o homem foi tratado como mera peça de uma grande máquina de produção. Verifiquei que apenas na segunda metade do século XX tem início uma preocupação mundial em torno da necessidade de considerar o humano enquanto ser situado.

No início do século XXI, em 2001, o Relatório Delors (2001), da United Nations for Education, Science and Culture Organization (Unesco), propõe quatro pilares para a Educação: saber saber, saber fazer, saber conviver e saber ser.

Guevara (2011) ressalta que "a ideia da sociedade sustentável considera a diversidade ecológica, social, cultural, e as opções econômicas e tecnológicas diferentes para o desenvolvimento harmonioso entre as pessoas e de suas relações com a natureza".

A interdisciplinaridade considera que o ser adquire posição central, considerando suas muitas possibilidades de desenvolvimento, conforme exercite sua capacidade de criação ao longo de seu processo de vida. É desta forma que surge a consciência de *si*, trazendo também o sentimento de valor da vida, como um todo.

O aprofundamento do conhecimento do professor sobre o universo do aluno vai acontecendo por meio do processo de desvelamento. Pelo abraço se vê o olho interior do aluno. Algo que vem de dentro, de muito profundo, de essencial, mas que ainda não se mostra com nitidez. Somente após o desvelar do primeiro véu na vida do aluno que se é possível a aproximação de outros fatores na vida do aluno que se expõem nas produções de seus textos e na sua fala... (Fazenda e Pessoa, 2013, p. 18).

É um exercício de *respeito* ao tempo interior de cada um. Uma *espera* com *desapego* de resultados, desenvolvida em ambiente de confiança mútua.

O agir do professor/pesquisador interdisciplinar está em *coerência* com seu Ser, que exercita a *humildade* em estar permanentemente aprendendo ao ensinar.

Desta forma, mais do que a transmissão de conhecimento, abre-se campo para a criação. Conforme Syrgiannis (2013), podemos registrar as primeiras percepções sobre um tema através de palavras ou figuras, que podem ser correlacionadas, desvelando sentido. Elas serão as tônicas de nossas frases. Percebemos o ritmo do fluir das ideias, ou o *passo* na interação em uma conversa, como numa dança. O nosso próprio ritmo se ajusta ao do interlocutor.

REFERÊNCIAS

ABBAGNANO, Nicola. *Dicionário de filosofia.* Tradução da 1. ed. coord. e rev. por Alfredo Bosi; rev. da tradução e tradução de novos textos de Ivone Castilho Benedetti. 6. ed. São Paulo: WMF Martins Fontes, 2012.

DELORS, J. (Coord.) *Educação*: um tesouro a descobrir. Relatório para a Unesco da Comissão Internacional sobre educação para o século XXI. 6. ed. São Paulo: Cortez; Brasília: MEC, 2001.

FAZENDA, Ivani C. A. (Org.). *Dicionário em construção*: interdisciplinaridade. 2. ed. São Paulo: Cortez, 2002.

______; PESSOA, Valda Inês Fontenele (Orgs.). *O cuidado em uma perspectiva interdisciplinar*. Curitiba: CRV, 2013.

GUEVARA, Arnoldo José de Hoyos; ROSINI, Alessandro Marco; SILVA, José Ultemar da; RODRIGUES, Mônica Cairrão (Orgs.). *Educação para a era da sustentabilidade*. São Paulo: Saint Paul, 2011.

SYRGIANNIS, Christine. *Da criação à apresentação de propostas*: movimento rítmico interdisciplinar desvelado na linguagem. Dissertação (Mestrado em Educação) — Programa de Pós-Graduação em Educação/Currículo da Pontifícia Universidade Católica, São Paulo, 2013.

CUIDADO

Valda Inês Fontenele Pessoa

No momento contemporâneo há um esforço conjunto, reivindicando o cuidado para ampliar o ângulo do olhar, de forma a melhor entender e alterar as práticas educativas. Na perspectiva interdisciplinar, o que significaria a palavra *cuidado*? Seria cogitar, imaginar, pensar, supor, julgar, zelar, desvelar, atender? Ou seria uma forma de se colocar diante das coisas e das pessoas? Ou seria, ainda, uma atitude, um modo-de-ser essencial?

Como todas as outras palavras, *cuidado* é prenhe de significados adquiridos ao longo de sua existência. Os filósofos nos ensinam que, com as palavras, os seres humanos constroem e acumulam infinitas experiências cheias de significados. A riqueza de tais significados precisa ser descortinada e explicitada. Esclarecem, ainda, que em rigor as palavras emergem de um nicho de sentido originário e que daí se estendem em outras significações afins.

Não é diferente com a palavra cuidado. Segundo Boff (2005), o seu significado na língua latina é *cura*. Na acepção mais antiga do latim, cura era grafada *coera* e usada em contextos de relações humanas de amor e de amizade para demonstrar "a atitude de cuidado, de desvelo, de preocupação e de inquietação pelo objeto ou pela pessoa amada" (Boff, 2005, p. 29). Cuidado deriva de *cogitare-cogitatus* e de sua transformação *coyedar, coidar, cuidar* (Boff, 2005). O significado de *cogitare-cogitatus* é semelhante ao de cura: "cogitar e pensar no outro, colocar a atenção nele, mostrar interesse por ele e revelar uma atitude de desvelo, até de preocupação pelo outro" (Boff, 2005, p. 29). O cuidado vem à superfície quando o existir de um outro passa a significar e ter importância. Quando isso acontece, a pessoa, da qual o cuidado emergiu, passa a ter comportamento diferente. Dedica-se mais a esse outro, dispondo-se a participar de seu destino, de suas buscas, de seus sofrimentos e conquistas; enfim, participa mais efetivamente de sua vida. O cuidado envolve, nesse sentido, um modo-de-ser por meio do qual a pessoa não fica somente em si; ao contrário, interliga o seu ser com o do outro com carinho, diligência e dedicação.

O mesmo pensador (Boff, 2005) diz que há dois modos básicos de ser-no-mundo: o modo-de-ser do trabalho e o modo-de-ser do cuidado. A seguir explicitaremos o pensamento de Leonardo Boff a esse respeito, evidenciando as implicações que cada um desses modos acarreta no processo de construção da realidade humana.

O modo-de-ser do trabalho

Essa maneira de orientar-se e atuar no mundo, que chamamos de disciplinar, acontece na forma de interação e intervenção. O ser humano intervém na natureza, procurando conhecê-la, para em seguida intervir com o objetivo de tornar o seu existir maior e melhor. Tudo isso acontece por intermédio do trabalho. É pelo trabalho que o ser humano codirige o processo evolutivo. A natureza e as sociedades humanas governam em simbiose e coevoluem nesse processo. Na natureza, o trabalho acontece involuntariamente. Com os seres inteligentes, o trabalho é consciente, caracterizado por um modo-de-ser perpassado por um projeto de transformação da natureza. Com o transcorrer da história da humanidade, por volta do século XVI, começa a emergir a vontade de poder e dominação da natureza. Com essa motivação e com o crescimento da complexidade do processo de trabalho, a razão instrumental-analítica ou disciplinar foi construída de modo paulatino, passando a comandar e exigir um modo-de-ser objetivo. Ou melhor, um modo-de-ser que exige distanciamento da realidade, separando-a para observá-la, interrogá-la, conhecê-la e impor o domínio sobre ela.

A lógica do ser-no-mundo do trabalho guia-se pelo pressuposto do conhecer para dominar, assenhoreando-se do conhecimento disciplinar para utilizá-lo a serviço exclusivo dos interesses pessoais e coletivos dos seres humanos. É nessa escalada que acontece o início do antropocentrismo. Os interesses do homem e da mulher constituem o centro do universo e, como tal, comandam o processo de transformação da humanidade e do mundo em que habitam.

A realidade do mundo contemporâneo, consequência dos desdobramentos do modo-de-ser do trabalho ou disciplinar, mostra o drama perverso que a humanidade vem vivenciando com a relação distanciada de sujeito-objeto. O afã e a busca frenética de eficácia, de produção e de dominação de tudo e sobre tudo têm levado a efeitos catastróficos. Homens e mulheres vivem escravizados pelas formas de estruturação do trabalho produtivo, racionalizados, objetivados, especializados, despersonalizados e submetidos única e exclusivamente à lógica da razão. Perdeu-se, no modo-de-ser do trabalho — que aqui, reiteramos, chamamos de disciplinar —, a visão de conjunto do ser humano como ser-de-relações ilimitadas, de criatividade, de ternura, de espiritualidade, de amorosidade, de compaixão.

O modo-de-ser do cuidado

No entanto, há uma outra forma de orientar-se e atuar. Constitui-se em outro modo-de-ser-no-mundo efetivado pelo cuidado. O cuidado não exclui o trabalho; ao contrário, interliga-o, estabelecendo relação diferenciada, reconstituindo o sentido antropológico originário. Esse modo-de-ser não vê a natureza e tudo o que nela se encontra como objeto. A relação é de sujeito-sujeito, em que os entes que se relacionam possuem valores e símbolos que emanam de uma realidade originária.

A relação é de convivência, cordialidade, comunhão, interação e de cuidado. O cuidado com os entes "implica ter intimidade com eles, senti-los dentro, acolhê-los, respeitá-los, dar-lhe sossego e repouso. Cuidar é entrar em sintonia com as coisas. Auscultar-lhe o ritmo e afinar-se com ele. Cuidar é estabelecer comunhão" (Boff, 2005, p. 31).

Nesse modo de olhar e fazer as coisas, a razão instrumental-analítica — ou melhor, do cálculo, da técnica, da análise objetiva — é interligada à razão cordial e de sentimento profundo. O *pathos* (sentimento) passa a ter centralidade na lógica da vida, do olhar e realizar o ofício. O raciocínio vigora fundado no *pathos*, por ele se constituir na estrutura básica do ser humano. Inverte-se a máxima cartesiana. Do *cogito ergo sum* (penso, logo existo) para o *sentio ergo sum* (sinto, logo existo). É pelo sentimento que nos comovemos, nos emocionamos, nos sensibilizamos ou não com o que está sob o nosso ângulo de visão. É por ele que nos deixamos unir e manter vínculos com as pessoas e com as coisas que nos cercam. No decorrer de uma existência, passa-se por infindáveis episódios impossíveis de serem lembrados na sua totalidade. No entanto, aqueles que foram vivenciados, envoltos de emoção, provocando sentimento profundo e originando cuidado em nós ficam carimbados vivamente, permanecendo definitivamente em nossa memória. Esse sentimento profundo chama-se cuidado. O cuidado exprime distintivamente a primazia do *pathos* e da emoção. O cuidado vem primeiro. Está na origem da existência humana e, por assim ser, constitui-se em um modo-de-ser essencial.

A interdisciplinaridade e o modo-de-ser essencial do cuidado

A Interdisciplinaridade é uma atitude de ousadia e de parceria diante da concepção fragmentada da racionalidade disciplinar ou instrumental-analítica. É atitude de reciprocidade e complementaridade que impulsiona ao diálogo, à troca. É atitude de responsabilidade com o que se faz, com o que se revela, com o que se constrói. É atitude de humildade e alteridade em face do(s) outro(s) e com o outro(s), reconhecendo a incompletude e importância do outro para ampliar o conhecimento de nós mesmos, do outro e das coisas que cercam os fenômenos sociais e educacionais. É atitude de compartilhamento e coerência, com as ideias, com os outros, com os conhecimentos já produzidos. É atitude de espera. É tratamento que se dá ao tempo. Tempo que não é absoluto; ao contrário, é de leveza, de amadurecimento, que requer paciência e sabedoria. É atitude de alegria e de encontro com a vida mais completa dos entes, mais equitativa. Atitude em que o amor, o conhecimento das coisas, da natureza e dos seres humanos se integram e possibilitam fluir novos saberes livres de obsessões racionalistas ou emocionais.

Fazenda (2002), ao explicitar a metáfora do olhar, no tocante ao aluno, diz que a relação professor-aluno, em um percurso interdisciplinar, emerge de intencionalidades que em um primeiro olhar parecem divergentes. Com o caminhar da relação o olhar de cada um (aluno e professor) sobre o outro vai ampliando-se e tornando-se cada vez mais clara a convergência dos interesses que lhes mantêm. Como isso acontece? Segundo a educadora, o aprofundamento do conhecimento do professor sobre o universo do aluno vai acontecendo por meio do processo de desvelamento, que consiste no ato de tirar os véus que dificultam a visão clara.

Na relação pedagógica, o primeiro véu é sacado quando professor e aluno caminham lado a lado. Isso é propiciado quando a afetividade (sentimento) entra em ação. O aconchego e o abraço são de fundamental importância para que as amarras se desprendam. "O aluno se sente bem, importante, comungado e feliz" (Fazenda, 2002, p. 225). Pelo abraço se vê o olho interior do aluno. Algo que vem de dentro, de muito profundo, de essencial, mas que ainda não se mostra com nitidez. Somente após o desvelar do primeiro véu é possível a aproximação de outros fatores na vida do aluno que se expõem nas produções de seus textos e na sua fala. A produção de textos escritos, pelo aluno, vai favorecer um pouco mais o conhecimento do professor a respeito do aluno. Por meio deles, o aluno mostra outras faces da sua personalidade e de seus interesses, ditas por ele mesmo. Esse é, para a autora em referência, um segundo véu a ser retirado. Em suas palavras, "mesmo sendo por meio da escrita, o fato de o aluno ter alguém para conversar é algo maravilhoso!" (Fazenda, 2002, p. 227).

O terceiro véu a ser desnudado refere-se à fala. É pela fala do aluno que o professor consegue olhar com mais nitidez o que estava escondido em seu ser no início da relação. Na maioria dos casos, o aluno manifesta os sentimentos, os interesses, as convicções, pela fala, somente após um processo de sedimentação de suas certezas consigo mesmo.

Como podemos observar, tudo começa com o que é essencial. O sentimento possibilita avançar a outras esferas que desejamos. Está no pensamento de Fazenda (2002) assim como está também no de Boff (2005) a inversão da máxima cartesiana: *cogito ergo sum* (penso, logo existo) por *sentio ergo sum* (sinto, logo existo). O primeiro véu a ser retirado para que seja possível prosseguir no processo de conhecimento do aluno, a que Fazenda (2002) se refere no processo interdisciplinar, e a temática cuidado, que Boff (2005) explora para demonstrar o modo-de-ser essencial do cuidado, são tramas de uma mesma linhagem, inerente e próprio de um caminho interdisciplinar.

REFERÊNCIAS

BOFF, Leonardo. O cuidado essencial: princípio de um novo ethos. *Inclusão Social*, v. 1, n. 1, 2005. Disponível em: <http://revista.ibict>. Acesso em: 24 set. 2010.

FAZENDA, Ivani C. A. *Olhar*. In: ______ (Org.). *Dicionário em construção*: interdisciplinaridade. São Paulo: Cortez, 2002.

ESCRITURA

Maurina Passos Goulart Oliveira da Silva

Penetra surdamente no reino das palavras.
Lá estão os poemas que esperam ser escritos.
Estão paralisados, mas não há desespero,
há calma e frescura na superfície intata.
Ei-los sós e mudos, em estado de dicionário.

Carlos Drummond de Andrade

Recorre-se a um dicionário quando não se conhece o significado de uma determinada palavra, ou se busca ampliar o vocabulário para evitar repetições no exercício da linguagem escrita. Assim, em estado de dicionário, as palavras apresentam possíveis significações, cabendo ao escritor identificar aquela adequada ao texto, no qual será inserida e ganhará sentido.

No contexto da escritura, luta-se com palavras e pensamentos. Trava-se uma luta inútil, como disse o poeta Carlos Drummond de Andrade, mas assim mesmo *lutamos mal rompe a manhã*. Escrever é lutar para romper o silêncio, dar voz às palavras e neste gesto materializar o pensamento, e também sentimentos. No espaço entre o silêncio e a expressão da palavra, e vice-versa, habita o ser da escritura, de expressão da linguagem escrita, o artista da palavra.

Escritura. Aquela saída do sangue silencioso de quem emerge de um combate, "na esperança de que isso nos aproxime, ainda de leve, do que não sabemos. Porque a escritura é rede onde se espera prender, apreender, certo sentido" (Holanda, 1992, p. 60-61). E como já disse o poeta, lutar com palavras é a luta mais vã. De outro modo, seria possível dizer que lutar com o silêncio é lutar infinitamente na busca de sentidos.

Proost (1991), ao falar da relação com os livros, afirma que estabelecemos amizade pura, pois passamos a noite com eles porque realmente temos vontade de fazê-lo e a atmosfera dessa amizade pura é o silêncio. Segundo ele, trata-se de um silêncio mais puro que a palavra porque ao falarmos para os outros, calamos a nós mesmos.

Cria-se assim a atmosfera de amizade na relação com o texto a ser lido, com a *escritura*. Para Larrosa (2004) o escritor não escreve desde a sua vontade senão desde suas palavras. Ele dá a ler as palavras perdendo o controle sobre elas, pois ele não pode possuir o momento da leitura, o momento da comunicação do texto com o leitor.

Na verdade, o autor vai tecendo a ideia de que a comunicação a qual se refere diz respeito ao fato de o escritor, ao dar a ler as palavras, estar ausente, pois o que comunica aquilo que dizem ou querem dizer suas palavras é a *escritura*. "Então, não é o escritor aquele que dá a ler, mas é a escritura mesma que se dá a ler na desaparição do autor, na não presença de seu 'querer dizer' ou de seu querer comunicar" (Larrosa, 2004, p. 23-4).

Conforme Silva (2008), quem escreve trabalha tal qual o bicho da seda, tece o fio da palavra no mais profundo do ser. Vai construindo sua casa, a escritura, onde se desfaz, desapega-se até que, estando edificada a casa, se esvanece para dar a palavra ao leitor e suas interpretações, porque o autor desfez-se no texto, não para morrer, mas para se transformar, tal qual a lagarta, na mais bela borboleta. Mais do que palavras, ficam no texto os silêncios do indizível; dele se aproximarão aqueles capazes de fazer a leitura de silêncios que persistem em forma de palavra. Escrever, portanto, é também a expressão de um silêncio divino, porque a escritura foi gestada no mais autêntico e profundo encontro do autor consigo mesmo.

Assim, mais do que se inspirar para escrever, mais do que lutar com as palavras, é preciso embriagar-se delas. Deixar-se tocar pelos seus sentidos, mergulhar profundamente no seu querer dizer, e mais do que decifrá-las, bebê-las todas, alimentar-se delas, brincar com elas, rir delas, reinventá-las, apanhá-las de surpresa, cuidar, acolher, deixar-se atravessar por elas, extasiar-se. E este movimento exige transpiração. Não há pressa, o tempo é *Kairós*, há ritual do começo ao fim da escritura, há respeito pelas palavras no silêncio da criação.

Também o leitor de um texto, assim construído, nascido de dentro, ao se deparar com um tecido tão cuidadosamente lapidado, é logo envolvido pela palavra do autor a ponto de também embriagar-se dela; deixando-se tocar pela sensibilidade e pelo prazer das releituras, muitas releituras incapazes de consumar o ato da compreensão, a não ser pelo envolvimento amoroso com o texto. Ler, portanto, é ler nas entrelinhas, recriando o tecido em suas nuances, desvelando significados, emoções.

Ao desvendar intenções, silêncios escondidos em cada palavra, em cada gesto da criação, o leitor é capturado pela escritura generosa, tessitura de rara expressão. Ela prende, enlaça, enamora, chama a sua atenção. O leitor deleita-se!

Escritura e leitura em certo sentido aproximam-se do mistério e do momento divino, um instante sagrado para quem escreve e para quem lê. O tecido da obra é desnudado, despido na busca de sua compreensão, no encontro com a palavra.

No momento em que o texto saído das entranhas preenche o papel em branco, quando o escritor admira sua escritura e com ela se emociona, o texto está pronto. Já pode sair da oficina do pensamento e ganhar o mundo da leitura.

Por que escrever? Para que escrever? Se não for para tocar e deixar-se afetar pelo exercício da escuta desapegada, lembrando a humildade de um menino ou menina aprendiz... Aprendiz da palavra e do silêncio. Escrever só faz sentido se for para se inscrever no coração do leitor, para sempre!

Escritura do texto na pesquisa interdisciplinar

Como bem explicou Fazenda (2001), a pesquisa interdisciplinar inova a forma de fazer investigação. Para além dos caminhos rigorosos de fazer ciência, acrescenta e privilegia, num primeiro momento, a intuição, o uso de metáforas para a identificação da palavra, do conceito vivido pelo sujeito da pesquisa em toda sua trajetória profissional. Significa desvelar em espiral, caminhando pontualmente, não linearmente. Passo a passo chega-se ao primeiro ponto que é a pergunta, nascida desta memória revisitada. Vive-se o conhecimento. A partir deste movimento, inicia-se o encontro com os teóricos de diferentes áreas do conhecimento para depois retornar à consciência pessoal. Defende Fazenda (2001, p. 23) que "esta é uma das formas que nos permitem investigar as atitudes subjacentes às inquietações e incertezas dos diferentes aspectos do conhecimento".

A pesquisa na perspectiva da interdisciplinaridade investiga questões existenciais e não somente intelectuais. Parte-se de uma dúvida, que emerge da prática vivida, e geralmente acaba-se por respondê-la com outras perguntas, alimentando um círculo *virtuoso* e *vicioso* (Pineau, 2000), que leva a um maior aprofundamento da questão investigada, mas não a acomoda em verdades preestabelecidas. Pesquisar nessa perspectiva exige a revisita ao tema sob diferentes olhares e contextos: o epistemológico, o ontológico e o axiológico (Fazenda, 2008).

Compreender o processo de escritura na maneira interdisciplinar de se fazer pesquisa, e expressá-la, exige um olhar atento ao tecido construído, onde nele se entrelaçam muitas vozes, com a densidade de quem mergulhou fundo nos conceitos pesquisados e nas práticas vividas. Subjetividade e objetividade cozem o texto, marcado por uma expressão peculiar de linguagem molhada de conhecimentos resgatados inicialmente da trajetória pessoal do pesquisador. Memória e história de vida trazem à tona a palavra inicial, a direção do caminho a ser traçado, no trabalho de elaboração da escritura na pesquisa interdisciplinar.

Na raiz da palavra interdisciplinaridade, encontra-se o prefixo "Inter [do lat. *inter.*] Pref. = posição intermediária, equivale a *entre*. Inter, interação, reciprocidade" (Ferreira, 1975, p. 774). O caminho da Interdisciplinaridade é o caminho inter, intra, entre. Entre a palavra e o silêncio, entre o dizer e o não dizer, entre o ouvir e o falar, o calar e o expressar, num movimento cuidadoso, capaz de desvelar no processo da pesquisa a alma do pesquisador.

No entanto, permanecer no entre é atravessá-lo, e fazendo a travessia busca-se o que já não é mais inter, mas *trans*. Como explica Sommerman (2006, p. 63), a Interdisciplinaridade na abordagem de Ivani Fazenda muito se aproxima de uma Interdisciplinaridade Forte, ou seja, quando predomina não a transferência de métodos, mas de conceitos, ocorrendo um verdadeiro diálogo. E este movimento exige trocas intersubjetivas dos diferentes especialistas, assim também exige que nesse diálogo se reconheçam os saberes teóricos, práticos e existenciais, em si e nos outros (Silva, 2006).

Fazer pesquisa, produzir a escritura da tese ou dissertação na teoria da Interdisciplinaridade de Ivani Fazenda, significa articular as dimensões do saber-saber, do saber-fazer e do saber-ser. Este processo está fortemente aliado à sensibilidade, à leitura do silêncio interior, para fazer nascer do íntimo o sentido da atitude, da prática e da pesquisa interdisciplinar; investe-se, portanto, na percepção do profissional e da pessoa.

Na abordagem de Fazenda, o ser que pesquisa é protagonista do saber-fazer, reconhece-se pesquisador do seu saber e por isso mesmo é na ação que as dobras da "inter" se relevam. Habitando inteiramente sua pesquisa, o processo vai se desvelando, resgata-se o professor-pesquisador, o caçador de si mesmo. Diferentemente dos caminhos exclusivamente da razão, segue-se também a intuição, utilizando-se neste processo a metáfora como referência, o sagrado momento do encontro com o espelho revelador da identidade. Resgata-se a pessoa e o profissional que pesquisa.

Como fazem as espraiadas ondas do mar, quando a cada batida são lançadas pelas águas profundas e chegam à superfície com a força e toda a beleza que somente naquele momento é possível apreciar; também o pesquisador ao final do processo de escritura, devolve ao leitor de sua obra toda a beleza antes escondida. A beleza de um saber da profissão, um saber da ação agora reconhecido. Desvela-se um ser com toda leveza e alegria de estar na pesquisa, estar *em* pesquisa, um ser que se percebe interdisciplinar na ação, na vida.

Fazenda (2003) entende a sala de aula como lugar de encontro, diria que na pós-graduação trata-se de um lugar de reencontro, pois os movimentos realizados na pesquisa oferecem essa possibilidade do reencontro consigo mesmo. Esse modo de fazer pesquisa remete o pesquisador a perguntas existenciais, capazes de calar sua alma (no sentido de colocar uma direção). Talvez se possa dizer que neste modo de pesquisar caminha-se entre o sagrado e o divino.

A escritura nascida das entranhas do ser que pesquisa e se pesquisa na plenitude do enraizamento e desenraizamento, num movimento de "entrada e saída de si mesmo", extasiado nas releituras do silêncio e da palavra, plena de significados, dialoga interdisciplinarmente com os teóricos, com a experiência, com a vida. Tece o tecido vivo, com linguagem pulsante, capaz de esteticamente delinear o retrato de um recorte da educação, mas, além disso, traz a experiência de vida de professores há muito tempo na labuta, e ainda alimentados pelas palavras *sonho* e *paixão*. A paixão de ser e estar na profissão docente, apesar de tudo.

De *palavra* e de *silêncio*, fez-se a escritura.

REFERÊNCIAS

ANDRADE, Carlos Drummond de. *Antologia poética*. 7. ed. Rio de Janeiro: Sabiá, 1973.

FAZENDA, Ivani et al. Contribuições dos estudos e pesquisas sobre interdisciplinaridade para um possível redesenho de currículo. In: MACEDO, E.; MACEDO, R. S.; AMORIM, A. C. (Orgs.). *Como nossas pesquisas concebem a prática e com ela dialogam?* Campinas: FE/Unicamp, 2008.

FAZENDA, I. C. A. *Interdisciplinaridade*: qual o sentido? São Paulo: Paulus, 2003.

______. *Dicionário em construção*: interdisciplinaridade. São Paulo: Cortez, 2001.

FERREIRA, Aurélio Buarque de Holanda. *Novo dicionário da Língua Portuguesa*. Rio de Janeiro: Nova Fronteira, 1975.

HOLANDA, Lourival. *Sob o signo do silêncio*. São Paulo: Edusp, 1992.

LARROSA, Jorge. *Linguagem e educação depois de Babel*. Belo Horizonte: Autêntica, 2004.

PINEAU, Gaston. O sentido do sentido. In: NICOLESCU, Basarab. *Educação e transdisciplinaridade*. Brasília: Unesco, 2000.

PROOST, M. *Sobre a leitura*. 2. ed. Campinas: Pontes, 1991.

SILVA, Maurina Passos G. O. da. Resenha do livro de Américo Sommerman, Inter ou transdisciplinaridade? Da fragmentação disciplinar ao novo diálogo entre os saberes. *Revista E-Curriculum*, São Paulo, Paulus, n. 2, jun. 2006. (Col. Questões Fundamentais da Educação, v. 1.)

______. *Palavra, silêncio, escritura*: a mística de um currículo a caminho da contemplação. Tese (Doutorado em Educação/Currículo) — Pontifícia Universidade Católica, São Paulo, 2008.

SOMMERMAN, Américo. *Inter ou transdisciplinaridade?* São Paulo: Paulus, 2006.

ESPAÇO

Ricardo Hage de Matos

Do ponto de vista *disciplinar*, a palavra *espaço* tem sua origem no latim *spatium*, que significa área ou extensão. Seu sentido inicial é quantitativo, estando ligada diretamente a qualquer ato de mensuração tridimensional, ou seja, que tenta medir volumes ou distâncias.

Na Interdisciplinaridade, o espaço pode ser considerado o *lócus* real ou virtual, factual ou fenomenológico, onde os processos de ensino, pesquisa e seus sujeitos habitam (Matos, 2003).

O estudo do espaço é muito antigo e podemos perceber sua importância em vários campos do conhecimento.

Na filosofia, o espaço pode ser considerado o "meio homogêneo e ilimitado, definido pela exterioridade mútua de suas partes contendo todas as suas extensões finitas e no qual a percepção externa situa os objetos sensíveis e seus movimentos" (Japiassu e Marcondes, 1996, p. 88). Essa definição tenta caracterizar a ideia de espaço como um contínuo ideal: pode tanto ser medido e quantificado como queria toda a tradição grega, quanto ser intuído e sentido, como nos indica Kant (1996). Para ele, existiria tanto uma intuição do espaço quanto existiria uma intuição do tempo.

A partir daí surge na física a conceituação de um espaço que não pode mais ser entendido fora do tempo, sendo este tanto sua causa como seu resultado. Consideramos Albert Einstein como o primeiro pensador que codifica a equação espaço-tempo.

Nas artes e na arquitetura, o espaço sempre foi tratado como um dado quantitativo que, paradoxalmente, explica relações de qualidade e de percepção. Por exemplo, podemos dizer que quanto maior o espaço maior a sensação de poder, quanto menor esse espaço maior a sensação de segurança e intimidade. Neste caso, a quantidade (valor objetivo) define a sensação (valor subjetivo). Pensado sempre dentro de uma prática, o espaço arquitetônico e o espaço escultórico nada mais são do que a materialização do desejo da arquiteto ou do artista, que demonstra assim o seu poder sobre a realidade e sobre a percepção das pessoas. Nessa área do conhecimento, a pesquisa sobre o espaço foi direcionada no sentido da procura de uma representação desse espaço, alçada a seu auge por Leonardo da Vinci no século XV, por meio do desenvolvimento da perspectiva no desenho geométrico. A partir daí foi possível descrever aos outros com uma certa acuidade espaços que não existiam ainda ou que não estavam presentes. Com o desenvolvimento da perspectiva, surge uma das categorias que vão ser desenvolvidas posteriormente na física e na fenomenologia: a relatividade do ponto de vista. Dependendo de onde estamos posicionados e dada a natureza do sentido, ou sentidos, por nós utilizados na observação de um dado espaço, essa percepção será única e relativa aquela situação específica do observador (Matos, 1995).

Na fenomenologia, a partir de Husserl no início de século XX, essa relatividade é trazida como um novo elemento na pesquisa filosófica. Contemporaneamente a Edmund Husserl, Moritz Geiger inicia seus estudos fenomenológicos sobre Arte, fundamentando mais ainda os aspectos relativos da espacialidade.

O estudo do espaço na Interdisciplinaridade torna-se cada vez mais importante dada a necessidade da mudança do ambiente educacional dentro de um projeto pedagógico novo (Matos, 2005).

A primeira questão relativa ao espaço construído da escola é uma crítica à forma como esse espaço é projetado, transformando-o em uma metáfora do currículo vigente (Fazenda, 1995). Um espaço construído para um projeto interdisciplinar é um espaço radicalmente diferente do desenho da escola que conhecemos: é um espaço mais voltado para a circulação do que para a compartimentalização. É também um espaço onde o controle pela restrição dos acessos deixa de ter sentido, já que esse controle se dá pela transparência dos processos.

Sensorialmente, um espaço de ensino neste novo paradigma é um espaço de prazer, um espaço sedutor, mais próximo de uma residência do que de uma instituição. A sala de aula deixa de ter carteiras organizadas em filas e colunas bem como o professor deixa de ficar na frente e acima do aluno: ele *está com* o aluno. Projetar o espaço escolar de forma tão radicalmente diferente pode ser uma impossibilidade ideológica e econômica, daí a necessidade de um novo entendimento do espaço, o do espaço virtualmente construído.

A partir do princípio da Atitude na Interdisciplinaridade começamos a entender que o espaço pode deixar de ser físico para ser virtual: pessoas engajadas em um projeto assim podem não perceber que estão em um espaço repressor ou podem perverter a organização deste espaço. Uma sala de aula clássica onde um processo interdisciplinar está ocorrendo pode tomar duas dimensões distintas aos olhos dos professores e alunos: numa dimensão, ela simplesmente deixa de ter importância e os sujeitos ali estabelecidos sentem apenas que estão num espaço vazio, sem significado, esquecendo o sentido da organização das cadeiras ou da posição do professor; em outra dimensão, os sujeitos começam a mudar a configuração dos móveis, abrir as portas, sentar informalmente nas carteiras e, muitas vezes, intuitivamente, colocá-las em roda (Warschauer, 1993), quase que de forma "tribal". Essa roda tem o sentido da aproximação dos sujeitos do processo educacional que a interdisciplinaridade por definição nos obriga. Mais uma vez, podemos notar a afirmação de que a Interdisciplinaridade vem da reflexão sobre uma prática já existente (Fazenda, 1992). Mesmo um arquiteto, ao projetar uma escola que respeite o espaço interdisciplinar, não pode construir modelos prontos, mas deve respeitar os processos como a roda e a circulação, sob pena de ver os sujeitos não se submeterem e subverterem aquele espaço projetado por ele. Até o ato do projetar arquitetônico na Interdisciplinaridade deve vir de uma observação da realidade existente.

A distância no espaço também é um fator a ser considerado na Interdisciplinaridade. Sujeitos envolvidos num processo interdisciplinar podem trabalhar de forma coerente e eficiente mesmo quando afastados no espaço (e no tempo) dada a proximidade que uma memória emocional nos dá do outro. A familiaridade e a emoção, aliadas ao prazer, que um trabalho na Interdisciplinaridade nos dá, criam um elo e um espaço de interação propícios a uma virtualidade, ou seja, mesmo usando formas de comunicação rudimentares, como o correio, a construção de um trabalho interdisciplinar à distância é possível. O uso da Internet e outras novas tecnologias apenas potencializa esses encontros e os torna mais econômicos e constantes. Uma Interdisciplinaridade virtual ou à distância é possível e desejável, já que contamos com tão poucos sujeitos multiplicadores na atualidade.

Já do ponto de vista *interdisciplinar...*

Como é de costume, estou eu aqui escrevendo e olhando através de minha janela.

Já faz algum tempo que dei um jeito da tela de meu computador ficar de costas para a vista que se abre de minha escrivaninha, pois, assim posso ver toda a zona sul da cidade de São Paulo, onde moro no último andar de um edifício bem alto. Deste lado de meu apartamento posso ver os aviões descendo pela rota de Congonhas, a Cidade Universitária, Pinheiros e Vila Madalena, os prédios da avenida Faria Lima e o Morumbi lá no fundo como moldura do espelho d'água da Guarapiranga. Pois é, mesmo com o tempo seco, ainda posso ver as águas da represa brilhando ao entardecer, muito longe, um pequeno fio, mas que eu posso ver eu posso!

Se o tempo estiver muito limpo e não houver poluição, posso, desta minha janela do escritório, ver até a serra do mar à distância.

Descrever a vista que eu tenho do outro lado do meu apartamento vai ficar para outra vez: talvez ela seja mais surpreendente ainda, mas não é necessária para discutir o conceito de espaço nestas poucas páginas.

A percepção do espaço sempre foi muito importante na minha vida e talvez por isso tenha me tornado arquiteto. É estranho, hoje em dia, época na qual eu quase não tenho contato com projetos de edificação, lembrar da minha infância: com sete ou oito anos eu ficava desenhando plantas de casas em caderno pautados.

Eu me apropriava do espaço de forma intuitiva sem pensar muito no que significava esta palavra.

Na realidade, o espaço se tornou uma categoria reflexiva para mim quando percebi, alertado por colegas professores do curso de bacharelado em artes plásticas, que alguns alunos tinham dificuldade com esse conceito ao trabalhar em escultura: não conseguiam perceber como é que sua produção artística seria instalada no espaço expositivo depois de pronta. Tinham dificuldade com a transformação da obra de arte que deixava de ser ideia para se tornar objeto de uma exposição num espaço delimitado.

Essa situação pode parecer um problema menor aos olhos de um leigo, mas é uma questão muito preocupante para o artista visual. Não controlar a forma como a obra de arte vai ser vista dentro de um espaço pode fazer com que essa obra seja vista de uma forma não desejada ou descontrolada. Neste sentido, a interferência do espaço na obra de arte vira um vale-tudo onde a leitura do observador vai se dar pelo acaso. Claro que eu posso ter esta intenção como artista visual mas nos casos relatados por meus colegas professores não era esta a situação.

Demorei muito tempo para perceber que a frustração que o aluno do 4º ano de artes plásticas sentia ao expor a sua obra de arte (principalmente quando esta era uma escultura) vinha do fato de que ninguém havia ensinado para eles o que era o espaço, e como este espaço poderia ser controlado, sentido e refletido.

É a partir deste contexto que pretendo explorar o significado do conceito espaço e a suas relações com o ensino, com a interdisciplinaridade e com a produção do conhecimento.

E voltando a minha escrivaninha... Venta muito lá fora.

Esse vento limpou o espaço que existe entre meus olhos e as luzes da ponte estaiada do Morumbi que estão a pelo menos vinte quilômetros de distância em linha reta.

Posso perceber nesse momento claramente dois espaços: o espaço físico, mensurável, factual; e o espaço sensível, internalizante, fenomenal.

O vento limpou a poluição que impedia minha vista de enxergar esta ponte tão distante e permitiu que a luz atravessasse a distância quase sem distorção. Este espaço torna-se completamente mensurável, um espaço que eu posso descrever e dizer o que nele existe: bairros, prédios e casas.

Já essa limpeza assoviante que esse vento me dá revela um espaço que não está mais fora, no mundo, mas está dentro de mim e que faz com que eu veja uma beleza momentânea que só em minha mente existe.

Creio que posso chamar esse espaço de espaço virtual já que a forma como o vejo só existe em minha mente: essa constatação fundamenta a crítica que faço aos discursos sobre o conceito de virtualidade, já que acredito que ela exista desde que o homem começou a imaginar, e para isso não é preciso nenhuma nova ferramenta tecnológica, tais como um videogame ou computador.

É em nossa mente que discriminamos o que é espaço virtual e o que é espaço real.

É em nossa mente que entendemos o espaço como fato ou como fenômeno.

Depois de ter construído este meu espaço, aquele que posso ver de minha janela e sobre o qual refleti, resolvi procurar algum outro referencial. Estranhamente resolvi que não iria procurá-lo na arquitetura mas em alguém que sempre usei como referencial: Japiassu (1996), em seu *Dicionário básico de filosofia*.

Corro para minha estante e procuro pelo livro que não está muito escondido, afinal devo tê-lo pego em outra busca há pouco tempo. Abro as páginas e procuro avidamente pelos seus verbetes.

Como sempre, erro enormemente a previsão do espaço do livro onde deveria estar o verbete *espaço*. Depois que fui parar no Z volto ao B e acabo achando a palavra espaço no canto superior esquerdo da página 88. Ele ocupa cerca de metade da primeira das duas colunas de texto da página.

Percebo inicialmente que esse verbete está dividido em duas partes: existe um número 1 e um número 2. Antes disso fico sabendo logo de cara que a palavra espaço vem do latim *spatium*, que significa área, extensão. O espaço de número 1, que é muito menor que o espaço de número 2, fala de um espaço em:

> seu sentido geométrico, concepção abstrata de um ambiente vazio de todo conteúdo sensível e caracterizado pela continuidade, homogeneidade e tridimensionalidade. (Japiassu, 1996, p. 23)

O espaço de número 2 que é pelo menos 5 vezes maior que o de número 1, é o que Japiassu (1996, p. 24) chama de espaço filosófico, ou seja:

> é o meio homogêneo e ilimitado, definido pela exterioridade mútua de suas partes (impenetrabilidade), contendo todas as extensões finitas e na qual a percepção externa situa os objetos sensíveis e seus movimentos. Em outras palavras, sistema de referências graças ao qual podemos pensar a coexistência ou a simultaneidade, no tempo, de dois objetos diferentes: dois objetos não podem ocupar, ao mesmo tempo, o mesmo lugar.

Depois disso ele ainda cita Kant colocado no verbete entre aspas. Preferi não desordenar este espaço, citando aspas dentro de outras aspas, mas é necessário dizer que Kant (1996, p. 45) defendia o espaço como um "dado original de nossa sensibilidade": "dois objetos percebidos ou são sucessivos (intuição do tempo) ou são simultâneas (intuição do espaço)".

Talvez mais importante do que perceber o que está escrito no verbete no dicionário de Japiassu (1996) seja ver como o espaço do verbete se configura: para o que ele chama de espaço geométrico (e eu de factual) existe uma explicação sintética e generalizante. Para o que ele chama de espaço filosófico (e eu de espaço como fenômeno), existe um longo discurso e o apoio deste no discurso de outro. Essa é uma reflexão que ocupa muito espaço.

Caso o leitor não tenha percebido ainda qual é o motivo da minha insistência em descrever a leitura do verbete do dicionário filosófico devo esclarecer que é nesse movimento que tenho pistas de como poderia entender o espaço dentro da interdisciplinaridade: fazer a leitura de um discurso deste tipo pela forma como este se configura num espaço de uma página, em um livro, pode ser tão eficiente quanto fazer essa leitura pelas palavras que nele estão escritas.

Eu talvez tenha feito uma hermenêutica do espaço que o verbete sobre espaço ocupa na página do dicionário. Talvez essa possa ser a forma como *ocupamos* o conceito de espaço de uma maneira interdisciplinar.

REFERÊNCIAS

FAZENDA, Ivani (Org.). *A academia vai à escola*. Campinas: Papirus, 1995.

______. *Interdisciplinaridade*: história, teoria e pesquisa. Campinas: Papirus, 1992.

JAPIASSU, Hilton; MARCONDES, Danilo. *Dicionário básico de filosofia*. 3. ed. Rio de Janeiro: Jorge Zahar, 1996.

KANT, Immanuel. *Crítica da razão pura*. São Paulo: Nova Cultural, 1996. (Col. Os Pensadores.)

MATOS, Ricardo Hage. Interdisciplinaridade, ciência e arte. In: FAZENDA, Ivani (Org.). *A academia vai à escola*. Campinas: Papirus, 1995.

______. *O sentido da práxis no ensino e pesquisa em artes visuais*: uma investigação interdisciplinar. Tese (Doutorado em Educação/Currículo) — Pontifícia Universidade Católica, São Paulo, 2003.

WARSCHAUER, Cecília. *A roda e o registro*: uma parceria entre professor, alunos e conhecimento. São Paulo: Paz e Terra, 1993.

ESPIRITUALIDADE

Maria Sueli Periotto

Ferreira (1988) assim apresenta a palavra "espiritualidade: *s.f.* Qualidade daquilo que é espiritual: a espiritualidade da alma".

Para Koenig, McCullough e Larson (2001), trata-se de uma busca pessoal para alcançar respostas de questões essenciais sobre a vida, seu sentido e sobre as relações com o sagrado e com o transcendente.

Estas definições nos levam a refletir que a espiritualidade pode ser entendida como aquilo que transcende o que é material ou visível, já que nos remete às questões concernentes ao espírito, compreendido como entidade vital ou como a experiência com o sagrado por vias subjetivas, independentemente das convicções religiosas que os indivíduos professem ou da ausência delas. Assim, o convívio entre os indivíduos torna-se uma ação de constante espiritualidade, devido a uma busca contínua compartilhada por muitas criaturas, com o objetivo de se descobrirem e identificar o mundo que as cerca. Embora nem sempre percebamos, vivemos interdisciplinarmente uns com os outros — na vida pessoal, profissional e acadêmica — promovendo um intercâmbio de conhecimentos, trilhando as mesmas vias ou caminhos diferentes, que geralmente tendem a encontrar-se, por sermos portadores de uma procura singular: o que falta para o nosso mundo real tornar-se ideal, para um bem geral da sociedade que constituímos?

Ao falarmos em interdisciplinaridade, pensamos em informação e formação unificadas. Seguindo esse preceito, seria significativo considerarmos a junção de espiritualidade e educação, por exemplo, no permear de valores éticos aos conteúdos pedagógicos. Para isso, convém que a espiritualidade não seja vislumbrada de forma dicotômica, numa condição que bifurque as trajetórias do intelecto e da subjetividade de cada indivíduo. Fazenda (1995, p. 17) aponta para o surgimento de uma epistemologia da alteridade, "em que razão e sentimento se harmonizem, em que objetividade e subjetividade se complementem, em que corpo e intelecto convivam, em que ser e estar co-habitem, em que tempo e espaço se intersubjetivem".

Nesse sentido, unir esforços para efetivar a aliança entre educação e espiritualidade pode mostrar-se eficaz, especialmente no contexto da violência enfrentada por instituições escolares públicas e privadas, dentro e fora de suas estruturas, que contemplem estratégias pertinentes ao processo educativo, capazes de unir sentimento e intelectualidade, uma vez que "não basta instruir, aprender tecnologia de ponta, informatizar-se, porque espiritualidade é fator de comedimento que sustenta a ética nas ações humanas, particulares ou públicas" (Paiva Netto, 2000, p. 85). Quando a razão (intelectualidade) e os valores presentes no ser humano (subjetividade) caminham juntos, o saber pode ser visto numa perspectiva mais ampla, em que o conhecimento intelectual não seja canalizado para atributos destrutivos, como a produção bélica ou de tecnologias distantes das propostas para uma Cultura de Paz.

Jung (1964, p. 23) reforça a necessidade de incentivar-se a contínua pesquisa e busca dos conhecimentos envolvendo aquilo que não se vê, sente ou enxerga-se, uma vez que o próprio indivíduo conseguirá em algum momento trazer para seu âmbito visual objetos muito distantes ou muito pequenos, tornando os sons fracos em audíveis, pois "não importa que instrumentos ele empregue; em um determinado momento há de chegar a um limite de evidências e de convicções que o conhecimento consciente não pode transpor".

Assim, se a educação tem como compromisso facilitar a aquisição do conhecimento, a espiritualidade pode ser a ferramenta de uma ação interdisciplinar que desempenhe função motivadora e significativa de abarcar o domínio do saber intelectual e a integralidade da qual cada indivíduo é constituído. Permear a matriz escolar de valores éticos, que ultrapassem as fronteiras da racionalidade e do intelecto, pode conduzir a um direcionamento que reforce uma vivência mais fraterna entre estudantes e seus pares, alunos e professores, alunos e sociedade. A espiritualidade, segundo Moraes (2003), possui um movimento interior e um exterior, que nos coloca em contato com outras pessoas, firmando relações de respeito às diferenças, de solidariedade e de compaixão, que reforçam a noção de complementaridade existente entre os seres humanos.

A espiritualidade aliada à educação pode ampliar a possibilidade de ações que incentivem o compartilhar de saberes, na expansão de um conhecimento solidário, uma vez que o potencial individual, quando aplicado em benefício do *outro* e da coletividade, cria condições para um convívio escolar salutar e, consequentemente, por extensão, uma sociedade mais igualitária e fraterna.

REFERÊNCIAS

FAZENDA, I. C. A. *Interdisciplinaridade*: história, teoria e pesquisa. 2. ed. Campinas: Papirus, 1995.

FERREIRA, Aurélio Buarque de Holanda. *Dicionário Aurélio escolar da língua portuguesa.* Rio de Janeiro: Nova Fronteira, 1988.

JUNG, Carl G. *O homem e seus símbolos.* Rio de Janeiro: Nova Fronteira, 1964.

KOENIG, H. G.; McCULLOUGH, M. E.; LARSON, D. B. *Handbook of religion and health.* New York: Oxford University Press, 2001.

MORAES, M. C. *O paradigma educacional emergente.* 9. ed. Campinas: Papirus, 2003.

PAIVA NETTO, José de. *Crônicas e entrevistas.* São Paulo: Elevação, 2000.

ESTRATÉGIA

Peterson José Cruz Fernandes

Muitas vezes, nós, educadores, assumimos discursos pedagógicos puritanos, que se tornam alienados e unilaterais, pois excluem aqueles elementos que não consideramos dignos da existência humana perfeita. Esse mecanismo cria um emaranhado de contrapontos, de dicotomias complicadas, que fragmentam a vida. Um exemplo dessa realidade é a seguinte questão: sua escola prepara para a vida ou para o vestibular? Sempre quando ouço essa questão, pergunto: o vestibular está onde? Fora da vida?

Nesse sentido, se considerarmos as ambiguidades existentes, a escola tem papel fundamental no auxílio da criação de uma consciência crítica, orientada para uma ética que sublime posições individualistas, competitivas e utilitaristas, transformando as realidades desfavoráveis para o crescimento pessoal de seus atores e para uma ação sustentável no planeta; e no desenvolvimento de pessoas inseridas em realidades competitivas, que exigem eficácia e eficiência, também sendo espaço para a realização de ações estratégicas. Habermas (1990) nos ajuda a refletir essa dimensão quando ele trata as questões do agir comunicativo e estratégico, do mundo da vida e do mundo sistêmico.

Habermas (1990) define a ação comunicativa a partir de dois modelos: o agir comunicativo, que visa o entendimento por meio da argumentação e do consenso; e o agir estratégico, com fim subjetivo, voltado para interesses próprios, para o sucesso de planos individuais.

Essas ações comunicativas acontecem em espaços próprios. O mundo da vida é o lugar do agir comunicativo, local da coordenação de ações sociais, de entendimento mútuo, tanto no seu papel de transmissão de culturas, de interação social e de socialização de indivíduos. Assim nos diz Habermas (*apud* Sgro, 2004, p. 95): "Ao atuar comunicativamente, os sujeitos se entendem sempre no horizonte de um mundo da vida [...] O mundo da vida acumula o trabalho de interpretação realizado pelas gerações passadas [...]". Em contrapartida, atribui-se também ao agir estratégico um local próprio para a ação, o mundo sistêmico, dimensão própria dos sistemas econômico e administrativo.

O conceito de mundo da vida se amplia a partir do momento que se especifica sua composição, a qual é formada por cultura, sociedade e personalidade, seus componentes estruturais simbólicos. Siebeneichler (1989, p. 119-120) menciona-os da seguinte maneira:

> a) a cultura, que é o celeiro ou armazém de saber e conhecimento do qual os participantes da comunicação extraem suas interpretações; b) a sociedade, na qual se estruturam as ordens legítimas através das quais os participantes da comunicação regulam sua pertença a grupos sociais, garantindo a solidariedade; c) finalmente, a personalidade, que configura as competências que tornam um sujeito capaz da falar e de agir, podendo participar de processos comunicativos voltados ao entendimento e a afirmar a sua própria identidade.

Algo bastante interessante para a nossa reflexão: para Habermas (*apud* Goergen, 2001, p. 42), não há a necessidade de eliminar essa dicotomia, esses dois mundos podem coexistir, ou melhor, "[...] os dois mundos interpenetram-se e dependem um do outro, mas estão sofrendo um processo de desacoplamento". Habermas denuncia que as patologias dos dias atuais devem-se ao processo de colonização do mundo da vida pelo "[...] mundo sistêmico como resultado final da hipertrofia da complexidade sistêmica. Com isto, Habermas quer dizer que a ação instrumental está invadindo o espaço da ação comunicativa que é o espaço onde se validam as normas e as leis éticas" (*apud* Goergen, 2001, p. 42).

Ou seja, parece-me que a crítica da escola aos mecanismos do mercado e da economia, que implicam na preparação para o mercado de trabalho e para o vestibular, por exemplo, deve estar pautada não no desejo de superação dessas realidades, mas na denúncia de que elas possuem seu espaço próprio para a existência, não devendo ser manifestadas nas esferas voltadas para o entendimento, partilha, fraternidade. Não se trata aqui de uma eliminação da contradição, mas, sim, na preparação da pessoa para agir de maneira adequada nessas duas esferas.

REFERÊNCIAS

GOERGEN, Pedro. *Pós-modernidade, ética e educação*. Campinas: Autores Associados, 2001.

HABERMAS, Jurgen. *O discurso filosófico da modernidade*. Tradução de Ana Maria Bernardo. Lisboa: Dom Quixote, 1990.

SGRO, Margarita. *Condições de possibilidade de uma teoria crítica de educação*. 118 f. Tese (Doutorado em Educação) — Faculdade de Educação, Universidade Estadual de Campinas, Campinas, 2004.

SIEBENEICHLER, Flávio Beno. *Razão comunicativa e emancipação*. Rio de Janeiro: Tempo Brasileiro, 1989.

FENOMENOLOGIA

Luciana Pasqualucci

Ir para
Esta noite um gato chorou tanto que eu tive uma
das mais profundas compaixões pelo que é vivo.
Parecia dor e, em nossos termos humanos e
animais, era. Mas seria dor, ou era "ir", 'ir para"?
Pois o que é vivo vai para.

Clarice Lispector

Etimologicamente, a palavra *fenomenologia* remete ao estudo dos fenômenos, daquilo que é manifesto no mundo e sensível aos sentidos. Descrição é o verbo da fenomenologia, já que aquilo que é perceptível é passível de ser descrito pode ser compartilhado primeiramente por aquilo o que é, da maneira como se mostra e como se apresenta, livre da interferência de julgamentos.

A fenomenologia não se refere ao mundo como um objeto possível de ser tratado objetivamente pela matemática, pela física ou pelas demais ciências naturais. A postura fenomenológica não possibilita falar do mundo de um ponto de vista externo ao próprio corpo, antes de sua origem na experiência perceptual (Merleau -Ponty, 1999). Isso não significa que o mundo permanece no campo privado da experiência de cada um, mas sim que a percepção é o primado da experiência. Segundo Merleau-Ponty (1999), há sempre um polo da experiência centrado no indivíduo que percebe e outro centrado no que é percebido. A percepção é o encontro entre as forças de ambos. A fenomenologia, assim, concebe o homem como ser que vive posicionado pela percepção e, esta, por sua vez, demanda do ser humano uma posição paradoxal, que é apreender os fenômenos objetiva e subjetivamente. Essa dimensão exige a coexistência do objetivo e do subjetivo para que o si mesmo possa acontecer de maneira integrada. A concepção fenomenológica de homem, como ser postado na primazia do ato perceptivo, que apreende as coisas num campo objetivo e estabelece relações entre a apreensão e sua vida de um modo pessoal, considera-o como um ser em ação, em devir, que pergunta pelos sentidos das coisas. O homem da fenomenologia é caracterizado pelo gesto. Compreender o ser humano como um ser que é gesto, criação, significa compreender que o ser humano é um ser inacabado.

A compreensão do ser humano como um ser de ação e de gesto, que cria rupturas, cria o inédito e possibilita a constituição de si, do outro e do mundo relaciona-se com o fato que compreende o ser humano como criativo e livre: ser criativo, ser de liberdade, de responsabilidade, ser que emerge como ruptura. Visto dessa perspectiva, o ser humano acontece em meio à precariedade e ao desamparo, o que faz com que necessite do acolhimento do outro. Ser homem é acolher o semelhante em sua jornada de significações e ser acolhido pelos demais em sua chegada ao mundo.

A fenomenologia considera o mundo percebido como o fundante dos sentidos que o humano constrói à sua existência e aos fenômenos com os quais se depara e coloca como facetas originárias da condição humana a percepção, a intencionalidade, o gesto e a condição de ser em devir. Isso entendendo *origem* como aquilo a partir do qual e através do qual uma coisa é o que é, e como é (Heidegger, 1977).

Por ser o inacabamento uma característica dos homens e a fenomenologia uma postura baseada na interação do homem com o mundo, ela é uma filosofia do inacabamento. Merleau-Ponty (1999) considerava esta infinitude e incompletude não como uma limitação, mas como característica do reconhecimento de sua fertilidade e da possibilidade de revelar parte dos mistérios do mundo e da razão. Husserl (1952), matemático alemão percursor das ideias fenomenológicas, acreditava que a tarefa da fenomenologia era a de possibilitar uma reaprendizagem de ver o mundo.

A interdisciplinaridade fundamenta-se inicialmente na fenomenologia (Fazenda, 2006). Ambas consideram o homem o responsável pela produção de significados, mas, diferentemente da fenomenologia que se realiza enquanto concepção, a interdisciplinaridade acontece na ação.

Citando Lispector (1999) utilizamo-nos aqui da metáfora *ir para,* como estado de devir, comum à interdisciplinaridade e à fenomenologia. Enquanto a fenomenologia respalda o pensamento acadêmico em relação à importância de considerar experiência e a percepção como fundantes da racionalidade, a interdisciplinaridade acontece na e pela experiência, no estado de inter-relação e interação do homem com o coletivo e com os demais fenômenos. Pode-se dizer neste contexto que exercer a interdisciplinaridade é praticar a fenomenologia. E colocar a fenomenologia em prática é exercitar a interdisciplinaridade.

A percepção destes conceitos fundamenta a dissertação de mestrado, com o término previsto para o final de 2014, cujo tema de pesquisa é interdisciplinaridade, fenomenologia e educação em museus. Considerando a busca do conhecimento sobre a fenomenologia como busca do conhecimento sobre o homem e sobre a sua experiência no mundo, a experiência interdisciplinar provocada no espaço museológico e ocorrida entre a arte e o sujeito, não somente auxilia a construção deste conhecimento, mas possibilita o seu acontecimento. O museu, além de colecionar, conservar, pesquisar, comunicar e exibir, para o estudo, a educação e o entretenimento, a evidência material do homem e seu meio ambiente, conceito e função definidos pelo Internacional Council of Museums (ICOM) no ano de 1974 (Coelho, 1997), pode-se ser considerado, atualmente, um espaço de encontro que incentiva o diálogo e reúne a cultura, a arte e a diversidade, promovendo a circulação de saberes, a integração das disciplinas, a aprendizagem, a descoberta e o exercício da crítica. Suano (1986, p. 73) diz que "o museu deveria ser um importante veículo coletor de problemas, o lugar privilegiado onde a população os discutisse e fórum de decisões sobre a vida urbana". Ou seja, o espaço museológico e suas possibilidades de ação, adotadas na perspectiva contemporânea, pode fomentar a atitude interdisciplinar. Temos como hipótese que a interdisciplinaridade de Fazenda, fundada na fenomenologia, pode ter, como espaço de excelência, o espaço do museu.

REFERÊNCIAS

COELHO, Teixeira. *Usos da cultura*: políticas de ação cultural. São Paulo: Iluminuras, 1997.

FAZENDA, I. C. A. *Interdisciplinaridade*: qual o sentido? São Paulo: Paulus, 2006.

HEIDEGGER, M. *A origem da obra de arte*. Tradução de Maria da Conceição Costa. Lisboa: Edições 70, 1977.

HUSSERL, E. *A filosofia como ciência de rigor*. Tradução de Joaquim de Carvalho. Coimbra: Atlântida, 1952.

LISPECTOR, Clarice. *A descoberta do mundo*. Rio de Janeiro: Rocco, 1999.

MERLEAU-PONTY, M. *Fenomenologia da percepção*. Tradução de Carlos Alberto Ribeiro de Moura. São Paulo: Martins Fontes, 1999.

SUANO, Marlene. *O que é museu*. São Paulo: Brasiliense, 1986.

FORMAÇÃO DOCENTE E CONTEXTO INSTITUCIONAL

Marina Graziela Feldman

Falar de formação de professores é sempre falar da formação do humano. Não nascemos prontos, estamos sempre em processo constante de produção de nossa existência em consonância com a produção do outro, em leituras compartilhadas acerca do mundo em situações características de aproximação, mediação e transformação do conhecimento. Essa tríade acima descrita situa-se por excelência nos significados e sentidos da relação interativa da docência, qual seja somente visualizamos o ato educativo por meio da interação de ideias ou mais pessoas. Não há educação feita por um indivíduo, descolada do outro. É um ato humano de encontro entre as pessoas, onde se expressa sempre as intencionalidades presentes. É no cruzamento dessas intencionalidades que se geram as possibilidades da educabilidade humana.

Nessa perspectiva, a interação que pressupõe concepções, diálogo, práticas mediatizadas pela disponibilidade e pertencimento, mostram-se como fios articuladores dessa teia que envolve, conduz e modifica os processos formativos humanos.

No tempo presente denominado mundialização, as mudanças políticas, econômicas, sociais e culturais e principalmente tecnológicas incidem diretamente sobre a formação de sujeitos a partir de novas demandas profissionais, imprimindo a reconstrução do pensamento articulado ao mundo do trabalho.

Na docência interdisciplinar articulada ao contexto institucional, temos que considerar a questão da complexidade, multirreferencialidade que cerca a questão. Envolve vários campos de conhecimento em que se mostram conceitos, teoria proveniente de diversas ciências, bem como da filosofia-ética-moral que ao serem aprofundados explicitam a provisoriedade na busca da totalidade do ato de conhecer.

É um processo permanente de busca de conhecimento, de consolidação como estatuto epistemológico que não se esgota em si mesmo, trazendo em si um movimento dialético: pesquisa interdisciplinar, pois à medida que se aprofunda na perspectiva de sua especificidade mais se abre para outras indagações.

Discorrer sobre formação implica em tomá-la como processo, situando o seu "ser" e o "fazer" em sintonia com a configuração institucional, curricular, e cultural da instituição, apontando-se as demandas da contemporaneidade e suas relações com as transformações de âmbito epistemológico e social que se abrem em compromissos ético-pedagógicos.

A construção da identidade pessoal e profissional do docente só pode ser analisada se tomarmos como referência a própria construção e reconstrução do seu espaço de trabalho.

> Os professores, em seu ambiente de trabalho, lidam com questões de natureza ética, afetiva, política, social, ideológica e cultural. Dessa forma, em colaboração mútua, podem criar possibilidade de recriar os conhecimentos necessários a uma prática inclusiva, considerando as diversidades e multiculturalidade presentes nos cotidianos escolares. Respeitar a multiplicidade de culturas, valores, gêneros e classes sociais presentes nas relações institucionais e pedagógicas que envolvem o processo de ensinar e de aprender tornam-se imperativos no ofício de ser professor (Feldmann, 2009, p. 78).

Na formação docente na perspectiva interdisciplinar, mostra-se necessário reconhecer que os sujeitos se formam no processo e que também a instituição é uma realidade, em si mesma inacabada, e, portanto em constante transformação.

Na atualidade, as instituições de ensino superior, quer seja faculdades, institutos ou universidades, quase sempre expressam em sua política acadêmico-científica a questão de se buscar uma formação interdisciplinar. Esta questão aparece em vários documentos que expressam as orientações e normatizações das políticas públicas de educação como, por exemplo, na política de avaliação educacional dos sistemas de ensino em dupla dimensão: avaliação e regulação, e esta perspectiva tem se tornado balizadora dos currículos da educação em nível superior.

Desde a Lei Sinaes (Sistema Nacional de Avaliação da Educação Superior), de 2004, torna-se imperativo a elaboração do Plano de Desenvolvimento Institucional (PDI) em todas as instituições de educação superior.

O PDI, conjuntamente com o Projeto Pedagógico Institucional (PPI) e os Projetos Pedagógicos dos Cursos (PPCs), expressam a missão, os objetivos, a estrutura e a própria forma de conceber e produzir a educação em nível superior. O PDI expressa o marco referencial mais amplo quanto à política educacional institucional explicitando a vida da universidade em termos de ensino, pesquisa e extensão.

Em consonância e de forma articulada dessa com o PDI, toda instituição formula seu PPI, refletindo dessa forma a concepção de homem, mundo, trabalho e sociedade que encarnam a filosofia e imprimem sentido a sua concepção educativa.

A construção do Projeto Pedagógico Institucional (PPI) e dos Projetos Pedagógicos de Cursos de Graduação (PPCs) coincide com a própria forma de organização do trabalho educativo da instituição como um todo. Expressa a concepção de homem, de sociedade e de produção de conhecimento que norteia as suas intenções, desvelando o significado e o sentido das concepções e ações educativas que possibilitam a concretização dos seus princípios e metas, assumindo um compromisso social definido coletivamente.

A definição do PPC dos cursos de graduação em sua estrutura curricular representa a menor célula dessa rede interconectada de conhecimentos e ações entre o PDI, PPI e PPCs. A implementação dessa rede garante a vivência de valores, conceitos e ações educativas que devem compor um projeto de formação profissional inicial da docência, que é sempre um projeto de formação humana.

A construção dessa rede interconectada com a convergência desse emaranhado de tecidos que interpenetram conhecimentos e ações do e no processo formativo da docência com a construção do espaço institucional que o circunda mais temos a possibilidade de se evidenciar a formação com perspectiva interdisciplinar.

Essa possibilidade está amparada numa dupla dimensão que nem sempre é vivenciada de modo correspondente: a dimensão do documento e a dimensão do movimento. A primeira está consubstanciada no registro, qual seja, relatórios dos diversos projetos constituintes da rede. Estes podem produzir verdadeiros tratados de como de se fazer a formação interdisciplinar sem contudo produzir nenhuma alteração com vistas à concretização daquela. É na segunda dimensão, no movimento, que se materializam as concepções e condições necessárias dessa vivência. Portanto é na articulação de concepções e procedimentos metodológicos com a fundamentação teórica que se mostra a validação epistemológica, social e ética desse processo de formação. O movimento representa o contínuo repensar acompanhado sempre de reformulações e avaliações no sentido de se rever os objetivos, as estratégias para a correção de rumos, tendo sempre como marca as finalidades do processo de formação. Representa também a busca, a aproximação do registro (documento) com a vivência (ação). É nesse movimento dialético que esse processo coletivo apresenta, que se vislumbra criar e recriar o conhecimento, criar e recriar a formação da e na docência, criar e recriar a formação do profissional, do humano. E nessa perspectiva os sujeitos envolvidos podem desenvolver a autoformação, mas vinculada à formação do outro. E é nessa busca de sentidos, em que o conhecimento, com as tramas e trilhas dos saberes, atitudes e sentimentos que permeiam a formação docente com perspectiva interdisciplinar, pode encontrar esteio institucional para se alojar.

REFERÊNCIA

FELDMANN, M. G. *Formação de professores e escola na contemporaneidade*. São Paulo: Editora Senac, 2009.

GASTRONOMIA

Rosana F. M. Toledo

Educar é saborear... E saborear é educar...
É educar os sentidos num viés interdisciplinar...
É (ultra)passar a mesmice da frágil fragrância do instante
do "mercado"... É sinestesiar de corpo e alma.
É degustar 'coulis' de framboesa com sorvete de creme
va-ga-ro-sa-men-te...
E num afago, permitir-se educar pela linguagem dos
sabores como saberes...
É perceber-se sensível e singular por entre as
ciências do sabor...
É sentir o sentido, sentindo!

Escouto (2006)

A gastronomia perpassa os caminhos da formação humana encontrando com as ciências humanas e naturais. Neste caminho, ela se alimenta da história, da química, da física, da antropologia. Alimenta-se da teia de saberes interdisciplinar.

O primeiro relato fiel sobre gastronomia data de 1825 e foi escrito por Jean Anthelme Brillat Savarin, advogado, escritor e *gourmet* com o título original em francês *Physiologie du goût*, editada dois meses antes de sua morte, traduzido para o português como *Fisiologia do gosto*. O autor visava a ordenar harmonicamente os festins. Ofereceu uma série de normas práticas de como proceder para que uma refeição fosse perfeita.

Savarin (2004) tomou como base para seus relatos a gastronomia que foi desenvolvida nos séculos anteriores e associou ao conjunto de saberes que desenvolveu sobre a importância do gosto no ato de cozinhar e de se alimentar.

Cascudo (2004) e Freyre (2006) relatam ainda que o paladar é o último a se desnacionalizar no ser humano, pois caminha juntamente com a sociedade, a cultura, o tempo, o espaço e sua história alimentar permeada por toda sua vida. O paladar é talvez o último reduto do espírito nacional; quando ele se desnacionaliza está desnacionalizado tudo o mais, há uma perda da identidade cultural.

A estética e as dimensões culturais na Gastronomia caminham juntas. O ato de se alimentar tem que ser confortante e prazeroso. Comer não é somente um ato fisiológico, ele está permeado de símbolos, sinais, cores, texturas, temperaturas, ética e estética. De acordo com Lody (Araújo, 2006, p. 144), "o valor cultural do ato de comer é cada vez mais entendido como um ato primordial, pois a comida é tradutora de povos, nações, civilizações, grupos étnicos, comunidades, famílias, pessoas".

Todos nós comemos para muito além do cumprimento de uma função físico-biológica. Os sentidos que envolvem a alimentação são emblemáticos e simbólicos, como utensílios, espaço arquitetônico, mobiliário, protocolo à mesa e tantos outros que cada cultura reverencia.

Podemos assim nos alimentar sob vários enfoques, pensando que vivemos na era das singularidades:

1. Cultural: visando a uma educação antropológica e analisando por que o homem se alimenta e qual a cultura que o rege. Alimentação em grupos, individuais, em família.
2. Religioso: alimentos permitidos ou não de acordo com a crença, com a fé, com rituais.
3. Político: como é o caso dos alimentos orgânicos: consumo por crer que esse tipo de alimento salvará o planeta.
4. Filosófico: muito além do aspecto religioso, alimentos que fazem bem ao espírito.

5. Econômico: ditado pela situação financeira propriamente dita.
6. Fisiológico: comer o que faz bem ao organismo, pensar em vitaminas e proteínas.

Todos os enfoques estão ligados a comportamentos definidos pela sua bagagem, pela sua vida, pelos seus limites e modelos de família e educação.

A realização de um trabalho interdisciplinar na gastronomia exige ultrapassar as barreiras epistemológicas das disciplinas e aportar nos sentidos que elas trazem por intermédio dos conhecimentos que transitam pelos conteúdos abordados. Um docente de gastronomia tem que estar muito além da realização de uma preparação no fogão, isto é, estar muito além da receita executada e dessa técnica manual e artesanal. O saber proposto pela atividade interdisciplinar na gastronomia renasce do diálogo entre as diferentes áreas do saber. Ressaltamos Nicolescu (2000, p. 14-15) que, sobre a transdisciplinaridade, diz que é aquilo que está ao mesmo tempo entre as disciplinas, através das diferentes disciplinas e além de qualquer disciplina.

Ainda sobre interdisciplinaridade, Fazenda (2002, p. 11) coloca que:

> Interdisciplinaridade é uma nova atitude diante da questão do conhecimento, de abertura à compreensão de aspectos ocultos do ato de aprender e dos aparentemente expressos, colocando-os em questão. Exige, portanto, na prática, uma profunda imersão no trabalho cotidiano.

Os conceitos teóricos não se dissociam da prática, pois toda prática pressupõe uma teoria. Essa parceria é realizada com base em conceitos amplos e atualizados, compondo uma metodologia de trabalho interdisciplinar. Essa ponte se dá no momento em que se esgota um argumento e se busca apoio no outro, de forma livre, natural e parceira. Os caminhos são traçados e professores e alunos transitam fundamentados em fontes de conhecimentos e suas práticas.

REFERÊNCIAS

CASCUDO, Luis da Câmara. *História da alimentação no Brasil*. 3. ed. São Paulo: Global, 2004.

ESCOUTO, Luiz Fernando dos Santos. *Educação para o sabor*. São Paulo: Hotec, 2006.

FAZENDA, Ivani. *Dicionário em construção*: interdisciplinaridade. 2. ed. São Paulo: Cortez, 2002.

FREYRE, Gilberto. *Casa grande e senzala*. 48. ed. São Paulo: Global, 2006.

LODY, Raul. Comer é pertencer. In: ARAÚJO, Wilma Maria Coelho; TENSER, Carla Márcia Rodrigues (Orgs.). *Gastronomia*: cortes e recortes. São Paulo: Senac, 2007. v. 1.

NICOLESCU, B. A prática da transdisciplinaridade. In: ______ (Org.). *Educação e transdisciplinaridade*. Brasília: Unesco, 2000. Disponível em: <www.cetrans.futuro.usp.br>. Acesso em: mar. 2012.

SAVARIN, B. *A fisiologia do gosto*. São Paulo: Companhia das Letras, 2004.

GENEROSIDADE

Andrea Cury Borges de Gouvêa Tonanni

Sentir-se acolhido em um ambiente é de extrema importância para se estabelecer uma boa relação, seja ela qual for. Em um ambiente de aprendizagem, esse aspecto torna-se fundante para se compor certas conexões e representações. Para discorrer esse texto, apresento-me como Andrea, que significa coragem em grego. Essa introdução pode parecer pueril ao leitor, mas coragem[14] foi o que precisei para iniciar esse texto, considerado como meu primeiro escrito acadêmico.

Formada em Administração de Empresas, iniciei meus estudos na área da educação através do Grupo de Estudos e Pesquisas em Interdisciplinaridade (GEPI), liderado pela Professora Doutora Ivani Fazenda. Inicialmente sentia-me não falando a mesma língua, porém acolhida por todos os integrantes desde o primeiro dia em que lá pisei. Não tinha a dimensão do solo sagrado em que estava pisando, pois, foi na convivência afetuosa com esse grupo que me despertou o desejo de mergulhar nos referenciais teóricos sobre a interdisciplinaridade. Dessa forma, foi por meio do acolhimento que iniciei meus estudos na ciência da educação e que a palavra generosidade se revelou para mim.

14. Etimologicamente, *coragem* significa a capacidade de defender nosso coração e nossa essência. A coragem não é um saber, mas uma decisão, não é uma opinião, mas um ato.

De acordo com o *Dicionário da língua portuguesa*, de Aurélio Buarque de Holanda, generosidade é definida como *s.f.* 1. qualidade de generoso. 2. Ação generosa. Generoso *adj.* 1. Que gosta de dar, pródigo. 2. Que perdoa facilmente.

De acordo com o *Dicionário Houaiss da língua portuguesa*, generosidade *s.f.* (1660) 1. qualidade de generoso; 2. virtude daquele que se dispõe a sacrificar os próprios interesses em benefício de outrem, magnanimidade; 3. ato generoso; bondade.

Observando essas definições, torna-se claro que generosidade necessariamente se refere às nossas relações com outrem e que se configura em uma categoria de ação. De acordo com Comte-Sponville (2009) trata-se de agir, e não em função de determinado texto, de determinada lei, mas além de qualquer texto, além de qualquer lei, em todo caso humano, e unicamente de acordo com as exigências do amor, da moral ou da solidariedade.

Segundo Fazenda (2011), a interdisciplinaridade pauta-se em uma ação em movimento. Antes que um "slogan", é uma relação de reciprocidade, de mutualidade, que pressupõe uma atitude diferente a ser assumida diante do problema do conhecimento, ou seja, é a substituição de uma concepção fragmentária para unitária do ser humano.

Para essa mesma autora, "a lógica que a interdisciplinaridade imprime é a da invenção, da descoberta, da pesquisa, da produção científica, porém, gestada em um ato de vontade, em um desejo planejado e construído em liberdade" (Fazenda, 2011, p. 29).

Ao observarmos as abordagens sobre interdisciplinaridade e generosidade, percebemos que há uma convergência, uma vez que a palavra atitude é um ponto comum para ambas.

Nessa perspectiva, é possível vislumbrar uma ação educativa na qual o educador se predispõe a uma "atitude de reciprocidade que impele à troca, que impele ao diálogo, ao diálogo com pares idênticos, com pares anônimos ou consigo mesmo" (Fazenda, 2003, p. 75) e assim promover uma prática pedagógica generosa.

Convivi e senti a prática interdisciplinar através do GEPI, um grupo composto por pessoas com profundo conhecimento científico e embasamento teórico, que possui uma ação educativa dialógica e afetiva e que permitiu que uma profissional anônima adentrasse na ciência da educação através da escuta de incríveis experiências e importantes pesquisas na área, sem aguardar por uma retribuição, por algo em troca. Nesse sentido, defino esse acolhimento como generoso, pois permitiu inserir-me em um processo de mudança, formação e aproximação do sentido de saber ser, importante categoria da interdisciplinaridade.

A generosidade está no campo da afetividade e das emoções. Tognetta (2009) considera que sua integração à identidade do sujeito dependerá dos investimentos afetivos que a tornarão um valor.

Investigar a questão da generosidade é pouco comum. Porém, depois de minha convivência no GEPI, onde vivi momentos que suscitaram em mim diferentes reações e aprendizados, compreendi e senti que a generosidade é uma virtude essencial em um educador e que pode desencadear transformações visando instigar educador e educando para uma prática mais feliz, investigativa, curiosa e dialógica.

Muitos educadores buscam compreender o sentido da interdisciplinaridade, ter uma definição, uma receita pronta. Porém, é importante destacar que para a "interdisciplinaridade começar, necessita de uma decisão pessoal, de se romper com as evidências estabelecidas, propondo-se a uma tarefa solitária de começar tudo de novo" (Fazenda, 2003, p. 47). Isso requer alternar a arrogância por atitude de humildade, que é um dos princípios da interdisciplinaridade e se reconhecer em suas limitações.

A generosidade também é uma decisão pessoal e "seu mais belo nome é seu segredo, que todos conhecem: somada à doçura, ela se chama bondade" (Comte-Sponville, 2009).

REFERÊNCIAS

COMTE-SPONVILLE, André. *Pequeno tratado das grandes virtudes*. São Paulo: Martins Fontes, 2009.

FAZENDA, Ivani Catarina Arantes. *Integração e interdisciplinaridade no ensino brasileiro* — Efetividade ou ideologia. São Paulo: Loyola, 2011.

______. *Interdisciplinaridade*: qual o sentido? São Paulo: Paulus, 2003.

TOGNETTA, Luciene Regina Paulino. *Perspectiva ética e generosidade*. São Paulo: Mercado das Letras, 2009.

GESTÃO EDUCACIONAL

Jerley Pereira da Silva

Dentre vários conceitos, Gestão Educacional pode ser vista como um processo político-administrativo contextualizado e historicamente situado. A prática social da Educação é organizada, orientada e viabilizada. Há uma ligação muito forte entre as gestões de sistemas de ensino e as políticas de Educação. A Gestão transforma metas e objetivos educacionais em ação, o que concretiza as direções traçadas pelas políticas. Segundo Bordignon e Gracindo (*apud* Hora, 2010, p. 567):

> A Gestão Educacional requer enfoques de melhores decisões a respeito dos rumos a seguir e se fundamenta na finalidade da Instituição e em seus limites da situação atual. É necessário visualizar presente e futuro com identificação de valores, surpresas, incertezas e as ações de todos envolvidos, o que gerará participação, corresponsabilidade e compromisso.

Podemos pensar Gestão Educacional na participação em todos os momentos do planejamento da escola, de execução e de avaliação. Portanto, as conhecidas perguntas — quem participa? Como participa? No que participa? Por que participa? Qual a importância das decisões tomadas? — devem estar presentes nas agendas de discussão da Gestão Escolar.

Os instrumentos e práticas de Gestão Escolar são, em geral, a mescla de democracia representativa — instrumentos e instâncias formais que pressupõem a eleição de representantes, com democracia participativa, estabelecimento de estratégias e fóruns de participação direta, articulados e dando fundamento a essas representações.

A função do Gestor Educacional é saber lidar com conflitos, saber ouvir, respeitar, argumentar, avaliar com sensatez; seu procedimento vai além da sala de aula, mexendo com todos os envolvidos. Sem experiência, ele cobra, sem critérios, atitudes e soluções de seus professores e colaboradores e mal conhece o conteúdo desenvolvido em cada disciplina.

O Gestor Educacional precisa de preparo para lidar com as etapas de preparação dos alunos e com a vida dos professores. Seriedade e competência evitam falta de confiança e respeito pela Instituição, porque esse profissional, dentre várias incumbências, estará encabeçando reuniões de colegiado e está sempre sendo avaliado por todos os envolvidos direta ou indiretamente. O Gestor Educacional tem a necessidade de mais qualificação e seriedade para conseguir exercer sua função.

Outra exigência básica do Gestor Educacional localizado nos sistemas educacionais, como o diálogo, é sua compreensão na dimensão política de sua ação administrativa, saber romper com rotinas alienadas e sem compromisso, que normalmente dominam as Instituições.

Não existe cumplicidade no trabalho do Gestor Educacional sem o diálogo com seus pares. Outra questão é a atitude de envolvimento e comprometimento com os projetos e as pessoas neles implicadas sem perder o compromisso de construir e reconstruir o que está à frente, sempre da melhor forma possível. Portanto, a atitude de responsabilidade com a Instituição, com o conhecimento, com as inovações, com as pessoas e consigo mesmo devem ser o ponto chave do Gestor Educacional.

Os Gestores Educacionais numa visão interdisciplinar devem ser capazes de possibilitar e ousar na busca de novas técnicas para proporcionar trocas, auxiliar na construção individual e coletiva dos alunos.

Vislumbro a possibilidade de trabalhar com e além das disciplinas o que, acredito, facilitará os movimentos de cada conteúdo dentro de cada uma delas, pois o processo interdisciplinar busca resgatar a sensibilidade perdida com atividades de sensibilização e percepção de si mesmo e do outro e os três tipos de saber mencionados acima. A Interdisciplinaridade nos permite olhar o que não se mostra e intuir o que ainda não se consegue, mas esse olhar exige uma disciplina própria, capaz de ler nas entrelinhas (Fazenda, 2010).

Como fica a questão da atitude de humildade para o Gestor Educacional diante da limitação do saber? Fazenda (2010) alerta-nos para a atitude de perplexidade ante a possibilidade de desvendar novos saberes e diante do desafio do enfrentamento do novo. É necessário redimensionar o velho? Outra questão é a atitude de envolvimento e comprometimento com os projetos e as pessoas neles implicadas sem perder o compromisso de construir e reconstruir o que está à frente, sempre da melhor forma possível. Portanto, a atitude de responsabilidade com a Instituição, com o conhecimento, com as inovações, com as pessoas e consigo mesmo devem ser o ponto chave do Gestor Educacional.

Nem sempre consigo dar conta de todos os problemas que surgem. Nessa função de mediador já passei por inúmeros casos. Há muitas histórias, algumas marcaram mais por ter sido difícil resolvê-las. Nem sempre as soluções foram as melhores, mas é necessário uma solução imediata, nem sempre satisfatória. Alunos e professores convivem diariamente e os conflitos precisam ser cuidados e atendidos de imediato.

Hoje, no cenário em que vivemos na educação, principalmente no curso superior, cada dia é o momento de uma nova decisão para transformarmos o ambiente educacional em um local descontraído e agradável. Procurar buscar o novo e estar atento a novas oportunidades para que possamos ter sucesso no que desenvolvemos independentemente da formação acadêmica ou profissional. É de fundamental importância que saibamos escutar e analisar o que está sendo proposto e buscar o melhor para que os objetivos sejam alcançados. Os Gestores

Educacionais Interdisciplinares precisam possibilitar e ousar na busca de novas técnicas para proporcionar trocas, auxiliar na construção individual e coletiva dos alunos. Quando isto não acontece é porque muitas vezes agimos por impulso, é necessário pensar com clareza e agir com coerência para que decisões sejam as mais justas possíveis. Ficar atento ao que está acontecendo, atuando como agente capaz de saber ouvir, para agir no momento adequado. Muitas vezes a pressa por fazer algo acaba nos provocando a não esperar o momento certo para apresentarmos um projeto, uma proposta inovadora, tudo isso são situações que devemos administrar para não nos arrependermos mais tarde. Não podemos esquecer o respeito pelas pessoas, que já passaram por muitas situações na construção do aprendizado e hoje nos servem como exemplos.

Importante destacar que para que se concretize o diálogo entre Instituição, corpo docente e discente, o profissional Gestor Educacional tem que gostar muito do que faz. Não há horário fixo a ser cumprido e quase sempre ultrapassa o horário previsto de sua jornada de trabalho. Satisfaço-me quando percebo que os diálogos não foram em vão e vejo os resultados positivos aparecerem.

Sinto-me modificado desde que comecei a estudar o tema Interdisciplinaridade. Os exemplos dos pesquisadores do Grupo de Estudos e Pesquisa em Interdisciplinaridade (GEPI/PUC-SP/CNPq/Unesco) e de Fazenda me colocaram em outro patamar de responsabilidade. Não posso esquecer que exigirão de mim, daqui para frente, melhores posturas, decisões equilibradas, convivência harmoniosa e sensata com alunos e professores, pois eu mesmo estou mais exigente.

Algumas qualidades são imprescindíveis para a função de Gestor Educacional como a generosidade e a humildade. Satisfaço-me quando os conflitos se resolvem, quando os diálogos se processam e resultam em sucesso. O Gestor Educacional não precisa aparecer, não precisa ser a luz. Seu trabalho é de bastidores, porém nem todos conseguem atingir esse patamar e muitas vezes querem aparecer em demasia. Com certeza essa atitude de não querer aparecer é um trabalho de desapego,[15] um dos pressupostos da Interdisciplinaridade, fundamentados por Fazenda em suas obras.

Evoluí muito como pessoa e na profissão de Gestor Educacional, pois tive a oportunidade de participar de todas as etapas de implantação de novos projetos. Com isso aprendi a conviver melhor em parceria e manter relacionamentos que contribuem para o meu desenvolvimento pessoal e aperfeiçoamento profissional.

REFERÊNCIAS

ACADEMIA BRASILEIRA DAS LETRAS (ABL). *Dicionário escolar da língua portuguesa*. São Paulo: Companhia Editora Nacional (Ibep), 2008.

BORDIGNON; GRACINDO *apud* HORA, Dinair Leal da. *Gestão democrática na escola*: artes e ofícios da participação coletiva. Campinas: Papirus, 2010.

CHIAVENATO, Idalberto. *Administração teoria, processo e prática*. Rio de Janeiro: Elsevier, 2007.

FAZENDA, Ivani. A formação do professor pesquisador: 30 anos de pesquisa. *Revista Interdisciplinaridade*, São Paulo, v. 1, n. 0, p. 1-83, out. 2010.

______. *Interdisciplinaridade*: um projeto em parceria. 5. ed. São Paulo: Loyola, 2002.

15. Desapego: "falta de apego, facilidade de abandonar ao que se tinha afeiçoado, desfazer-se o apego" (ABL, 2008, p. 406). A palavra desapego é uma das categorias mais importantes na área da Interdisciplinaridade do ponto de vista de Fazenda (2002).

IDENTIDADE

Dirce Encarnación Tavares

A construção da identidade faz parte da vida de todo ser humano. Como se torna possível rever os conceitos de identidade, num momento de descartabilidade de olhar por dentro do ser humano, quando, na Era da Tecnologização, a preocupação está centrada na rapidez de transformações e inovações de objetos renováveis.

O processo de individualização se constitui de um conjunto de características próprias e exclusivas de uma pessoa que, mesmo vivendo num grupo social, é apenas ela apesar da implicância com as demais. A identidade não é fixa: traz a tentação de fundir, de maneira genérica, essa concepção com a experiência vivida, no sentido de pensar a identidade como um processo contínuo de aprendizagem constituída de uma dialética entre o Eu e o Outro, por toda a vida (Tavares, 1991).

A identidade só se consolida na relação EU-TU. Como ela é construída durante toda a vida, em cada nova relação social há uma nova consolidação. A individualização não leva ao individualismo, mas a busca da compreensão do OUTRO mediante a compreensão de SI. A formação da identidade se inicia num movimento dialético desde o ventre materno quando a criança sente diversas sensações, dentre elas tristezas e alegrias. Já ouve barulhos externos a partir do 3º mês (mesmo que apenas sons mais graves, provavelmente para proteção de seus ouvidos).

Quando nasce, o choro, neste processo, além de ser uma descarga motriz, como uma resposta adaptativa à tensão de necessidade, se constitui também num elemento de comunicação com o outro, realizando as primeiras incorporações de significações sociais. Essa articulação com o mundo exterior é incorporada ao sujeito como uma experiência dessa caminhada adaptativa que se inicia. Vai criando uma linguagem, uma simbolização, onde se percebe uma gradual passagem das experiências a representações significativas.

O sujeito humano, ao nascer, já tem uma história, que é produto de um processo em desenvolvimento, cujo marco inicial se deu no momento da fecundação. Com o nascimento, o indivíduo passa a adquirir novas necessidades, o que gera uma descontinuidade do momento de satisfação da vida uterina. O motivo dessa necessidade é talvez a primeira forma de registro do tempo e o ponto de partida da constituição da identidade. O nascimento significa privação, separação, redefinição de suas condições vitais, novas exigências de adaptações e necessidades, o prazer e o desprazer, ausência do vínculo e o início de experiências significativas e necessárias para a construção da identidade.

Existe uma segurança primária que resumidamente segue a partir do nascimento do bebê, "o nascimento físico e a sensação de vida biológica são seguidos do nascimento existencial do bebê como ser real e vivo" (Laing, 1991). É um ser diferente do resto do mundo, com identidade e autonomia que lhe são inerentes. Em circunstâncias normais, vai adquirindo estabilidade, confiança, importância, autenticidade e merecimento interior que vai apresentando uma firme essência.

A aquisição da linguagem e os primeiros passos são marcos importantes na vida da criança. São produtos de uma cadeia de ações de um ser em processo. Quando a criança deixa de se referir a si mesmo como nenê e passa a dizer EU, esse EU está assinalando o início de um outro processo — a construção consciente da identidade. É um salto de qualidade, porém, não se esgota aí. É um processo prolongado que perdura por toda uma vida.

A Identidade apoiada nas possibilidades que a linguagem traz na construção de uma narrativa de si mesmo é considerada um processo construído, apoiado na "tomada de consciência gradativa das capacidades, possibilidades e probabilidade de execução"; portanto, para Fazenda (1994, p. 48) configura-se num projeto individual de vida. Para a autora, a linguagem não é apenas um instrumento de comunicação, mas uma revelação do ser íntimo. É o que nos une ao mundo e a nossos semelhantes. A linguagem assinala a linha de encontro entre o eu e o outro, pois ao tentarmos nos explicar, ao tentarmos nos fazer entender, estamos ao mesmo tempo nos descobrindo e tentando descobrir o outro para fazê-lo nos entender e para nós mesmos nos entendermos.

A pessoa que se desenvolveu com uma base de existência segura defrontar-se-á com todas as contingências da vida pessoal, intelectual, espiritual, social, ética etc. Isto significa que a base para a formação consiste na educação integral para a vida. É difícil para uma pessoa com fundamentação sólida da sua realidade, da identidade individual, de personalidade bem constituída, da consistência do que faz, da solidez dos processos naturais consigo e com o próximo, transportar-se para um mundo de experiências carentes e inconsistentes.

Cabe a cada ser humano, de acordo com sua personalidade, com sua identidade, com seu autoconhecimento, com sua experiência de vida e com seu conhecimento epistemológico, cultural etc., aprender a administrar o seu EU, conviver bem com os demais e com o seu ambiente.

Sabemos que não existem personalidades iguais, entendendo que *personalidade* não é unicamente biológica, nem unicamente social, mas um conjunto estruturado das disposições inatas (herança, constituição) e das adquiridas (meio, educação e reações a essas influências), e que acaba de determinar a adaptação original do indivíduo a seu ambiente. Essa organização social se elabora e se transforma incessantemente sob a influência da maturidade biológica (idade) e das diversas experiências e vivências significativas pelas quais passa o indivíduo. O potencial com que nasce cada indivíduo vai, como resultado da interação constante com o meio, condicionar formas específicas de perceber, de compreender e de sentir os fenômenos (Silva, 1992).

Há que se considerar que o meio social é de fundamental importância, tanto para a formação da personalidade, como para a construção da identidade. É a educação que solidifica e desenvolve um equilíbrio na formação da personalidade e torna o indivíduo mais consciente da própria identidade. São os valores, as habilidades e os novos conhecimentos que transformam o indivíduo e o humaniza. Os traços de personalidade vão se aperfeiçoando, se organizando, se moldando e se adaptando ao meio social. O conjunto desses traços e a forma diferenciada como o indivíduo assimila o conhecimento social vão lhe dando uma característica própria e singular.

A identidade é experimentada neste processo de diferenciação, formando um ser uno e único. "EU sou EU" expressa a identidade como também uma relação entre o sujeito e o grupo. O EU refere-se a sentimentos, emoções, impulsos, desejos, capacidades, além de todas as forças e formações psíquicas que uma pessoa identificaria como algo próprio, algo original (Tavares, 2011).

É na relação com outro ser humano que o indivíduo vai tendo um firme senso de sua própria identidade e desenvolvendo autonomia. Isto não ocorrendo, ele vai sendo acometido de ansiedades, pois acaba se sentindo incompreendido, indo buscar uma falsa "segurança" no isolamento. O acesso e o conhecimento da própria identidade são necessários para o melhor desempenho principalmente profissional, na vida adulta e pessoal, na velhice. Este é o motivo que se discute hoje, como possibilidade de uma psicopedagogia voltada ao ser idoso que, por situações diversas, tem dificuldades de se posicionar, de se sentir compreendido e seguro, não conseguindo desenvolver uma personalidade madura, consistente e, enfim, ter sua própria identidade.

Numa pessoa insegura do próprio ser, a autoconsciência desempenha um duplo papel:

1. Conhecer-se e saber que os demais o conhece, são meios de se certificar de que existe, e também de que os outros existem.
2. Num mundo cheio de perigos, ser um objeto visível em potencial é estar constantemente exposto a esses perigos.

A insegurança é uma situação ameaçadora para a identidade, pois gera, como defesa do indivíduo, uma probabilidade de cair num estado de não ser. Porém, estamos vivendo num mundo real, principalmente, no mundo moderno, globalizado e tecnológico, não há tempo e lugar para o "não ser". Por isso, a educação integral para o ser humano se torna importante para colocá-lo na situação de contínuo aprendente e como construtor de sua própria identidade, se (re)encontrar e "de ser". Este processo é constante e deve ser arquitetado e construído durante toda a vida.

REFERÊNCIAS

FAZENDA, Ivani. *Interdisciplinaridade*: história, teoria e pesquisa. Campinas: Papirus, 1994.

LAING, R. D. *O eu dividido*. Petrópolis: Vozes, 1991.

SILVA, Maria de Lourdes R. *Personalidade e escolha profissional*. São Paulo: EPU, 1992.

TAVARES, Dirce Encarnación. *Da não identidade da didática a identidade pessoal*. Dissertação de Mestrado, PUC, 1991.

______. A educação dos sentidos não tem idade. In: ESTEVES DA CONCEIÇÃO, Maria Helena et al. *Uma vivência interdisciplinar na educação dos sentidos*. São Paulo: Ícone, 2011.

INTUIÇÃO

Manolo Perez Vilches

Sempre ouvimos que arquitetos e artistas em geral devem ser dotados de duas capacidades especiais, a criatividade e a intuição. Enquanto a criatividade parece estar mais voltada a uma capacidade de dar respostas a uma situação-problema pelo uso da experiência e pelo conhecimento adquirido, a intuição criativa ainda é algo cercado de mistério.

A palavra intuição tem sua origem latina em *intueri*, tido como o ato de ver, perceber ou discernir de forma clara e imediata. No grego, tem significação mesma que o *olhar*. Ao longo dos séculos, a expressão adquiriu força na direção mística do inexplicável e muitos pensadores se detiveram para conceituá-la e ao mesmo tempo para tentar explicá-la dentro do racionalismo. Assim sendo, intuição é um dos verbetes que mais têm desafiado os linguistas em sua caracterização plena, embora existam muitas conceituações sobre o tema sob diferentes óticas do pensamento. De que maneira arquitetos encontram a forma ideal ou o layout ideal para um projeto? Como acertam na escolha de cores e materiais e antecipam um resultado mesmo sem definições básicas do projeto? Como conseguem dar ao cliente uma resposta que estava escondida em seus desejos não revelados?

Na Filosofia, a intuição caracteriza o processo de apreensão racional não discursiva de um fenômeno sendo diferentemente do processo da razão discursiva que passa por etapas até culminar com uma conclusão.

Pode-se entender a intuição como um atalho do raciocínio que nos brinda com uma sensação de certeza mediante um desafio, um problema ou questão opinativa quando o ato reflexivo racional ou emocional mostra-se lento ou confuso por diversos motivos. Seria algo comparado ao estímulo nervoso conhecido como arco reflexo que se produz quando das leves pancadas sobre os joelhos relaxados que recebe resposta motora na medula espinhal e não no cérebro.

Chamada de sexto sentido por uns, a intuição não teria nada de sobrenatural segundo Jung (1985). Segundo ele a intuição seria uma capacidade do cérebro comparada à atuação de uma bússola, uma função da psique que desvenda possibilidades no momento de encontrar uma direção. Quando intuímos, ocorre a comunicação dos dois hemisférios do cérebro: o esquerdo, que é racional e armazena dados concretos — números, palavras e regras; e o direito, responsável pela linguagem não verbal — símbolos, imagens e sensações. Seria a manifestação de um mecanismo que age por ação do inconsciente que se dá em forma de símbolos, associações ou imagens. Talvez seja essa revelação simbólica que facilite as coisas aos arquitetos já que, assim como os artistas, possuem uma capacidade de interpretação simbólica mais aflorada.

Muitas são as expressões que remetem à intuição. Os termos Intuicionismo, Intuitivismo, Intuitivo ou Intuito estão relacionados à questão, mas recebem considerações que os aproximam de diversos pontos focais, seja nas Ciências, na Matemática, na Filosofia ou na Religião. Muitas são as tentativas de explicar a intuição pelo ocultismo e pelo espiritismo.

A descrição da intuição esbarra quase sempre em relatos em que o narrador surpreende-se com decisões tomadas no passado e que conduziram a um provável acerto mediante uma dúvida. Tal *decisão* instantânea parece não encontrar respaldo em raciocínio ou memória, tendo sido gerado num átimo, fato que cerca a situação de maior mistério. Indagados sobre o porquê de uma forma ou de um traçado especial, muitos arquitetos e artistas falam que sentiram segurança em fazê-lo e que seria difícil explicar exatamente o início de todo ato criativo.

Curiosamente, nossa intuição tanto pode resultar em acertos ou enganos, mas são os primeiros os que acabam por gerar a sensação mágica da descoberta da verdade sem explicação.

Já dizia Schopenhauer (1980) que a intuição seria mais forte que a razão, e por esse motivo nos deixamos levar por impulsos intuitivos com mais envolvimento do que quando raciocinamos puramente. Na maioria das vezes, as grandes descobertas de gênios criadores surgiram deste *nada* aparente e conduziram a respostas brilhantes as grandes dúvidas da humanidade.

Mas não é necessário exemplificar apenas com grandes inventores e artistas a intuição enquanto experiência. Jung (1985) e Freud (1987) afirmaram que todos os homens passam pela sensação da intuição em algum momento da vida, seja ao escolher caminhos e atalhos, na escolha de cônjuges, na hora da decisão ao comprar coisas, na busca de uma saída perfeita para uma situação de desafio e situações similares.

Kant (1996) introduziu o conceito de *intuição sensível* na tentativa de afastar o verbete de uma amarra racional; esta intuição sensível seria a condição necessária para que o ato do conhecimento se fizesse segundo juízos sintéticos, instantâneos, obtidos fora da análise conceitual própria da razão pura, uma vez que resultariam da intuição exercida sobre a observação e a experiência, e somente poderiam ser particulares e momentâneos. Para ele, a metafísica necessitava de uma correção, já que considerava a intuição como aspecto da racionalidade, como uma intuição de *causa e efeito*, algo suficiente para validar as verdades da razão, quando em realidade existiriam outras formas de intuição que poderiam garantir também verdades próximas às conduzidas pela razão. A correção indispensável, segundo ele, era que seria preciso admitir todas as formas de intuição racionais, não apenas a de relação de causa e efeito, mas também a de quantidade, a de qualidade, e a de modalidade, e por meio de todas elas, é claro, o espírito intuiria as verdades de razão. No fundo, no fundo, Kant (1996) não queria confessar que estava próximo de validar de forma racional verdades desveladas pela intuição.

Kant (1996) afirmou que a intuição intelectual era uma ficção, pois nenhuma inferência além da experiência, na intuição intelectual, se justifica, ou seja, é algo que não vem do lado emocional do ser. "Análises de conceitos não irão produzir verdades além de puras tautologias, quando o que, de fato, conduz a um conhecimento novo são as verdades sintéticas, por via da intuição sensível" (Kant, 1996, p. 46)

Interessantes também são as considerações do mesmo autor sobre tempo e espaço; para ele não se pode falar em conceito desses termos já que sua percepção é intuitiva. Quando se mede tempo e espaço, estaríamos usando nosso lado racional e quando superamos esses conceitos, enquanto dimensões, poderíamos dar vazão à sensibilidade e, portanto, permitir o ato de intuir. Seria aquela sensação atemporal que se vivencia em sonhos ou em situações de sentimento extremo, quando dez segundos parecem horas intermináveis e quando horas se passam em questão de segundos. Note-se que a intuição parece sempre instantânea, quando na realidade não se pode medir o tempo que levou para surgir enquanto símbolo sensível (forma, som, cor, textura ou paladar).

Peirce (1989), na tentativa de justificar racionalmente a intuição, fala do surgimento de um pensamento dentro de outro, algo que ocorre sem o controle aparente do cérebro.

Entre tantos pensadores ilustres que se debruçaram sobre o desvendar da intuição, devemos destacar Henri Bergson, que vivenciando a virada do século XX tomou forças para reavaliar os escritos de muitos pensadores do passado e de sua contemporaneidade para propor novas ideias sobre a intuição. A convivência com os movimentos artísticos de vanguarda e com as bases do movimento moderno da arquitetura mexeram com Bergson (1990) que queria entender a máquina humana na produção dessa modernidade caótica.

Para Bergson (1990), de forma resumida, o homem disporia do trabalho da inteligência para cuidar das coisas materiais e descobrir assim a essência das coisas, e haveria um *órgão* humano, a intuição, capaz de lidar com os paradoxos temporais e compreender coisas durante a vivência das mesmas.

> A intuição não está ao serviço da prática; seu objeto é o fluente, o orgânico, o que está em marcha; só ela pode captar a duração. Enquanto a inteligência analisa, decompõe, para preparar a ação, a intuição é uma simples visão, que não decompõe nem compõe, mas vive a realidade da duração (Bergson, 1990, p. 34).

Os conhecimentos e desvelamentos que a intuição oferece não podem ser demonstrados nem apresentados com ideias claras e precisas. Podemos convidar o outro a tentar vivenciar essa *duração* e chegar a uma sensação similar para nos compreender.

Nesse aspecto, Bergson (1990) confirma as ideias de Jung (1985) sobre a importância dos símbolos na missão de aclarar à razão os elementos trazidos pela intuição.

O indiano Osho (2000), figura marcante do pensamento indiano do final do século XX, fala da intuição como percepção direta da realidade, aptidão inata do homem, acessível a todos, sem interferência de preconceitos de nossa mente, fato que poderia explicar o porquê da intuição criativa perceptível nas formas da arquitetura e das artes e que espantam os olhos dos menos sensíveis.

Numa visão interdisciplinar, vê-se nos desafios da vida a tentativa bergsoniana do convite ao exercício intuitivo, lembrando que a capacidade intuitiva não se adquire com o intelecto, necessitando uma predisposição a mudanças de comportamento por parte do convidado à experiência. Reforça-se deste modo a afirmação de Kant (1996) que a intuição intelectualizada é pura ficção, ou seja, que se nutrir apenas de conhecimentos não aproxima o ser da sensação intuitiva, ou da intuição sensível, no máximo este ser terá uma conclusão racional a um estímulo intrigante. Daí a magia que certas obras e trabalhos artísticos exercem sobre nosso olhar, enquanto outras produções, apesar do excelente resultado reconhecido, não nos surpreendem tanto. A comparação da intuição criativa com a simples criatividade.

REFERÊNCIAS

BERGSON, Henri. *Matéria e memória*. São Paulo: Martins Fontes, 1990.

FREUD, Sigmund. A interpretação dos sonhos. In: ______. *Obras psicológicas completas de Sigmund Freud*. Rio de Janeiro: Imago, 1987 [1900]. v. IV e V.

JUNG, C. G. *Fundamentos de psicologia analítica*. Tradução de Araceli Ehum. Petrópolis: Vozes, 1985.

KANT, Immanuel. *Crítica da razão pura*. Tradução de Valerio Rohden e Udo Moosburger. São Paulo: Nova Cultural, 1996. (Col. Os Pensadores.)

OSHO. *Intuição o saber além da lógica*. São Paulo: Cultrix, 2000.

PEIRCE, Charles Sanders. *Escritos publicados*. Charles Sanders Peirce e Gottlob Frege. São Paulo: Nova Cultural, 1989. (Col. Os Pensadores.)

SCHOPENHAUER, Arthur. Parerga e Paralipômena. In: ______. *Coletânea de textos*. São Paulo: Abril Cultural, 1980. (Col. Os Pensadores.)

LIBERDADE

Peterson José Cruz Fernandes

Gosto de pensar com Junger Habermas, importante filósofo contemporâneo, que "[...] uma pessoa só pode ser livre se todas as demais o forem igualmente" (Habermas, 2004, p. 13). Esse apontamento nos conduz a uma breve reflexão acerca do conceito de liberdade que, segundo Arendt (1978, p. 194):

> Antes que se tornasse um atributo do pensamento ou uma qualidade da vontade, a liberdade era entendida como o estado do homem livre, que o capacitava a se mover, a se afastar de casa, a sair para o mundo e a se encontrar com outras pessoas em palavras e ações. Essa liberdade, é claro, era precedida da liberação: para ser livre, o homem deve ter se liberado das necessidades da vida. O estado de liberdade, porém, não se seguia automaticamente ao ato de liberação. A liberdade necessitava, além da mera liberação, da companhia de outros homens que estivessem no mesmo estado, e também de um espaço público comum para encontrá-los — um mundo politicamente organizado, em outras palavras, no qual cada homem livre poderia inserir-se por palavras e feitos.

A perspectiva grega de liberdade apresentada por Arendt (1978) é, fundamentalmente, um atributo da vida pública. A partir do projeto da modernidade, ocorreu um processo de individualização da liberdade, que adquiriu um viés monológico e unilateral, pois se tornou centrada no sujeito, solepsista, que pretende ser capaz de englobar o todo da realidade, sem, porém, situar-se dentro das estruturas que a compõem.

É a liberdade do indivíduo, que se dá em relação ao outro. Constant (Moraes, 1985, p. 81) define essa liberdade:

> O que em nossos dias um inglês, um francês, um habitante dos Estados Unidos da América entendem pela palavra liberdade? [...] É para cada um o direito de não se submeter senão às leis, de não poder ser preso, nem detido, nem condenado, nem maltratado de nenhuma maneira, pelo efeito da vontade arbitrária de um ou de vários indivíduos. É para cada um o direito de dizer sua opinião, de escolher seu trabalho e de exercê-lo; de dispor de sua propriedade, até de abusar dela; de ir e vir, sem necessitar de permissão e sem ter que prestar conta de seus motivos ou de seus passos. É para cada um o direito de reunir-se a outros indivíduos, seja para discutir sobre seus interesses, seja para professar o culto que ele e seus associados preferirem, seja simplesmente para preencher seus dias e suas horas de maneira mais condizente com suas inclinações, com suas fantasias.

Esse novo conceito de liberdade apresentou ao homem um caminho traiçoeiro, que pode conduzi-lo a uma relação de dominação e manipulação do outro, que passa a ser tratado como objeto em função de seus próprios interesses egoístas. Quanta ilusão na segurança construída a partir dos muros, grades e sistemas sofisticados de segurança das grandes e suntuosas residências e condomínios. Há da mesma ilusão na segurança proveniente do acúmulo de bens, conhecimentos, títulos... Essa ilusão nasce na ausência de inclusão do outro, na falta de consciência de que a escravidão do outro interfere diretamente na minha liberdade.

Tenho observado algumas realidades escolares, no mínimo, preocupantes. Um colega matriculou seu filho numa escola internacional de referência, com sólida proposta filosófica e pedagógica, porém, vítima de uma profunda segmentação mercadológica que a tornou exclusiva para uma minoria. Um problema que ele tem enfrentado com o seu filho refere-se à sua incompreensão quanto ao carro de seu pai, um modelo importado, de excelente qualidade, porém, "inferior" em relação aos carros dos pais de seus colegas, muito mais sofisticados e caros.

Refiro-me a carros de duzentos e trezentos mil reais. Esse mal-estar se estende por meio de comparações de locais de férias, qualidade de hotéis, brinquedos, casas, bairros etc. Se esse meu colega não cuidar, qual será a visão de mundo do seu filho, homem, pai de família, profissional, irmão, cidadão? Qual será sua visão de liberdade? Outra questão: precisamos parar para pensar nos inúmeros atores das nossas comunidades educativas que não são enxergados cotidianamente. Refiro-me aos nossos porteiros, pessoal da limpeza, manutenção, administrativo etc. Em muitas escolas, o universo excludente inicia em seus pátios, corredores e bastidores.

Penso que a expressão uma pessoa só pode ser livre se todas as demais o forem igualmente pode soar, num primeiro momento, pragmática. Porém, muito mais do que isso, parece-me que é papel da escola lembrar que todos nós temos um dever moral para com aquelas pessoas que sofrem e que morrem, vítimas das desigualdades do mundo contemporâneo que nos desafia. Pessoalmente, acredito que essas pessoas precisariam ser "incluídas" no processo pedagógico, de maneira que deixassem de ser invisíveis aos olhos de uma parcela da sociedade que, de alguma maneira, poderia fazer algo para colaborar, a partir do momento que se percebesse livre a partir da liberdade do outro, do diferente.

REFERÊNCIAS

ARENDT, Hannah. *Entre o passado e o futuro*. São Paulo: Perspectiva, 1978.

CONSTANT, Benjamim. Da liberdade dos antigos comparada à dos modernos. In: MORAES, J. Q. *Filosofia política* 2. Porto Alegre: LP&M, 1985.

HABERMAS, Jurgen. *A ética da discussão e a questão da verdade*. Tradução de Marcelo Brandão Cipolla. São Paulo: Martins Fontes, 2004.

MEDIAÇÃO

Nali Rosa Silva Ferreira

A cultura das respostas tem sido um referencial na prática dos formadores dos professores. Essa cultura decorre, em parte, da própria matriz de formação do docente formador que ensina como aprendeu: recebendo respostas. No entanto, outros aspectos são relevantes na composição dessa cultura. Decorrem também como alternativa da prática do formador que apresenta mais respostas que perguntas, tendo em vista minimizar problemas originados na formação de educação básica dos graduandos, relacionados aos conhecimentos prévios, bagagem cultural, entre outros.

Essa prática pode levar a um proceder didático-pedagógico-dependente, no qual professor e aluno se sentem confortáveis na relação ensinar e aprender. O verbete trata do sentido da mediação para mudança nessa relação pedagógica. Nesse contexto, a expressão didático-pedagógico-dependente é utilizada para emprestar sentido ao agir pedagógico do formador do professor que privilegia o emprego de respostas prontas que não estimulam a dúvida e o questionamento na construção do conhecimento do aluno. Nessa perspectiva, o formador privilegia também a prática de intervenções para enfatizar o ensino.

Pode ser destacado também que na formação de nível superior, quase sempre o curso é compacto em carga horária, o que solicita do formador alternativas pedagógicas de respostas mais rápidas para trabalhar o conteúdo proposto nas ementas de ensino. E ainda, geralmente, os alunos dos cursos de licenciatura vivem o embate nas fronteiras entre o tempo cronológico e o tempo kairológico no estudo.

Conforme propõe Pineau (2004), estamos no tempo auto-organizador da vida, o da articulação entre o do *cronos* sociais ("tempo externo objetivado pelo relógio") e o do *Kronos* associal (vivenciado na "escolha do momento oportuno" [kairológico], como outra fonte de sincronizar o tempo com a "abertura para outras temporalidades"), o controle do tempo objetivo com o tempo subjetivo (Pineau, 2004, p. 129-131). Os graduandos, em sua maioria, ingressam no ensino superior solicitando respostas que caibam numa formação em tempo cronológico restrito e se acomodem a um proceder didático-pedagógico-dependente.

O exercício de uma prática docente interdisciplinar na formação do professor da escola básica pressupõe o exercício da atitude interdisciplinar. Atitude de mediação didática com postura dialógica e aberta ao *descondicionamento* de um proceder didático-pedagógico-dependente, que estimule o aluno a assumir-se ética e epistemologicamente curioso (Freire, 1996).

Nadal e Papi (*apud* Althaus, 2008) apresentam exemplos importantes sobre a presença da mediação no processo de ensinar e de aprender. Trata-se de perceber a diferença entre intervenção e mediação na ação do professor.

> A mediação está presente quando o professor faz perguntas, dá devoluções aos alunos sobre suas colocações e produções, problematiza o conteúdo com o objetivo de colocar o pensamento do aluno em movimento e, também, quando estimula os alunos a dialogarem entre si sobre suas atividades. À medida que o ensino passa a ser entendido como um processo de mediação, o professor deixa de ser o centro do processo para tornar-se uma ponte entre o aluno e o conhecimento. Assim, as perguntas costumeiras do professor, como: "O que devo ensinar?", "Como poderei ensinar todos os conteúdos?", são substituídas por: "Quais são os conteúdos prioritários em termos de compreensão dos alunos?", "Como sei se eles estão compreendendo esses conteúdos?", "Quais as expectativas dos alunos em relação às aulas e à disciplina como um todo?" (Nadal; Papi, 2007, *apud* Althaus, 2008, p. 4).

Portanto, nem sempre, ao fazer intervenções, o professor faz mediação para mudar o hábito no condicionar respostas prontas, mas intervenções para focalizar sua ação de ensinar.

Nóvoa (2009) introduz no debate da formação do professor o conceito de disposição. Coloca nos parâmetros da identidade do professor uma ligação entre as dimensões pessoais e profissionais. Argumenta que há uma "(pre)disposição que não é natural, mas construída na definição pública de uma posição com forte sentido cultural, numa *profissionalidade docente* que não pode deixar de se construir no interior de uma *pessoalidade do professor*" (Nóvoa, 2009, p. 27-28).

Mediar, para mudar o agir didático-pedagógico-dependente, implica ter em conta um conjunto de disposições específicas. Tais disposições emergem como fundamentais na ação docente interdisciplinar, tanto para alunos carentes de conduta mais diretiva do mediador na sua aprendizagem, como para aqueles que não requisitam essa conduta diretiva.

Neste texto, o conceito disposição é recontextualizado para sinalizar caminhos, tendo em conta a constituição do conjunto de disposições específicas no processo dessa mediação, que se fundamentam em diferentes perspectivas: psicológicas, sociológicas, filosóficas, epistemológicas, históricas, entre outras. Não estão apresentadas segundo ordem de importância ou hierarquia, pois integram a ação pedagógica interdisciplinar, por natureza complexa, que enfatiza nova atitude no processo de conhecer.

1. A disposição que se destaca neste item é a mediação que se faz problematizando o conteúdo de aprendizagem de modo a colocar o pensamento do aluno em movimento. Isto é, movimentar o aluno para o desequilíbrio ou desajuste ótimo e para o aprendizado significativo.

Neste processo de mediação, há uma interpretação construtivista da aprendizagem e a correspondente intervenção pedagógica construtivista (Coll, 1996). Intervenção aqui considerada mediação nos termos da proposta de discussão deste verbete. Ao trabalhar com questões específicas da prática pedagógica, ancoradas no valor social e cultural dos conteúdos escolares, a ação do professor poderá caminhar no sentido de estimular o aluno a romper com seus esquemas iniciais de conhecimento favorecendo um "desequilíbrio ótimo" (Coll, 1996, p. 59).

Ajudar o aluno a tomar consciência desse desequilíbrio e de suas causas e ainda a superar esse estado de desequilíbrio é um dos passos para a aprendizagem ser significativa, pois a significatividade da aprendizagem está vinculada à sua funcionalidade.

2. Outra disposição a considerar significa pensar os conteúdos de ensino como conteúdos suporte de mediação na relação professor/aluno, nas outras relações interpessoais em que se fazem necessários e em suas implicações históricas, filosóficas e epistemológicas.

O diálogo para o estímulo à manifestação do aluno sobre suas dificuldades nos conteúdos de aprendizagem torna-se fundamental para a escolha de estratégias didáticas que o auxiliem a sentir segurança na construção do seu conhecimento.

3. Mediar implica ainda a disposição para auxiliar o aluno no questionamento entre a teoria proposta para estudo e as questões que permeiam o cotidiano da sala de aula e para além dela.

Situações de aprendizagem vinculadas a problemas concretos podem estimular a atitude proativa dos alunos em busca do conhecimento. Porém, se faz necessário considerar que, embora o papel articulador do professor seja de grande relevância, existem outros fatores intra e extraescolares que devem ser observados em permanente visão crítica na ação mediadora. Inclusive, a visão que o aluno tem de si mesmo em uma cena de aprendizagem.

O que se passa em uma cena de aprendizagem? O aprendente tem conhecimento e consciência do conjunto de questões que estão presentes no ato de aprender? Tem condições de identificar suas dificuldades, submetendo-se ao desafio de um autodiagnóstico, uma autoavaliação, do que se passa nas diferentes dimensões de si mesmo em situação de aprendizagem? (Josso, 2004).

Algumas posturas do aprendente podem interferir na relação pedagógica, conforme destaca Josso (2004). Alguns sujeitos acreditam que sua aprendizagem depende das explicações do professor; outros acreditam que sendo bons alunos aprenderão facilmente e poucos são os que compreendem que são os atores no processo de sua aprendizagem (Josso, 2004, p. 238-39).

4. O que escreve o mestre Paulo Freire e que cito a seguir, nos auxilia no entendimento da direção que deve caminhar outra disposição didática que faz da pergunta elemento de mediação na prática pedagógica. Na pergunta, a reflexão crítica sobre a própria pergunta.

Conforme Freire nos alerta, antes de qualquer tentativa de discussão sobre quais técnicas, materiais ou métodos para uma aula dinâmica, é "indispensável mesmo que o professor se ache 'repousado' no *saber* de que a pedra fundamental é a curiosidade do ser humano. É ela que me faz perguntar, conhecer, atuar, mais perguntar, reconhecer" (Freire, 1996, p. 34).

> Estimular a pergunta, a reflexão crítica sobre a própria pergunta, o que se pretende com esta ou com aquela pergunta em lugar da passividade em face das explicações discursivas do professor, espécies de resposta a perguntas que não foram feitas. Isto não significa realmente que devamos reduzir a atividade docente, em nome da defesa da curiosidade necessária, a puro vai-e-vem de perguntas e respostas, que burocraticamente se esterilizam. A dialogicidade não nega a validade de momentos explicativos, narrativos em que o professor expõe ou fala do objeto. O fundamental é que professor e alunos saibam que a postura deles, do professor e dos

> alunos, é dialógica, aberta, curiosa, indagadora e não apassivada, enquanto fala ou enquanto ouve. O que importa é que professor e alunos se assumam epistemologicamente curiosos. (Freire, 1996, p. 33)

Perguntar, criando um cenário mental para incluir a crítica da própria pergunta nos auxilia a perceber se estamos em território inédito ou se já conhecemos parte do caminho das respostas. O processo de organizar o pensamento em busca de conexões (trechos ou atalhos) para o que se quer saber pode ser ou não uma abertura do conhecimento contido na própria pergunta. Saber perguntar como estímulo ao gosto pelo conhecimento ou ajudar o aluno a ser "epistemologicamente curioso" é tão importante quanto a pergunta.

5. O alerta ao aluno para aprender com seus equívocos e abrir-se ao "diálogo epistemológico com seu professor" (Freire, 1996, p. 33), é outra disposição integrada ao conjunto de ações mediadoras.

Considero pertinente citar o que destaca Chaui (1980), quando utiliza a metáfora do professor de natação com o aluno para expressar a ação mediadora do professor. O professor precisa saber bem sobre a água e ter consciência do alcance do seu gesto ao auxiliar o aluno a ser um bom nadador.

> O professor de natação não pode ensinar o aluno a nadar na areia fazendo-o imitar seus gestos, mas leva-o a lançar-se na água em sua companhia para que aprenda a nadar lutando contra as ondas, fazendo seu corpo coexistir com o corpo ondulante que o acolhe e repele, revelando que o diálogo do aluno não se trava com seu professor de natação, mas com a água. O diálogo do aluno é com o pensamento, com a cultura corporificada nas obras e nas práticas sociais e transmitida pela linguagem e pelos gestos do professor, simples mediador. (Chaui, 1980, p. 31)

No entanto, muitos alunos são resistentes à prática dos alertas do professor relativos aos equívocos, pois acreditam que essa atitude os diminui, reprime e desestimula.

6. Outra disposição que merece ser destacada — o aluno precisa conscientizar-se do seu tempo nos ritos de passagem para aprender.

Há tempo de aprendizagem na atitude de espera, humildade e consciência das potencialidades para aprender; tempo de compreender, questionar, avaliar, sugerir e engajar-se na proposta do curso de formação profissional, para tornar-se autor de sua aprendizagem. Compreender seu tempo de aprendizagem é uma alternativa que pode auxiliar o aluno no resgate da autoestima e na aquisição de confiança na mediação do professor. "A aprendizagem humana emerge de uma relação entre o indivíduo e seu meio, mediada por outro indivíduo, mais experiente", como afirma Varela (2007, p. 102).

Disposições como as apontadas anteriormente podem constituir sinais para um novo sentido na ação didática do formador do professor pela autonomia profissional dos graduandos, carentes ou não de conduta mais diretiva do mediador na sua aprendizagem. Então, cabe ao formador pensar objetivamente na sua atuação. E, em ação dialética, aluno e professor podem avaliar, adaptar, validar, criar e incorporar um conjunto de disposições sugeridas na mediação docente no *descondicionamento* do agir didático-pedagógico-dependente.

REFERÊNCIAS

ALTHAUS, M. T. M. O ensino na sala de aula: a mediação como tema constitutivo na formação e atuação docente. In: CONGRESSO DE EDUCAÇÃO: MEDIAÇÃO PEDAGÓGICA, 4., *Anais*... FADEP, Pato Branco, 2008. Conferência de abertura. Disponível em: <www.maiza.com.br>. Acesso em: 20 jun. 2011.

CHAUI, Marilena de Souza. Ideologia e educação. *Revista Educação e Sociedade*, v. 2, n. 5, p. 24-40, jan. 1980.

COLL, César. *Psicologia e currículo*: uma aproximação psicopedagógica à elaboração do currículo escolar. São Paulo: Ática, 1996.

FREIRE, Paulo. *Pedagogia da autonomia*: saberes necessários à prática educativa. São Paulo: Paz e Terra, 1996.

JOSSO, Marie-Christine. *Experiências de vida e formação*. São Paulo: Cortez, 2004.

NADAL; PAPI *apud* ALTHAUS, M. T. M. O ensino na sala de aula: a mediação como tema constitutivo na formação e atuação docente. In: CONGRESSO DE EDUCAÇÃO: MEDIAÇÃO PEDAGÓGICA, 4., *Anais*... FADEP, Pato Branco, 2008. Conferência de abertura. Disponível em: <www.maiza.com.br>. Acesso em: 20 jun. 2011.

NÓVOA, Antônio. *Professores*: imagens do futuro presente. Lisboa: Educa, 2009.

PINEAU, Gaston. *Temporalidades na formação*. São Paulo: Trion, 2004.

VARELA, Aida. *Informação e autonomia*: a mediação segundo Feurstein. São Paulo: Editora Senac, 2007.

METÁFORA

Mariana Aranha Moreira José

Metáfora é um termo que pode ser definido como o "tropo que consiste na transferência de uma palavra para um âmbito semântico que não é o do objeto que ela designa, e que se fundamenta numa relação de semelhança subentendida entre o sentido próprio e o figurado" (Ferreira, 1988, p. 430).

As metáforas são palavras, originalmente distintas daquelas que porventura seriam utilizadas em determinado texto. No entanto, são colocadas em seu lugar por expressarem proximidade e referência à palavra original em seu sentido figurado, oferecendo ao leitor maior possibilidade de compreensão do conceito registrado pelo autor ou, como afirma Abbagnano (2003), elas realizam uma transferência de significado.

Durante minha pesquisa de doutorado (Moreira José, 2011), constatei que a grande maioria das teses e dissertações defendidas na Linha de Pesquisa "Interdisciplinaridade"[16], apresentam metáforas com o intuito de explicar conceitos, definir opções metodológicas, encontrar possíveis soluções para os problemas de pesquisa e, até mesmo, para elaborá-los.

16. A Linha de Pesquisa "Interdisciplinaridade" está vinculada ao Programa de Pós-Graduação em Educação/Currículo, da Pontifícia Universidade Católica de São Paulo — PUC-SP e é coordenada pela Professora Doutora Ivani Catarina Arantes Fazenda.

Fazenda (2002, p. 18) afirma que os pesquisadores possuem a missão de descobrir pedras valiosas em suas pesquisas, pedras raras, que surgem "na medida do interesse específico do indivíduo que pesquisa". A essas pedras raras deu-se o nome de metáforas, cujas reflexões epistemológicas de origem ontológica estão fundamentadas em autores como Ricoeur (1983) e Gauthier (2004).

Ricoeur (1983, p. 20) afirma que a metáfora é "o transporte a uma coisa de um nome que designa outra, transporte quer do gênero à espécie, quer da espécie ao gênero, quer da espécie à espécie ou segundo a relação de analogia". Justamente por sua capacidade de designar uma coisa, sendo outra, as metáforas envolvem o leitor em uma trama de relações e possibilidades e, por isso, para Ricoeur (1983), elas são vivas.

> [...] metáforas vivas envolvem um tipo estranho de predicação: elas dizem "é" e "não é" ao mesmo tempo! É por isso que não podem ser traduzidas em proposições lógicas ou diretamente entendidas por meio de técnicas aplicáveis àquelas asserções, em que uma sentença ou diz sim ou diz não sobre alguma coisa. (Pellauer, 2009, p. 96)

Silva (2008), em sua tese de doutoramento, relata que a descoberta da metáfora ocorreu através da interpretação das imagens que permaneciam silenciadas nas ações e nas falas de seus alunos, durante o estudo da disciplina de Língua Portuguesa, em diferentes cursos de formação de professores.

> A experiência mostrou que as imagens que ficam para os alunos acerca daqueles professores que, de alguma maneira, os fizeram crescer e o sucesso de alguns trabalhos contribuem para a construção de suas próprias imagens como futuros professores, elaborando, assim, suas maneiras de ser e estar na profissão. (Silva, 2008, p. 10)

As metáforas são descortinadas à medida que o pesquisador volta o seu olhar a si próprio e se descobre, paulatinamente, leitor, escritor e autor, primeiramente do seu próprio eu, depois de sua própria prática e, só então, do eu e da prática do outro. É o movimento de não ser e ser ao mesmo tempo, como proposto por Ricoeur (1983).

Já Gauthier (2004), por sua vez, acredita que as metáforas revelam mais que a individualidade: elas expressam a forma como os grupos se organizam. Para ele, existem duas formas (ou agenciamentos) que exteriorizam estas formas de se organizar: o agenciamento maquínico de corpos, ações e paixões e o agenciamento coletivo de enunciação.

O agenciamento maquínico de corpos, ações e paixões revela a relação entre os membros do grupo através dos movimentos corporais que produzem e da forma como expressam suas emoções. Para Gauthier (2004), ao mesmo tempo em que o grupo se atrai, ele repulsa, altera e faz alianças, movimento que pode ser expresso metaforicamente por:

> poços de captura, que atraem as energias para pontos instituídos e repetitivos e, inversamente a estes, as denominadas linhas de fuga desejantes, criadoras de jogos não previstos, as quais nem sempre ocorrem por vontade própria das pessoas, mas perpassam o conjunto de corpos e afetos. (Gauthier, 2004, p. 130)

É próprio do saber ser interdisciplinar a conscientização do sentimento e das emoções como uma dimensão própria do percurso em direção ao autoconhecimento: reconhecer a si mesmo é fundamental para o reconhecimento do outro e do mundo que nos rodeia, como bem afirma Ricoeur (2006).

Josgrilbert (2004), em sua tese de doutorado, elaborou uma definição interessante para o autoconhecimento, esta capacidade de refletir sobre si mesmo, repleta de metáforas, e os modos de encontrá-lo.

> Para o autoconhecimento é necessário buscar as charadas, as teias, as dúvidas, os labirintos construídos pela mente, influenciados, muitas vezes, por modelos rígidos de educação, que em lugar de desvelar, encobrem a

> verdade. Pode a educação mostrar os labirintos da mente, buscando a compreensão do sentido de nossas vidas? (Josgrilbert, 2004, p. 107)

A autora (Josgrilbert, 2004) destaca que o caminho para o autoconhecimento é repleto de teias, charadas e labirintos. As três palavras são metáforas que permitiram a ela expressar o sentido de seu discurso, ao mesmo tempo em que facilitaram a compreensão do leitor. Por esse motivo, afirma que aqueles que buscam o autoconhecimento não se contentam com modelos a ser seguidos, mas constroem a possibilidade de ser, no seu mundo.

Essa possibilidade de, verdadeiramente, ser no seu mundo, parte do momento em que o pesquisador, ao compreender a realidade pesquisada, se permite exercer a categoria da ousadia, proposta por Fazenda (2001). Sem dúvida, a inclusão nas pesquisas acadêmicas de questões advindas do sentimento, das emoções e dos estados de espírito é um passo extremamente ousado. Isso porque, se não estiver atrelado a uma fundamentação epistemológica consistente, o discurso arrisca-se a ser dissociado da coerência, atributo fundamental da Interdisciplinaridade e, consequentemente, de suas pesquisas.

No entanto, para Gauthier (2004), os grupos ainda se expressam de outra forma além do agenciamento maquínico: eles se revelam por meio do agenciamento coletivo de enunciação.

O agenciamento coletivo de enunciação revela as múltiplas falas do grupo, e o seu olhar — sempre coletivo e subjetivo — de uma realidade. Para Gauthier (2004), as enunciações coletivas possuem pontos de territorialização que atraem discursos variados e inseridos em um mesmo campo semântico, e conecta-os, de forma a constituir um discurso mais comum e existem também pontos de desterritorialização, palavras não capturadas pela ordem interior do grupo, frutos de desejos e, por isso, dificilmente percebidas.

Foroni (2005, p. 191), em sua tese de doutorado, afirma que os pesquisadores em educação são “caçadores de metáforas, na fala e nos silêncios de seus parceiros de pesquisa". Tais metáforas podem ser descobertas (no sentido de estarem cobertas pela dúvida e, na medida em que a pesquisa avança, ela vai se descobrindo) de diversas formas, em diferentes graus de reflexão e ação. No seu caso específico, articulou as experiências que possuía enquanto docente e pesquisadora àquelas por ela adquiridas quando de sua pesquisa.

Já Carvalho (2004), em sua tese de doutoramento, utilizou a metáfora do "olhar interdisciplinar", com o intuito de integrar os vários olhares disciplinares, presentes em suas observações na dinâmica dos cursos de formação de professores. Para essa pesquisadora, cada depoimento de aluna, cada aspecto conceitual estudado e cada análise de legislação efetuada, se constituía em um olhar diferente que, se integrado sob uma ótica comum (a do próprio olhar da pesquisadora), poderia se denominar "interdisciplinar".

Ranghetti (2005) utilizou a metáfora do tecido para informar que o currículo, sobretudo na Pedagogia, deveria ser composto por vários e diferentes fios. No decorrer do curso, estes fios, ao se entrelaçarem, formariam um único tecido, com a lógica e a estética necessárias para a aprendizagem dos alunos.

A comparação do currículo de um Curso de Pedagogia a um tecido formado por muitos fios permitiu a utilização pela pesquisadora (Ranghetti, 2005) de recursos metafóricos, com o objetivo da delimitação do seu campo de análise conceitual e de observação de sua prática docente, a fim de atingir o principal objetivo da pesquisa: responder aos problemas por ela propostos.

Um ano depois, Varella (2006) inovou ao permitir a condução da narrativa de sua pesquisa pelo discurso metafórico. Já no início de sua tese, a autora relata um sonho vivido em um reino de caranguejos gigantes. Esses caranguejos, acompanhados por ela, percorreram extensos caminhos que duraram um longo tempo: para concluí-los, houve a necessidade de um ano inteiro, período no qual enfrentaram todas as estações do ano. A pesquisadora utilizou um trecho de sua história no início de cada capítulo da tese, com a finalidade de serem auxiliares na elaboração das respostas aos seus problemas de pesquisa.

A partir da utilização de suas metáforas, Varella (2006) passou a refletir sobre conceitos importantes, sobretudo no que se refere à Teoria da Interdisciplinaridade. Para ela (Varella, p. 60), "o pesquisador interdisciplinar é rico em histórias, mas tem dificuldade em entregar o seu ouro". A palavra ouro se configura em mais uma metáfora que nos impele a refletir sobre as linhas de fuga desejantes e os pontos de desterritorialização de que nos fala Gauthier (2004).

Podemos afirmar que o ouro do pesquisador, mencionado por Varella (2006) é o sentido mais profundo que mobiliza o processo de descoberta de si mesmo. Somente quando o pesquisador consegue exteriorizá-lo por meio da escrita acadêmica, ele permite a revelação do seu eu verdadeiro, da sua identidade ao outro, desencadeando um processo de se desterritorializar do discurso comum do grupo rumo ao seu próprio discurso, em linhas de fugas desejantes.

Este movimento parece-me muito semelhante ao que Ricoeur (1983) denominou metáforas vivas. É um processo de ser e não ser contínuo, em que coerência e ambiguidade, princípios da Interdisciplinaridade, caminham juntos. É como afirmou Cascino (2004) em sua tese de doutoramento: a Interdisciplinaridade não é linear, não possui receitas e não pode ser compreendida sob um único ponto de vista, ou sob uma única lógica:

> O sentido da Inter é o da interpretação, como exercício e leitura circular, para baixo e para cima, para fora e para dentro, a conhecer o todo, a partir de círculos, retornos constantes e concêntricos, de saída e de entrada, para permitir o movimento de conhecimento e desconhecimento, um movimento que não tem fim, e que não é unidirecional, senão multidirecional, um movimento que parece sempre caótico, mas que é ora ordem frágil, ora ordem forte, em um momento fragmentos e fraturas em outro, organização e ordenamento. (Cascino, 2004, p. 16)

Para o pesquisador, a descoberta da metáfora nas investigações acadêmicas, sobretudo se considerada a Teoria da Interdisciplinaridade, está atrelada, também, à capacidade de interpretar textos, contextos, situações e práticas. Essa interpretação, no entanto, é deslocada de um modelo unidirecional interpretativo, pois exige do pesquisador a análise do objeto, dos textos e da realidade de diferentes formas e sob diversas óticas, na tentativa do encontro de variados vestígios da realidade observada (Fazenda, 1994). São os "pontos de luz" (Souza, 2006, p. 33) que pretendem iluminar a realidade ainda que nela existam muitas sombras.

REFERÊNCIAS

ABBAGNANO, N. *Dicionário de filosofia*. São Paulo: Martins Fontes, 2003.

CARVALHO, C. *Pedagogia em revista:* uma revisita interdisciplinar ao processo de formação de educadores. Tese (Doutorado em Educação) — Programa de Pós-Graduação em Educação/Currículo da Pontifícia Universidade Católica, São Paulo, 2004. 187 p.

CASCINO, F. A. *Reflexões sobre a construção de uma teoria:* interdisciplinaridade na educação brasileira. Tese (Doutorado em Educação) — Programa de Pós-Graduação em Educação/Currículo da Pontifícia Universidade Católica, São Paulo, 2004. 246 f.

FAZENDA, I. C. A. *Interdisciplinaridade:* história, teoria e pesquisa. Campinas: Papirus, 1994.

______ (Org.). *Dicionário em construção*: Interdisciplinaridade. São Paulo: Cortez, 2001.

______. *Metodologia da pesquisa educacional.* 8. ed. São Paulo: Cortez, 2002.

FERREIRA, A. B. H. *Dicionário de língua portuguesa*. Rio de Janeiro: Nova Fronteira, 1988.

FORONI, Y. M. D. *Inter-intencionalidades compartilhadas no processo inclusivo da sala de aula no ensino superior*: uma investigação interdisciplinar. Tese (Doutorado em Educação) — Programa de Pós-Graduação em Educação/Currículo da Pontifícia Universidade Católica, São Paulo, 2005. 272 f.

GAUTHIER, J. Z. A questão da metáfora, da referência e do sentido em pesquisas qualitativas: o aporte da sociopoética. *Revista Brasileira de Educação*, Campinas, n. 25, p. 127-142, jan./fev./mar./abr. 2004.

JOSGRILBERT, M. F. V. *O sentido do projeto na educação*: uma investigação interdisciplinar. Tese (Doutorado em Educação) — Programa de Pós-Graduação em Educação/Currículo da Pontifícia Universidade Católica, São Paulo, 2004. 138 f.

MOREIRA JOSÉ, M. A. *De ator a autor do processo educativo*: uma investigação interdisciplinar. 2011. 288 f. Tese (Doutorado em Educação) — Programa de Pós-Graduação em Educação/Currículo da Pontifícia Universidade Católica, São Paulo, 2011.

PELLAUER, D. *Compreender Ricoeur*. Trad. Marcus Penchel. Petrópolis: Vozes, 2009.

RANGHETTI, D. S. *Uma lógica curricular interdisciplinar para a formação de professores*: a estampa de um *design*. 2005. 231 f. Tese (Doutorado em Educação) — Programa de Pós-Graduação em Educação/Currículo. Pontifícia Universidade Católica de São Paulo, São Paulo, 2005.

RICOEUR, P. *A metáfora viva*. Porto: Rés, 1983.

______. *O percurso do reconhecimento*. São Paulo: Loyola, 2006.

SILVA, M. P. G. O. *Palavra, silêncio, escritura*: a mística de um currículo a caminho da contemplação. Tese (Doutorado em Educação) — Programa de Pós-Graduação em Educação/Currículo da Pontifícia Universidade Católica, São Paulo, 2008. 170 f.

SOUZA, M. A. *O SESI-SP em suas entrelinhas*: uma investigação interdisciplinar no Centro Educacional SESI 033. Dissertação (Mestrado em Educação) — Programa de Pós-Graduação em Educação/Currículo da Pontifícia Universidade Católica, São Paulo, 2006. 134 f.

VARELLA, A. M. S. R. *Interdisciplinaridade/comunicação/educação*: leituras, narrativas e metáforas. Tese (Doutorado em Educação) — Programa de Pós-Graduação em Educação/Currículo da Pontifícia Universidade Católica, São Paulo, 2006. 142 f.

NEGOCIAÇÃO

Adalzira Regina de Andrade Silva

Como a negociação interdisciplinar pode contribuir para a construção coletiva em espaços educacionais? A negociação interdisciplinar possibilita libertar e trazer o sentimento de pertencimento ao sujeito que doa seu talento com humildade e consequentemente seu conhecimento? Como o profissional de educação pode utilizar a negociação como instrumento de estímulo às pessoas que compõem um grupo a contribuir com seu talento na composição de um objetivo coletivo? Por estas questões navego na tentativa de encontrar a negociação que estimule o diálogo e o relacionamento presente para a construção coletiva (Silva, 2012).

Na viagem pelo universo da negociação onde a bússola é a interdisciplinaridade, o que proponho é o olhar para a negociação que só poderá ser feita ao aguçá-lo para o que se enxergar nas entrelinhas (Fazenda, 1998). Como me preparar para uma negociação? Como saber se o outro está preparado para o momento? Como conseguir entender se você está em seu melhor momento para conduzir uma conversa? E se não houver oportunidade de preparo, haverá outra oportunidade?

Para iniciar o ensaio dessa expedição sobre a negociação, buscarei o significado da palavra negociar, etimologicamente do latim *negotio, -are*, fazer a negociação de; comprar e vender; promover; tratar de; contratar, ajustar; ser negociante, comerciar; entabular e seguir negociações, pactuar; fazer convênio ou tratado entre governos de dois Estados[17].

A negociação é uma forma de ação e é o que nos move para uma atitude interdisciplinar na intenção ética de encontrar caminhos possíveis para levar as pessoas a se sentirem parte de um contexto, de um papel, de um lugar, de se sentirem com o sentimento de pertencidas. Na interdisciplinaridade, uma negociação vai além de processos e transita por cinco elementos fundamentais:

Autoria ou *reconhecimento* onde a negociação deve ser autêntica e verdadeira e, ainda, o quanto é justo um acordo, dentro de critérios objetivos. É importante em uma negociação interdisciplinar reconhecer o saber do outro e o próprio saber, e ainda reconhecer (Ricoeur, 2006) a própria autoria e a do outro, legitimando de fato quem de direito.

Saber-saber como alimentador de fatos e não suposições, uma vez que melhor negocia quem mais transita humildemente no campo do conhecimento e não tem medo e compartilhar e buscar a informação. Aprender com uma negociação interdisciplinar é olhar para a prática e refletir sobre novas possibilidades. Como teria sido a conversa se esta tivesse sido conduzida de outra forma? Como teria sido a conclusão daquele trabalho se o diálogo tivesse sido pautado em acolhimento, respeito e humildade?

Espera onde haverá um tempo de planejar, um tempo de operar, um tempo de avaliar e um tempo de esperar.[18] Olhamos para um novo tempo que não é *cronos*, tempo de controle, mas *kairós*, tempo que subverte a ordem de *cronos*, que se aproveita da imprevisibilidade, tempo flutuante. Em *cronos*, submetemo-nos a cronogramas. Em *kairós*, à oportunidade de criar. Uma negociação interdisciplinar requer espera, espera em respeito ao tempo do outro, em busca de uma parceria

---

17. Disponível em: <http://www.priberam.pt/DLPO/negociar>. Acesso em: 25 set. 2013.

18. *Esperar* — aguardar, confiar, ter esperança. (In: *Dicionário etimológico Nova Fronteira*.) *Espera* — 1. Ato de esperar. 2. Esperança. 3. Demora, dilatação. 4. Adiamento.

que seja madura o suficiente para se fazer valer projetos verdadeiros e coerentes à realidade das partes envolvidas. É a premissa para percorrermos o caminho do reconhecimento.

Inclusão para atuar em determinado evento, com foco na substância da negociação onde na interdisciplinaridade podemos falar da humildade como portal de entrada aos espaços de aprendizagem individual e coletiva, levando aos sujeitos e a si próprio o sentimento de pertencimento. Acesso para a inclusão de gente, de opiniões de olhares e de pontos de vista.

Dynamis onde o relacionamento é presente e as pessoas se respeitam e se importam genuinamente com o coletivo.

Estes elementos estarão sempre presentes tendo como centro de suas ações um relacionamento pautado na ética do encontro de negociações mais humanas que projetem objetivos idealizados coletivamente. Porém, há muito mais aspectos em uma negociação aparentemente simples que muitas vezes não são considerados e ficam nas entrelinhas, como as expectativas do outro, suas emoções, desejos, sentimentos, valores, crenças e necessidades. Negociar implica também na capacidade de perceber o outro, a outra parte envolvida. A intuição.

Para a negociação interdisciplinar é imprescindível estar atento à intuição e nela confiar. Partir para uma conversa, sentindo que o outro não está bem, é um sinal enviado por sua intuição, e este sinal poderá ser uma indicação para qual caminho seguir. Como dialogar com uma pessoa que está com o espírito necessitando de paz? Como conversar com alguém que precisa ser ouvido, pois está em uma fase difícil da vida? A intuição nos guiará e nos conduzirá a encontrar as melhores palavras. Ao se preparar para uma negociação a pessoa que se predispõe a intuição antevê suas ações e pensa em alternativas para que seu interlocutor seja acolhido e se sinta à vontade para a troca.

A negociação interdisciplinar que aqui descrevo trata das coisas da alma, das coisas do coração. Trata dessa intuição que precisamos ter para revalidar nossos ideais. Fala das pessoas pensando no coletivo e em busca de objetivos comuns. Integra e iguala cada ser dentro de seu universo infinito. Tenta mostrar que mesmo com nossas diferenças, na verdade, o que somos é humanos. Diferentes e ao mesmo tempo iguais.

As competências da interdisciplinaridade, intuitiva e a emocional (Fazenda, 1998) são as que inspiram uma negociação que humanize. A negociação que possibilite a leitura da alma! Disseminar a tranquilidade ao grupo. Passar confiança. Demonstrar o quanto precisamos do outro. Reconhecer a competência nele. Na negociação interdisciplinar são as competências intuitiva e emocional trazendo equilíbrio e paz de espírito. É um caminho possível para abrir mão de interesses individuais em prol do coletivo. É inspirar-se em sonhos e em momentos de carinho. O sujeito que ao dialogar busca fazer a leitura da alma do outro e nesse movimento se perceber cuidando do outro, e então, cuida das palavras, cuida dos gestos, cuida do olhar.

Acredito que a negociação interdisciplinar poderá ser percebida se for analisada considerando duas vertentes que podem acontecer simultaneamente como na espiral da interdisciplinaridade e com um provável tempo *cronos*, mas, principalmente sintonizadas em um tempo *kayrós:*

Internegociação: a percepção do todo pela intuição e parceria. O quanto podemos estimular e ser estimulados a promover uma ação em benefício do coletivo. A vontade e o relacionamento presentes. A humildade para estar aberto e tentar ter acesso a diversos espaços. O saber ouvir na dimensão inclusiva.

Intranegociação: o autoconhecimento e o reconhecimento. O reconhecimento de si, conhecer os próprios limites e o reconhecimento do outro. O quanto podemos nos doar e receber a doação de conhecimento do outro. O silêncio e a reflexão necessários para se perceber pertencido ao grupo e se reconhecer dentro dele.

Na espiral interdisciplinar, os movimentos da negociação:

Preparação: Planejar-se para o diálogo, conhecendo as experiências que o outro adquiriu ao longo de sua vida profissional ou pessoal. Apoiar-se nas competências intuitiva, intelectiva, prática, emocional, na humildade, e também, e principalmente, saber ouvir.

Abertura: Estar aberto e valorizar a si e ao outro. Momento para compartilhar ideias e para a construção coletiva da proposta. Autoconhecimento e reconhecimento de si e do outro. Estabelecer parceria.

Escuta: Apoiar-se nas categorias da interdisciplinaridade: desapego e humildade. Ouvir mais e opinar menos possibilitando que o outro se abra para falar sobre suas necessidades e expectativas e também, posteriormente, ouvir. Tentar encontrar pontos e ideias em comum.

Apresentação: Expor os fatos e a proposta mostrando clara e objetivamente os pontos definidos pelas partes. Resgate da importância do silêncio e do saber ser ouvinte.

Conscientização: Momento para esclarecer as dúvidas. Respeitar as razões do outro. Apresentar seu ponto de vista expondo argumentos factíveis. Apresentar dúvidas potenciais. Tentar conquistar a confiança do outro com razões verdadeiras. Acolhimento e respeito.

Flexibilização: Esclarecer na proposta a possibilidade de pontos reversíveis. Pertencimento.

Registro: Registrar as atividades para se possa refletir sobre a prática e retomar ações durante o percurso.

Uma negociação interdisciplinar inspira-se no silêncio e respira no respeito. É como se fossem fractais,[19] com milhões de formas dife-

---

19. Fractais são objetos gerados pela repetição de um mesmo processo recursivo, apresentando autossemelhança e complexidade infinita. Diferentes definições de fractais surgiram com o

rentes, porém parecidos. Pois não basta ter dimensão fracionária para ser um fractal. É preciso que o objeto seja autossemelhante: suas partes devem se parecer muito entre si e representar o todo. Essa é a negociação que defendo: pessoas autossemelhantes onde suas partes se pareçam muito entre si e que juntas busquem em construção coletiva, o todo.

REFERÊNCIAS

FAZENDA, I. C. A. (Org.). *Didática e interdisciplinaridade*. São Paulo: Papirus, 1998.

RICOEUR, P. *Percurso do reconhecimento*. São Paulo: Loyola, 2006.

SILVA, A. R. A. *Negociação interdisciplinar*. Dissertação (Mestrado em Educação/ Currículo) — Pontifícia Universidade Católica, São Paulo, 2012. Disponível em: <http://www.sapientia.pucsp.br/tde_busca/arquivo.php?codArquivo=14096>.

aprimoramento de sua teoria. A noção que serve de fio condutor foi introduzida por Benoît Mandelbrot através do neologismo "fractal", que surgiu do adjetivo latino *fractus*, que significa "irregular" ou "quebrado". Disponível em: <http://www.fractarte.com.br/artigos.php>. Acesso em: 4 out. 2011.

OLHAR

Dirce Encarnación Tavares

Quem não compreende um olhar tampouco
compreenderá uma longa explicação.

Provérbio árabe, citado também por Mário Quintana

Neste texto, busco uma aprendizagem que vem sendo esquecida neste período que denominamos de modernidade ou contemporaneidade: o exercício do olhar. Busco restaurar, em poucas palavras, o que um olhar muito tem para ser explicado. Entendendo que para compreender o olhar é preciso, primeiramente, exercitar.

Taylor (1997, p. 11) informa que para compreender o mundo contemporâneo, é necessário fazer um exercício de restauração. Vivemos num momento de descartabilidade. Descartamos tudo, como bens de consumo, ideias, amizades, mas também descartamos um bem precioso: as pessoas. Quando renegamos o ser humano, passamos a não mais entendê-lo, pois deixamos de olhá-lo. Ao perdermos esse meio de comunicação pelo olhar, vários outros aspectos também entram em crise, como os relacionamentos, a afetividade, o respeito, o amor, a humildade e a própria observação. O que é observar? Chaui (1988, p. 33) responde que: "é o olhar atento de quem quer ver". É educar o olhar para enxergar além das aparências, é acompanhar o movimento, contemplar e examinar o mundo do desconhecido (Tavares, 2008, p. 166).

Penso no olhar como a forma mais ampla de ver o mundo, penso como uma aprendizagem que se constrói desde o momento da fecundação. Quando os pais, mesmo sem ver a criança, sabem que ela está lá, conversam, cantam, acariciam e a percebem como um ser, e que não importa quando venha ao mundo, porque ela já faz parte dele.

Quando a criança nasce, o que vê? Vultos de pessoas que fazem parte de sua história já outrora em construção. Estes não percebem a beleza de fazer parte dessa história. Não só eles não percebem, mas isto passa também despercebido pela grande maioria dos educadores. A criança já tenta ao nascer acompanhar esses vultos com os olhos e vai aprendendo a leitura do olhar que para o adulto não é mais perceptível. Com isto, a criança tem esta percepção bastante aguçada, vai deixando de entender o que os pais querem transmitir com o olhar. E é aí, mais tarde, quando seus olhos se abrem para o mundo e a criança começa a descobri-lo, percebe que nem tudo é encantamento, fantástico, maravilhoso. Sem um olhar mais aprimorado, os educadores têm dificuldades de explicar, por outro lado, que nem tudo é assombro, espanto e temível.

Nietzsche (*apud* Rubem Alves, 2010), certa vez, disse que a primeira tarefa da educação é ensinar a ver. É a primeira tarefa porque é através dos olhos que as crianças pela primeira vez tomam contato com a beleza e o fascínio do mundo. Os olhos precisam ser educados para que a alegria e a criatividade aumentem. Os olhos das crianças não veem a fim de perturbar ou de discriminar. Seu olhar não tem nenhum objetivo prático. Elas veem porque é divertido, é prazeroso ver.

Para Gaiarsa (2000), as crianças entre 4 e 5 anos já têm a passagem do visual para o verbal. A criança vê melhor que o adulto, mas aos poucos vai limitando sua visão pelo preconceito social: não pode dizer tudo o que percebe, sente e vê. Cegar o indivíduo é uma arma da sociedade autoritária para que ele nunca mais encontre o caminho. Então passamos a nos comportar como se fôssemos cegos. O olhar da consciência utiliza-se dessa ferramenta como exigência social perigosa e vai se reprimindo. Muitas vezes, o indivíduo vai adquirindo neuroses, que nada mais são do que a rigidez do comportamento, ou seja, o medo de mudar. Porém, a escolha entre o enfrentar e o fugir é um dos segredos da sabedoria da vida.

Os educadores precisam ter cuidado com suas atitudes. Elas são mais que formas de estar no mundo. O tipo de vida modela o corpo. Não existe uma única atitude ou postura, mais várias. Se não refizermos nossas atitudes e gestos, não mudará nada em nós mesmos. Na lei de Newton diz que "toda ação produz uma reação igual e contrária". Para nós: ação é o gesto e a reação é a postura. Postura é o modo individual de nos opormos à gravidade, ou seja, de mantermos o equilíbrio. Postura é a raiz de meu modo de estar no mundo. Ao fazer a leitura corporal de alguém, com os nossos olhos, convém separar a posição postura das expressões do rosto. O rosto está no aqui e no agora. Não é na expressão do olhar, mas na direção do olhar que o indivíduo se compromete. Muitas vezes, os nossos olhos querem olhar coisas que não precisariam olhar e deixam de olhar o que deveriam olhar.

O homem é um animal visual, não é porque ele vê melhor do que os outros animais, mas porque os nervos óticos, ao entrar no cérebro, controlam, ligam-se ou exercem influência sobre quase todo o cérebro. Isto só acontece com o homem, por isso o sentido de defesa do homem é mais aguçado para agir em qualquer ameaça. Não conhecemos nossas próprias defesas, pois elas se alteram por uma série de fatores.

O cérebro é composto de 2/3 de olhar, mais 2/3 de motricidade. É uma máquina perfeita para imitar, porque o cerebelo, órgão exclusivo motor, tem mais neurônios que todo o resto do cérebro.

Historicamente, quando Sigmund Freud, considerado o pai da psicanálise, no século XIX, cria o instrumental do divã, afastando o olhar, traz para o nosso mundo moderno uma forma de explicar que não convém dizer o que estamos vendo no outro, basta ouvirmos a nós mesmos.

Mas o que é um olhar? Por que o olhar é tão importante? Os olhos são peças anatômicas assustadoras em si mesmas que guardam mistérios incalculáveis. Fica evidente que o olhar não se encontra somente nos olhos. Quando olhamos algo ou alguém, o vemos com todo o nosso ser. Nosso rosto se modifica, nosso corpo se altera e, numa postura total e interdisciplinar, nosso rosto busca ir desvendando todo o mistério do olhar.

O olhar tem um poder transformador. Pessoas que deixam de se olhar impedem que os outros também as olhem e isto obscurece os relacionamentos, levando a situações desastrosas das mais variadas possíveis. Jung (*apud* Gaiarsa, 2000) diz que quem não se envolve não se desenvolve. O olhar é, para o ser humano, um dos meios mais eficientes de se aproximar do outro e de conquistá-lo.

É com o olhar que se desenvolve a empatia. Para criar a empatia com alguém, basta utilizar a técnica de olhá-lo e a imitá-lo. Logo, vemos que o outro também passa a nos olhar. Por isso que se diz que empatia é se colocar na pele de alguém. Já a simpatia, cuja essência é *sim-patos*, é sentir junto, sem arremedá-lo.

Veja essa deliciosa descrição da mãe ensinando o filhinho a andar, mencionado por Alves (2010): "Quando a criança aprende a andar, a mãe não discorre, nem demonstra, ela não ensina a andar, ela não representa (não anda diante da criança)". A mãe sustenta, encoraja, chama (recua e incentiva). Ela monta a cena: a criança olha a mãe e a mãe demonstra pelo seu rosto que deseja o andar da criança. É o desejo manifestado pelo olhar de que a criança ande. Desejo que assume forma sensível no rosto da mãe ou do pai que incita a criança ao aprendizado dessa coisa que não pode ser ensinada nem por exemplo e nem por palavras.

O fato é que somos marcados pela cultura, pela correria do mundo moderno a não prestar atenção nos nossos olhos. Ele é mais importante do que os cursos que fazemos, que a profissão que escolhemos. O olhar tem o poder para despertar e para intimidar a inteligência. "O olhar é um poder bruxo!", diz Alves (2010). A criança de olhar amedrontado e vazio, de olhar distraído e perdido não consegue aprender. Grande parte delas já foi enfeitiçada pelo olhar repressor do professor, dos pais ou da sociedade. Precisamos cuidar de nossos olhos... Esse olhar discriminador, repressor, maldoso tem o poder de fazer a inteligência de uma criança florescer ou murchar. Ela continua lá, mas se recusa a sair para a aventura de aprender. Muitas pessoas comentam traumas familiares e escolares, sofridos quando mais jovens e repercutindo em suas vidas até a velhice. Sente medo dos olhares manipuladores, vazios ou sem vida, como também dos olhares perversos e reprovadores até hoje. Por isso, muitos carregam o medo de não conseguir ensinar ou aprender. Recusam-se a olhar.

Quantas vezes estamos andando pelas ruas e, intuitivamente, percebemos que alguém está nos olhando. Ao virar rapidamente, o outro disfarça o olhar. Ou, nos forçando a não direcionar o nosso olhar, ocorre que, repentinamente, somos afetados em todo o nosso ser. Que modificações essenciais aparecem em toda a nossa estrutura... Muitas vezes, não vemos o rosto da pessoa que está nos olhando, mas os passos nos informam de que há olhos que nos observam ou vemos uma câmera, que entendemos que por trás tem olhos nos acompanhando. Perdemos nossa naturalidade. Olhos que não vemos — mas sabemos sem ver — estão nos olhando e provocando alterações em todo o nosso corpo, em todo o nosso ser.

Cremos que o olhar produz alterações no corpo das pessoas. O olhar tem poderes energéticos. É um poder bruxo. O olhar tem o poder da conquista, do medo, da raiva, da ternura, da compaixão, do desejo, da solidão...

Quando aprendemos olhar, as coisas não mudam de lugar, mas damos novos valores a cada uma delas. Não se aprende ou se ensina sem educar o olhar. O ato de ver não é algo natural, precisa ser aprendido durante toda a vida e é aí que os olhos do olhar vão se abrindo para as múltiplas direções. Portanto, educar o olhar possibilita enxergar além das aparências, é acompanhar o movimento, é contemplar e examinar o mundo do desconhecido. Não se vê, se analisa ou avalia somente com o pensamento, mas com a emoção, com a percepção, com o físico, ou seja, com todos os sentidos, com o ser total (Tavares, In: Conceição, 2011, p. 115).

Assim sendo, com o passar dos anos, o educador deve aprimorar a forma de olhar. Tanto o olhar interior, para dentro do ser, quanto o olhar exterior: para as coisas e para as pessoas que estão ao seu redor, como, também, para a imensidão do mundo. Importante desenvolver a Pedagogia do Olhar, para não perder a essência de ver, enxergar e abraçar a sala de aula com os olhos, antes de trabalhar conteúdos e habilidades. Essa atitude permite um melhor desenrolar de todo o processo de ensino e de aprendizagem, possibilitando um aconchego com o conhecimento.

Não vemos o que vemos, porque só conseguimos ver o que está dentro de nós. Vemos o que somos. Por isso para ver é preciso ser. Só assim conseguimos ver o que está no horizonte do invisível, porque a paisagem do horizonte está dentro da alma. Isso é um mistério indizível. O ato de olhar e observar são a única chave que abre a porta desse mistério.

São poucos os que conseguem olhar e discernir a beleza invisível. São poucos os que conseguem olhar e se encantar com a magia de estar no mundo. Portanto, se pudéssemos deixar um recado, diríamos: se podes olhar, vê. Se podes ver, repara, enxergue os detalhes, pois são eles que transformarão sua vida.

REFERÊNCIAS

ALVES, Rubens. *Educação do olhar.* Disponível em: <http://rubemalvesdois.wordpress.com/2010/08/>. Acesso em: 20 set. 2013.

CHAUI, Marilena de S. Janela da alma, espelho do mundo. In: NOVAIS, A. (Org.). *O olhar.* São Paulo: Companhia das Letras, 1988.

GAIARSA, José Ângelo. *O olhar*. São Paulo: Gente, 2000.

JUNG *apud* GAIARSA, José Ângelo. *O olhar*. São Paulo: Gente, 2000.

NIETZSCHE *apud* ALVES, Rubens. *Educação do olhar*. Disponível em: <http://rubemalvesdois.wordpress.com/2010/08/>. Acesso em: 20 set. 2013.

TAVARES, Dirce Encarnación. *A presença do aluno idoso no currículo da universidade contemporânea*: uma leitura interdisciplinar. Tese (Doutorado em Educação/Currículo) — Pontifícia Universidade Católica, São Paulo, 2008.

_____. A educação dos sentidos não tem idade. In: CONCEIÇÃO, Maria Helena E. da et al. *Uma vivência interdisciplinar na educação dos sentidos*. São Paulo: Ícone, 2011.

TAYLOR, Charles. *As fontes do SELF*: a construção da identidade moderna. São Paulo: Loyola, 1997.

PACIÊNCIA E PRUDÊNCIA

Marilda Prado Yamamoto

> *Tenho o tempo do mundo, diante de mim e a consciência de uma finitude objetiva, um dilema existencial, que só pode ser enfrentado no dia a dia da prática social. Tenho o tempo da alma da minha própria existência subjetiva — aquela a que podemos chamar de temporalidade.*

A interdisciplinaridade reafirmada por Fazenda (1995), e em diversas oportunidades de encontros no GEPI (Grupo de Estudos e Pesquisas em Interdisciplinaridade), é uma categoria de movimento e ação. Quem a pratica e apreende o seu significado, deve pôr-se em constante e vigilante ação, para construir a parte do arcabouço de conhecimento que ainda não se tem — o novo, o transformador.

Categoria de ação! O que isto quer evidenciar? A eclosão de um projeto que não deixa de ser uma figura *a priori* com características vagas, expressando "o que quero conseguir?", "será que conseguirei?".

O certo é que as pessoas buscam nos seus contextos interativos com afinco materializar aquilo que aspiram, construindo suas intenções para um "projeto de vida". Pela grandiosidade da expressão e o que ela encerra, há de se alinhar o tempo existencial (da alma, dos sentimentos e significados) com o tempo operatório (o do relógio, da cronologia, dos eventos e circunstâncias). Estas duas modalidades "de um mesmo tempo, o tempo vivido" (Boutinet, 2002, p. 27) representam o "avatar[20] individual e coletivo e um desejo primitivo de apropriação" (Bueno, 1966, p. 154).

Não há limites fixos,
O tempo não permanece imóvel,
Nada dura,
Nada é final

Morgan (1996, p. 113)

Esta figura, às vezes vacilante, toma forma como categoria de ação interdisciplinar e "holomovimenta-se"[21] (Bohm *apud* Morgan, 1996, p. 239) da inconsistência para a concretização, do receio para a coragem do enfrentamento do andar pela superfície para as profundezas do oculto, concretizando a autonomia buscada pelo indivíduo.

Bronfenbrenner (1996), em sua Teoria Bioecológica do Desenvolvimento Humano,[22] acredita que este indivíduo, por ele denominado Pessoa, se desenvolve ao longo de todo o seu curso de vida. Influenciado pelo Contexto, enfrenta e cria Processos relacionais constantes em um Tempo determinado.[23] Este tempo, cronológico e operatório,

---

20. Avatar: "nome dado na Índia às encarnações de um deus, sobretudo às de Vixnus" (Bueno, 1966, p. 154). No texto, a expressão é usada como uma metáfora que guarda o sentido de transformação.

21. Bohm (*apud* Morgan, 1996, p. 239) usa o termo holomovimento ou holofluxo "para expressar a natureza fluente e indivisível da ordem implícita que fornece força geradora para formas explícitas. Estas formas, analogamente ao rio descrito por Heráclito, têm uma aparência de estabilidade, embora estejam sustentadas por fluxo e mudança".

22. A Teoria Bioecológica do Desenvolvimento Humano, proposta por Bronfenbrenner (1996), considera a trajetória de vida do sujeito como um processo complexo, que envolve uma trama de relações, para além daquelas vivenciadas por sua dimensão biológica. A pessoa que se desenvolve percorre vários processos interativos em contextos variados e em tempos circunstanciais. Por isso, a abordagem bioecológica do desenvolvimento humano considera as dimensões Pessoa-Processo-Contexto-Tempo.

23. Bronfenbrenner (1996) acredita que o Desenvolvimento Humano não é uma circunstância passageira e pontual. Trata-se de um processo constante e contínuo dentro de um tempo — o tempo permanente de inter-relação da pessoa com pessoas, objetos, símbolos, atividades do seu mundo imediato e outros não imediatos num movimento de reorganização e reestruturação desse universo vivenciado, que se constitui em momentos de trajetória pessoal.

movimenta-se em direção ao tempo existencial, criando uma trama de relações subjetivas a partir da objetividade do momento real.

Só se encontrando com a interdisciplinaridade pode-se participar da vivência coletiva de um projeto interdisciplinar. Quanto mais pessoas se apropriarem de diferentes saberes, mais se aprimora o saber próprio e, consequentemente, a construção paciente e prudente do autoconhecimento. Como diz Fazenda (1995, 2001): "perceber-se interdisciplinar é o primeiro momento em direção ao fazer e pensar interdisciplinar".[24]

A ciência — e o conhecimento, por conseguinte — só se realiza na medida em que o Homem pensa sobre ela, estabelece relações e a faz e refaz constantemente. Ora, pensar a Interdisciplinaridade exige, necessariamente, pensar sobre o Homem que interage com o conhecimento, com outros homens em contextos, espaços e tempos diferenciados.

É, portanto, um desafio de enormes proporções o olhar multifocal para investigar aquelas interações dinâmicas e multifacetadas que resultam da relação pessoa-processo-contexto-tempo (Bronfenbrenner, 1996) em mudança e continuidade que podem representar (ou que representam) as condições de maturação[25], experiência e consequentemente de agregação de transformações em cada comportamento, ou diga-se: desenvolvimento humano.

Aqui se coloca outra grande questão para a interdisciplinaridade: falar ou investigar o desenvolvimento humano é penetrar num território de grande extensão, mas nem por isso desértico. Exige, sim, generosidade e compreensão, abertura para o novo, ultrapassagem das áreas cinzentas do conhecimento, para que ele flua além dos limites herméticos de cada ciência, criando-se acima do que já foi criado e, fundamentalmente, a coragem para lançar um olhar em camadas.

Este olhar apresenta a "marca registrada" (Fazenda, 2001) do pesquisador. É a partir dele que se descobrem as metáforas da pesqui-

---

24. Colocação feita em sala de aula, sistematizada em registros de memória em 10 de novembro de 2010 (PUC-SP).

25. Maturação é aqui entendido como os processos de amadurecimento e de sistematização que compõem as etapas do curso de vida da pessoa em desenvolvimento.

sa, aquelas que traduzem o processo e o empenho do ato de investigar. É o olhar sobre si mesmo, sobre o outro, sobre o objeto, sobre as circunstâncias, sobre a realidade e sobre o próprio cotidiano que dá vida e colorido à pesquisa.

Reconhecer e estimular com prudência a necessidade de trocas intersubjetivas entre pesquisador e pesquisado é construir com paciência os confetos[26] de que nos fala Gauthier (2004).

O holomovimento interdisciplinar é instigativo e inquietador e necessita da paciência para a concretização do conhecimento contextualizado e momentaneamente datado, fazendo com que se projete o olhar em camadas interdisciplinar, que vendo e lançando-se em múltiplas direções, expressa a necessidade de buscar na prudência a atitude de cautela de que nos fala Descartes (1999, p. 40):

> Porque não basta ter o espírito bom, o principal é aplicá-lo bem. As grandes almas são capazes dos maiores vícios, como das maiores virtudes, e os que andam lentamente podem avançar muito mais, se seguirem sempre o caminho direito, do que os que correm e dele se afastam.

Diante dessas ideias, é indispensável articular-se o diálogo na perspectiva de uma interação sistêmica que envolve: espera, parceria, reciprocidade e comprometimento, cúmplices no desvendamento de novos saberes e na procura constante do alargamento epistemológico e conceitual. Constrói-se o deslocamento do olhar para o não previsível, para o inédito, para o inesperado. Descobre-se a natureza da ação interdisciplinar, sempre geradora de novos movimentos, colocando à tona:

> [...] a ordem implícita (ou encoberta), distinguindo-a da ordem explícita (ou exposta) que se manifesta no mundo ao nosso redor [...]. O mundo se cobre e se descobre de um momento para outro momento (em que a palavra *momento*, origina-se da palavra *movimento*) como uma forma de unidade pulsante. (Morgan, 1996, p. 239-240; grifos do autor)

26. Para Gauthier (2004), a metáfora confetos foi construída pela associação entre conceito e afeto. Tal realidade só pode ser construída por meio de trocas objetivas e subjetivas entre pesquisador e pesquisados.

Assumindo-se a atitude interdisciplinar movimentam-se sistemicamente os atributos da coerência, da humildade, do respeito e do desapego, presentes na paciência e na prudência, numa relação de reciprocidade causal que se encaminham para o exercício da espera vigiada e da escuta sensível.

Etimologicamente, a palavra *paciência* vem do latim *patientia* do termo *pati* que significa sofrer, aguentar o sofrimento (Bueno, 1966, p. 2817). A longanimidade expressa na firmeza de ânimo nos jogos de linguagem pode ser transportada para culturas diferentes: paciência dos beneditinos ou paciência de Job (na Bíblia Sagrada que se expressa, na linguagem cotidiana, como paciência de Jó). De qualquer forma incute-se a ideia de "tenacidade, calma, cujas dificuldades só podem ser resolvidas com aturada atenção" (Bueno, 1966, p. 2817).

Assim, a paciência se abre ao olhar do outro e de outros — o olhar em camadas frente à provisoriedade da verdade, do pensamento complexo que conduz à percepção de diferentes pontos de vista, incitando a troca entre saberes para a construção do conhecimento novo.

A paciência é generosa e humilde e se na prosódia o seu significado contém o sentido ambíguo de resignação, como categoria de ação interdisciplinar ela é perseverante e obstinada. O seu ar de resignação (que nada tem de resignado) é a insistente e contumaz prática reflexiva com o "trabalho do espírito, tanto na essência, como no momento posterior a ela" (Perrenoud, 2002, p. 37) para vencer obstáculos epistemológicos (Bachelard, 1996).

É a inteligência pondo em movimento saberes e conhecimentos pertinentes a uma ação prudente. A prudência, etimologicamente do latim *prudentia*, qualidade do *prudentem,* contém e está contida na paciência. Elas trocam entre si íntima relação de reciprocidade. Amasiam-se à espera do tempo de maturação, espera esta que se faz vigiada e assenta-se num paradigma de vida decente. De que vale o conhecimento se ele não produzir melhor qualidade de vida e desenvolvimento para as pessoas e comunidades?

Paciência e prudência constituem-se princípios fundantes da atitude interdisciplinar. Ambos conduzem o sujeito a uma observação mais atenta da realidade e de si próprio. Holomovimentam-se rumo ao desconhecido, sobre o conhecimento ainda não desvelado e sobre o sujeito ainda não revelado. Procuram a verdade. Coerentemente, esperam o tempo de maturação.

> A busca da verdade — para falar muito simplesmente, acha-se, por sua vez, atraída por dois polos: de um lado, uma situação pessoal, de outro, um desígnio na direção do ser. De um lado, tenho algo a descobrir por minha conta, algo que ninguém, senão eu, tem a tarefa de descobrir; se minha existência possui sentido, se não é algo em vão, tenho uma situação no ser que é um convite à proposição de uma questão que ninguém pode efetuar no meu lugar [...]. (Ricoeur, 1968, p. 54-55)

É a construção do conhecimento que, ao considerar as condições de possibilidade, pertinência e totalidade, torna-se projeto de vida. Assim, a prudência é tornada como virtude para que o homem — o humano — se desenvolva e seja feliz.

Um projeto de vida pautado no respeito, na coerência, na humildade, no desapego e na espera caminha em direção ao conhecimento de si mesmo. É um percurso árduo e não menos desafiador. É um movimento de idas e vindas, de dúvidas e verdades, de luzes e sombras, de vozes e silêncio. É um percurso próprio de um saber-ser interdisciplinar, aparentemente simples, mas absolutamente complexo e não linear.

E nesta toada, as competências interdisciplinares[27] (Fazenda, 2001) se fazem pacientes e prudentes para por em ação a sua natureza intrínseca "governante iluminado e prudente e bom general contrário à ação irrefletida" (Sun-Tzu, 2008, p. 80).

---

27. Fazenda (2001, p. 25-26) distingue quatro tipos diferentes de competências: "[...] Competência intuitiva: própria de um sujeito que vê além de seu tempo e espaço [...]; Competência intelectiva: [...] Analítico por excelência, privilegia todas as atividades que procuram desenvolver o pensamento reflexivo [...]; Competência prática: [...] a organização espaço-temporal é seu melhor atributo [...]; Competência emocional [...]: trabalha o conhecimento sempre a partir do autoconhecimento [...].".

REFERÊNCIAS

BACHELARD, G. *A formação do espírito científico*: contribuição para uma psicanálise do conhecimento. Tradução de Estela dos Santos Abreu. Rio de Janeiro: Contraponto, 1996.

BOHM *apud* MORGAN, G. *Imagens da organização*. São Paulo: Atlas, 1996.

BOUTINET, J.-P. *Antropologia do Projeto*. 5. ed. Porto Alegre: Artmed, 2002.

BRONFENBRENNER, U. *A ecologia do desenvolvimento humano*: experimentos naturais e planejados. Porto Alegre: Artmed, 1996.

BUENO, F. S. *Grande dicionário etimológico-prosódico da Língua Portuguesa*. São Paulo: Saraiva, 1966.

DESCARTES, R. *Discurso do método*. Trad., prefácio e notas João Cruz Costa. Rio de Janeiro: Edições de Ouro, 1999.

FAZENDA, I. C. A. *Interdisciplinaridade*: história, teoria e pesquisa. Campinas: Papirus, 1995.

______ (Org.). *Dicionário em construção*: interdisciplinaridade. São Paulo: Cortez, 2001.

GAUTHIER, J. Z. A questão da metáfora, da referência e do sentido em pesquisas qualitativas: o aporte da sociopoética. *Revista Brasileira de Educação*, Campinas, n. 25, p. 127-142, jan./fev./mar./abr. 2004.

MORGAN, G. *Imagens da organização*. São Paulo: Atlas, 1996.

PERRENOUD, P. *A prática reflexiva no ofício de professor*: profissionalização e razão pedagógicas. Porto Alegre: Artmed, 2002.

RICOEUR, P. *História e verdade*. Rio de Janeiro: Forense, 1968.

SUN-TZU. *A arte da guerra*: os treze capítulos. Tradução de Pedro Manoel Soares. São Paulo: Ciranda Cultural, 2008.

PARADIGMA

Ana Luíza Xavier Strang

O que se busca aqui não é constituir ou teorizar sobre os paradigmas que embasam a interdisciplinaridade, uma vez que Fazenda já definiu que ela, a inter, é antiparadigmática. Concordo com esta afirmação, pela convicção de que a Inter é uma atitude e como tal está ancorada no campo das crenças, valores e até mesmo da ideologia, originária do campo das ideias e da filosofia.

O objetivo é instigar o leitor a buscar reconhecer nos campos do conhecimento onde estiverem atuando, ou mesmo, interdisciplinando, quais são os paradigmas reinantes.

Nos dicionários, encontramos o verbete *paradigma* como sinônimo de padrão, exemplo, modelo.

Em ciência, após Thomas Kuhn, vamos ter uma posição mais ousada e, à época, até controversa, em que *paradigma* é apresentado como o conjunto das conclusões fundamentais a respeito da natureza do mundo. Afirma Kuhn que um campo só é ciência ao dispor de um paradigma.

Uma revolução científica sempre ocorre quando há uma mudança de paradigmas, como foi a revolução copernicana ou científica: Copérnico ocupa o lugar do paradigma ptolomaico de que a terra era o centro do universo conhecido.

Pensar em paradigmas científicos atuais à luz da interdisciplinaridade é similar a pensar em matéria e energia. Difícil dissociar um do outro.

Durante o século XX, todas as ciências passaram por enormes transformações, pois as bases paradigmáticas do conhecimento foram questionadas quando Einstein formulou a teoria da relatividade e Freud repensou o funcionamento do psiquismo humano.

Mas a cabeça humana no século XX ainda era newtoniana. Fomos todos ensinados a pensar no "se *y*, então *z*". Fomos todos formados a acreditar na isenção do observador. A elaborar nossas teses a partir de uma metodologia que pudesse ser controlada, pois necessariamente precisaria ser reproduzida, de preferência em laboratório. A Psicologia passou anos lutando para se provar ciência. E dá-lhe de fazer os ratinhos se submeterem a experimentos que dessem credibilidade a um conhecimento que vinha por outras fontes. E por aí fomos, sendo formados com afirmações baseadas em paradigmas científicos que já haviam sido mudados! Daí ser tão importante, para esta geração, a desconstrução: precisamos rever e refazer tudo o que foi construído em nós, sempre.

No entanto, paralelamente a este esforço de manter as ciências ditas humanas sob controle, as ciências ditas exatas galgavam outros caminhos e iam absorvendo os novos conceitos vindos da física einsteiniana.

Aos poucos, alguns foram se dando conta de que coisas novas e diferentes estavam acontecendo e buscaram novos caminhos. A maioria deles pagou um preço alto por ter aberto seus olhos e suas cabeças antes dos demais. Até hoje muitos ainda estão sem querer rever suas posições. O mais grave é que as mudanças ocorridas na segunda metade do século XX são de tal monta que certamente causam um enorme distanciamento entre as gerações.

Para dar mais clareza ao que desejo dizer, vamos examinar as mudanças de paradigmas na educação (Ferguson, 1980) influenciada pela constatação de que não há mais verdades absolutas, mas apenas verdades parciais e relativas ao ponto — de vista ou de vivência, no espaço, ou no tempo — do observador.

Antes	Depois
• Ênfase no conteúdo	• Ênfase no aprender como aprender
• Aprendizado como produto	• Aprendizado como processo
• Relação hierárquica e autoritária	Relação igualitária. Sinceridade e divergências permitidas
• Estrutura rígida	Estrutura flexível
Currículo determinado	Caminhos alternativos
Desencorajamento de dúvidas e de pensamentos divergentes	Estímulo às dúvidas e divergências em função da criatividade
• Ênfase no pensamento analítico linear	Ênfase na confluência e fusão do pensamento linear e do não linear
Uso do lado esquerdo do cérebro	Uso dos dois lados do cérebro
• Preocupação com normas	Ocupação com a realização do potencial
Busca de estabelecer limites	Busca de superar limites

Vivemos estas mudanças durante o século XX, com Dewey, Montessori, Piaget, Lourenço Castanho, Paulo Freire, Joel Martins, para citar apenas alguns nomes.

Mas a ciência continuava se questionando e fazendo novas descobertas. Uma após outra, de tal forma que foi e é difícil até acompanhar. O surgimento de especialistas foi uma consequência inevitável. Cada vez mais os profissionais eram induzidos e estimulados a entender de sua área de conhecimento. Postura terrível, pois se perdia a noção do todo exatamente quando ele era mais necessário, pois o pensamento holístico volta com muita força, em alguns grupos acadêmicos.

Esta nova base para o entendimento do mundo estava coerente com o caminhar da física que elaborava a teoria de sistemas. O mundo podia ser visto como um todo interligado e só assim haveria uma possibilidade de que fosse salvo da humanidade, que cada vez mais se apropriava dele e o consumia.

Como um todo, a humanidade ainda parece estar surda a toda esta caminhada. Por outro lado, sabemos que a evolução está aí. Hoje vivemos conectados e plugados às redes sociais. Movimentos sociais acontecem a partir destas conexões.

É neste contexto que a Interdisciplinaridade ganha corpo e força, pois ela traz para a prática das relações de ensino-aprendizagem o espaço de reflexão, ela se torna o fio condutor que liga os vários campos do conhecimento, não por sobrepor-se em conhecimento, mas por difundir a postura de respeito, escuta, reconhecimento das experiências do outro e da vida do outro. É por meio desta atitude que fica possível a convivência entre os diferentes. E é só na convivência produtiva entre os diferentes que podemos ter o desenvolvimento real, que considera vários pontos de vista, várias contribuições de diferentes campos do saber.

Se partimos da segunda coluna da tabela anterior como base, podemos verificar que a situação atual da Educação pode ser assim colocada, à luz dos novos paradigmas das ciências.

Depois	Atual
• Ênfase no aprender como aprender	Ênfase na construção coletiva do aprendizado.
• Aprendizado como processo	Aprendizado como processo de um trabalho grupal, mais do que no individual.
Relação igualitária. Sinceridade e divergências permitidas	Relação de reconhecimento do outro e de suas contribuições.
Estrutura flexível	Estruturas diversas, incluindo as circulares e as em rede.
Caminhos alternativos	Caminhos aleatórios.
Estímulo às dúvidas e divergências em função da criatividade	Estímulo também às reflexões e descobertas advindas da própria vida.
Ênfase na confluência e fusão do pensamento linear e do não linear	Ênfase no pensamento explorador e criativo, usando recursos do pensamento linear, do não linear e do caótico, dependendo da necessidade.
Uso dos dois lados do cérebro	Uso de diversas formas de inteligência.
Ocupação com a realização do potencial	Criação de situações para o surgimento e desabrochar dos potenciais individuais.
Busca de superar limites	Busca constante de autoconhecimento e superação de dificuldades individuais.

Ao parearmos a coluna ATUAL com os princípios da interdisciplinaridade podemos entender os motivos que fazem com que ela esteja cada vez mais sendo buscada por educadores, das mais diversas áreas do conhecimento, como possibilidade, não de propor uma solução, mas sobretudo de dar uma permissão para a ousadia necessária a práticas inovadoras que atendam as necessidades de um mundo onde a mudança é cada vez maior e que não pode conviver com respostas prontas.

REFERÊNCIA

FERGUSON, Marilyn. *A conspiração aquariana*. Rio de Janeiro: Record, 1980.

PERFORMANCE

Sonia Regina Albano de Lima

A performance musical traz em sua essência inúmeros conflitos aparentemente afastados de uma reflexão mais profunda por parte dos educadores. O caráter profissional e tecnicista atribuído ao ensino musical, por vezes, considera de somenos importância agregar em igual proporção o sentido estético, filosófico e sagrado que a obra musical detém.

Neste texto, proponho-me a descrever algumas diretrizes externas que se integram ao processo executório, com o intuito de se obter uma performance musical mais eficaz. Considero que a execução musical detém um significado prático (o fazer música) que não pressupõe a ocorrência de erros ou imperfeições interpretativas por parte do intérprete durante a execução, além de um amplo sentido espiritual que se incorpora à função estética a ela atribuída. Esse duplo significado pressupõe por parte do intérprete uma leitura mais interdisciplinar do fazer musical.

A obra musical só se completa na sua execução e nesse ato pressupõe um ouvinte capaz de se deixar levar por sensações e imagens que o afastam do tempo cronológico para conduzi-lo ao tempo da música e a sua semanticidade (Lima, 2011, p. 1).

Esta transcendência temporal não permite uma execução eivada de erros, sejam eles técnicos ou interpretativos. Qualquer ouvinte, ao se dirigir a uma sala de concerto, pretende vivenciar e se comunicar com o sagrado contido em cada uma das obras que serão interpretadas. Dessa maneira, o fazer musical detém dupla natureza: a física e a espiritual. Numa execução, o intérprete decifra não só a notação contida na partitura, como também a comunicação simbólica e estética que a obra musical agrega, expressada nas formas sonoras em contínuo movimento. Trata-se de uma temporalidade ativa e presentificada.

A execução musical continuadamente reevoca e ressignifica a produção musical do mundo e exige o equilíbrio pleno entre a objetividade notacional inscrita na partitura, a subjetividade interpretativa, o respeito à tradição e o valor estético atribuído ao texto musical.

Para galgar esse padrão interpretativo não basta conhecer a linguagem musical; outros requisitos integram essa prática, entre eles, a aquisição de padrões executórios que se acumulam e se solidificam por meio da imitação, da repetição, da disciplina e da liberdade de escolhas interpretativas que o instrumentista vai adquirindo ao longo da sua carreira. Esses requisitos, aparentemente contraditórios entre si, convivem diuturnamente numa alternância que transcende a fragmentação epistemológica advinda da adoção de um ou outro padrão isolado. O aprimoramento técnico e a memorização corporal que se consubstanciam na repetição gradual dos modos de fazer, permitem ao instrumentista não só a produção de uma interpretação eficiente, mas também o acúmulo de vivências, prontas a interagir durante a execução.

A pesquisa sonora também se integra ao processo. É nesse agir contínuo e integrado que o intérprete compõe o seu estilo interpretativo, sua performance, formando um tecido musical que agrega a tradição performática às inovações possíveis, a sua própria personalidade e o sagrado contido na obra. Essa rede de conhecimentos envolvendo a prática interpretativa exige, por parte do intérprete, paciência, dedicação, amor à música, abdicação, exercício contínuo, constância e pesquisa. Não se cogita a existência de um intérprete ou de um músico que não tenha para si essas aptidões e o amor à sua arte.

Há na prática performática um compromisso com o fazer, com a tradição histórica, mas, também, um compromisso com a inovação, a transgressão, a ruptura, frente à evolução sociocultural e estética que circunscreve a humanidade. Também deve estar implícita nesta ação a formação humanista e cultural do intérprete que intermedeia a obra de arte e a profunda inter-relação deste músico com o mundo, seja no campo vivencial, seja no campo cognitivo.

A observância desses quesitos afasta o intérprete de um fazer puramente imitativo, fazendo com que a execução musical transcenda a sua natureza iminentemente tecnicista.

É no equilíbrio entre o processo executório e o desenvolvimento intelectual, espiritual e cultural do intérprete que reside a execução musical plena. Esses procedimentos trazem ao performer a segurança de manipular a sua arte com maestria e amor.

É certo que o trabalho performático alicerça-se quase que exclusivamente na repetição, na solidão dos estudos diários para obtenção de um padrão rítmico, melódico, motor e de memorização eficaz. A música como arte temporal exige um fluir rítmico e melódico constante. Sendo assim, inúmeros e exaustivos devem ser os exercícios que desmembram células rítmicas e melódicas no intuito de obter uma execução perfeita. Não de menor importância o estudo da teoria musical, percepção, harmonia, contraponto, história da música, análise musical, entre outras. São essas disciplinas que trarão ao aluno possibilidades interpretativas de maior alcance. Contudo, torna-se igualmente necessária a aquisição de um conhecimento filosófico, estético e artístico-cultural que proporcionará ao intérprete um senso crítico capaz de avaliar a real função e sentido da arte no mundo.

Um instrumentista que destina todas as horas do seu dia ao aprendizado técnico, dificilmente trará para a plateia a transcendência que envolve a obra interpretada. O músico não pode estar alheio ao mundo; as suas experiências de vida são igualmente importantes para o seu desenvolvimento artístico.

O físico Jorge Vieira vê a música como uma forma de conhecimento muito importante para a humanidade, uma vez que ela manifesta os sentimentos e as emoções humanas. Contudo, sua ação é bem diferenciada daquela atribuída ao pensamento científico. Diferentemente do cientista, o artista trabalha com as possibilidades do real. Ele tem acesso à realidade, mas não de maneira planejada, metódica ou intencional; ele é o que faz. É nesse fazer que reside a arte. Então, a arte é o estudo, a exploração das possibilidades da realidade, diferentemente da ciência que quer conhecer a realidade. Sob esse prisma, a arte parece ser bem mais importante que a ciência para a humanidade, pois é fundamental para um sistema vivo permanecer no tempo se ele souber avaliar as possibilidades do real. No entanto, ela não fica apenas no domínio das possibilidades, uma vez que permite não só avaliar como a realidade parece ser, mas como ela pode vir a ser:

> Imaginem o gavião que quer pegar o pardal. O pardal está voando e o gavião está voando. Ele tem que mergulhar para pegar o pardal. Vocês acham que ele vai mergulhar onde o pardal está? Se ele fizer isto, quando ele chegar naquele lugar, o pardal não vai estar mais ali. Ele tem que extrapolar a trajetória do pardal, prever qual a probabilidade, qual a possibilidade mais eficaz e mergulhar onde o pardal deverá estar. Se o pardal for esperto vai se desviar a meio caminho. Mas, em princípio, é isto que o gavião faz, ele extrapola possibilidades. Isto faz parte do processo de evolução e de sobrevivência de uma espécie. Nós, artistas, exploramos as possibilidades no real como estratégias de sobrevivência da nossa espécie. É o que nos cabe [...] Neste sentido, a arte, do ponto de vista evolutivo, [...] antecede o conhecimento científico. (Vieira, 2009, p. 20-1)

Assim sendo, é neste jogo temporal da cognição e nas possibilidades do real que se concentra a essência interdisciplinar da performance. Essa dimensão epistemológica é que deve nortear a ação do intérprete. Mais do que trabalhar a execução instrumental sob um prisma tecnicista, o performer deve estar integrado ao mundo, à cultura, ao sentido estético e filosófico de uma obra musical para transmitir a sua essência.

Como nos ensina Ivani Fazenda, um objeto pesquisado não se esgota nele mesmo, vivencia-se a possibilidade de se deixar conduzir por outras dimensões que não apenas as concretas, ou racionais, como, por exemplo, entre outras, a simbólica: "esse procedimento analisa o processo, a afetividade, o efeito da força e a força dos efeitos, as dimensões sociais e institucionais, as estratégias organizacionais, a articulação dos saberes, toda e qualquer proposição que tenha a diversidade como princípio" (Fazenda, 2001).

REFERÊNCIAS

LIMA, Sonia R. Albano. O tempo cronológico e a música. Universidade Aberta à Maturidade. *Jornal Maturidades* da PUC-SP. Menu: Com a palavra o professor. São Paulo: PUC-SP, 2011, n. 47, visita em 1º de janeiro de 2012, Disponível em: <http://www.pucsp.br/maturidades/com_palavra_professor/index_47.html>. Acesso em: 25 out. 2013.

LIMA, Sonia R. Albano. Pesquisa interdisciplinar na performance musical e na docência. *Musica Hodie*, revista do Programa de Pós-Graduação *Stricto-Sensu* da Escola de Música e Artes Cênicas da Universidade Federal de Goiás, Goiânia, v. 1, dez. 2001.

FAZENDA, Ivani C. A. *Diversidade cultural no currículo de formação de professores*: uma dimensão interdisciplinar. São Paulo. Manuscrito. Material não publicado, 2001.

VIEIRA, Jorge Albuquerque. Teoria do Conhecimento e Arte. *Música Hodie*, revista do Programa de Pós-Graduação de Mestrado em Música da Escola de Música e Artes Cênicas. Universidade Federal de Goiás, Goiânia, v. 9, n. 2, 2009.

RECONHECIMENTO

Ana Maria dos Reis Taino

Reconhecimento...

O tema desse verbete tem sua origem no Latim *recognoscere,* relembrar, trazer novamente à memória, examinar. Esta palavra se forma por re-, "de novo", mais *cognoscere*, que vem de *gnoscere*, "saber, tornar-se conhecido".[28]

A partir do contato com as ideias do Paul Ricoeur, quando do lançamento do seu livro *Percurso do reconhecimento,* em 2004, muitas vezes essa palavra foi dita e pesquisada.

É apontada no dicionário Michaelis como:

re.co.nhe.ci.men.to

s.m. (**reconhecer+mento**[2])**1** Ato ou efeito de reconhecer. **2 Psicol** Aspecto funcional da memória pelo qual a pessoa tem o sentimento de algo já experimentado ou conhecido. **3** Averiguação, exame, verificação. **4** Ato ou efeito de reconhecer como legítimo um governo ou um culto. **5** Confissão, declaração de um fato. **6** Galardão, prêmio, recompensa, retribuição. **7** Gratidão por um benefício recebido. **8** Ato pelo qual se reconhece a existência de uma obrigação. **9 Mil** Operação que tem por objeto obter informações sobre a posição do inimigo. **10 Náut** Galhardete que serve para reconhecer os sinais. **11 Dir** Ato pelo qual o tabelião autentica uma pessoa ou um determinado ato escrito, de natureza

28. Disponível em: <http://origemdapalavra.com.br>. Acesso em: 26 set. 2013.

privada. **12 Dir** Afirmação de alguém, em juízo, de que é verdadeira a sua assinatura ou o escrito que se lhe atribui. **13 Inform** Função de um programa gráfico que toma uma imagem de mapa de**bits**, processando-a para encontrar as bordas de suas formas, para depois convertê-las numa imagem que pode ser mais facilmente manipulada pelo computador. **Antôn** (acepção 7): **ingratidão. R. de firma:** ato pelo qual o notário público declara legítima a assinatura de outrem, dando-lhe o cunho de legal e fidedigna. **R. de texto manuscrito, Inform**: capacidade de um programa de reconhecer texto e convertê-lo em caracteres ASCII. **R. do filho ilegítimo:** ato solene e espontâneo pelo qual os pais declaram, ou somente um deles afirma, que determinado indivíduo provém da união ilegal de ambos; perfilhação.

Os muitos sentidos da palavra reconhecimento podem ser reduzidos a três ideias, conforme Ricoeur (2004, p. 27): "ligar imagens e percepções relativas a um objeto para distingui-lo, identificá-lo; considerar como verdadeiro e testemunhar gratidão, sentimento de reconhecimento que se experimenta ao recebermos benefícios de alguém".

Os vários sentidos destacados indicam a dificuldade de conceituar a palavra reconhecimento e de exercer o ato de reconhecer, isto é, de conhecer de novo, o conhecido. Procurou-se também o entendimento em Abbagnano (2003, p. 836), que destaca o reconhecimento como "um dos aspectos constitutivos da memória, porquanto os objetos lhe são dados como já conhecidos".

Com Benjamin, é considerada a própria experiência enquanto ação refletida, rememorada e compartilhada, que permanece para além do vivido (1994).

Na perspectiva hegeliana, reconhecimento refere-se a uma necessidade presente nas relações intersubjetivas e que se expressa nos conflitos humanos, desde a esfera da família (do amor), até a da sociedade civil (do direito) e do Estado (da solidariedade) (Hegel, 2003).

Este conceito, apesar de polissêmico e presente na linguagem comum, é muito discreto nas publicações filosóficas. O próprio filósofo aponta a inexistência de uma teoria do reconhecimento ao contrário da rica e complexa teoria do conhecimento.

Hegel estudou o reconhecimento a partir de um itinerário filosófico denominado percurso do reconhecimento proposto como um movimento de busca de sentido e constituído pelas etapas de identificação, de reconhecimento de si próprio e do reconhecimento mútuo (Ricoeur, 2004, 2006).

Como identificação, primeira etapa desse percurso, busca identificar a permanência de uma identidade, isto é, aponta o reconhecimento entendido como identificação, como distinção, pois para Ricoeur (2004, 2006) apoiado em Descartes, identificação é inseparável de distinção. Já com apoio de Kant, discute a influência do tempo nas representações, que aparece como ameaça, pois pode favorecer o esquecimento de pessoas, fatos e situações. Reconhecer é, portanto, distinguir uma identidade que permanece ao longo das mudanças (Ricoeur, 2004, 2006).

Dando continuidade a esse movimento de sentido, a próxima etapa — o reconhecimento de si mesmo — ocorre por meio de um percurso de alteridade, pois esse reconhecimento ocorre pela relação do eu com o outro. Como se reconhecer a si mesmo? Pergunta que Ricoeur (2004, p. 199) responde: "com a identificação da capacidade, do talento e da competência por si mesmo e pelo outro. Capacidade como prática social e construção da identidade coletiva".

A memória ocupa posição central nesse percurso do reconhecimento e é destacada como um tesouro, pois contém as imagens sensíveis, as lembranças apaixonadas, as noções abstratas, a memória de si mesmo, a possibilidade de reflexão sobre a memória e ainda o esquecimento visto como predador do tempo (Ricoeur, 2004, 2006).

Entrelaçam-se assim com a terceira etapa dessa trajetória, a do reconhecimento mútuo, em que a reciprocidade é fundamental, pois as pessoas querem ser reconhecidas na sua identidade pelo outro, que também quer o mesmo reconhecimento (Ricoeur, 2004, 2006).

Esse caminhar rumo ao novo é um caminhar rumo à atitude interdisciplinar proposta por Fazenda (2000), que se sustenta por esse reconhecimento, pois para atuar interdisciplinarmente é necessário ter humildade diante do próprio saber, se mostrar perplexo diante do novo, aceitar os desafios no redimensionamento do velho, de se envolver na construção de novos saberes, de dialogar com os pares e demais pessoas, enfim, de ações compromissadas e de reciprocidade. O entendimento do reconhecimento como pressuposto interdisciplinar contribui para a constituição de atitudes interdisciplinares conscientes.

Entretanto, esse reconhecimento, que envolve várias identidades multiculturais, não ocorre pacificamente, conflito e generosidade permeiam essa luta. Luta para o reconhecimento do amor, para o reconhecimento de um plano jurídico e luta para a estima social.

Mas o reconhecimento nem sempre é resultado de conflitos, pois valoriza o respeito e a gratidão por meio da dádiva, da reciprocidade e da solidariedade em espaços e tempo de paz, como propõe Ricoeur (2004, 2006).

Reconhecimento é, portanto, o fio que tece o processo de construção, desconstrução e reconstrução da atitude interdisciplinar por meio do olhar que espera e antecipa e da rememoração das lembranças, na leitura de imagens e na reflexão sobre a memória, pois reconhecer é encontrar em si, no outro e nos objetos os traços de uma consciência que os tornam familiares a nós, distinguindo e destacando o que lhe parece verdadeiro, entrelaçando conceitos, lembranças, imagens e experiência (Taino, 2008).

É o processo de pensar o passado e olhar para as promessas do futuro a partir do presente, como propõe Agostinho (2005).

Há assim necessidade de um tempo, tempo de espera, mas uma espera vigiada, de confiança, de esperança, de paciência, alimentada pela investigação, pelo estudo e pelas trocas intersubjetivas, como nos ensina Fazenda (2000).

REFERÊNCIAS

ABBAGNANO, N. *Dicionário de filosofia*. São Paulo: Martins Fontes, 2003.

AGOSTINHO, Santo. *Confissões*. São Paulo: Martin Claret, 2005.

BENJAMIN, W. *Magia e técnica, arte e política*: ensaios sobre literatura e história da cultura. 7. ed. São Paulo: Brasiliense, 1994.

FAZENDA, I. *Interdisciplinaridade*: história, teoria e pesquisa. 6. ed. Campinas: Papirus, 2000.

HEGEL, G. W. F. *Principes de la philosophie du droit*. 2. ed. Paris: PUF, 2003.

Reconhecimento. Disponível em: <http://michaelis.uol.com.br/moderno/portugues/index.php?lingua=portugues-portugues&palavra=reconhecimento>. Acesso em: 22 set. 2013.

RECONHECIMENTO. Site de Etimologia. Disponível em: <http://origemdapalavra.com.br>. Acesso em: 22 set. 2013.

RICOEUR, P. *Parcours de la reconnaissance*: trois études. Paris: Stock, 2004.

______. *Percurso do reconhecimento*. São Paulo: Loyola, 2006.

TAINO, A. M. R. *Reconhecimento*: movimentos e sentidos de uma trajetória de investigação e formação interdisciplinar. Tese (Doutorado em Educação/Currículo) — Programa de Pós-Graduação em Educação/Currículo da Pontifícia Universidade Católica, São Paulo, 2008.

RELAÇÃO PEDAGÓGICA

Diva Spezia Ranghetti

Falar em relação pedagógica nos remete à compreensão do significado e do sentido que a relação reveste. Relação, palavra de origem latina *relatione* com significado de "vinculação, ligação, referência" (Ferreira, 1999, p. 1735), portanto, uma ação que pressupõe a presença de mais de um elemento que, em comum, têm alguma especificidade, um ponto em torno do qual os sujeitos sentem-se atraídos, para juntos encontrar uma nova possibilidade de ser. O ponto de atração (referência) que une professor e alunos é o conhecimento. A palavra pedagógica é de origem grega *paidagogikós*, adjetivo que diz respeito à pedagogia, ou seja, "[...] teoria da ciência, da educação e do ensino; [...] profissão ou prática de ensinar" (Ferreira, 1999, p. 1523).

Nesse sentido, relação pedagógica é toda relação que tem como intencionalidade a ação de ensinar e de aprender, num movimento contínuo dos sujeitos que têm em comum a aprendizagem. No espaço pedagógico, professor e alunos se encontram com o conhecimento para pesquisar, desvelar, duvidar, compreender, conhecer, objetivando o renascimento do conhecimento, tanto aos sujeitos quanto ao próprio conhecimento.

Por sua vez, o verbo aprender deriva de *preensão,* do latim *prehensio-onis,* que designa o ato de segurar, agarrar e apanhar, prender, fazer entrar, apossar-se de. Assim, podemos conceituar aprendizagem como sendo a ação de se apropriar de conhecimentos ainda não habitados por nós, ou seja, que se faz necessário "agarrar" para que se tenha domínio do mesmo (Chervel, 1990).

Postic (1990, p. 12), define a relação pedagógica como sendo:

> O conjunto de relações sociais que se estabelecem entre o educador e aqueles que educa para atingir objetivos educativos [...], relações essas que possuem características cognitivas e afetivas identificáveis, que têm um desenvolvimento e vivem uma história.

Na ação educativa devem-se construir relações que se consolidam por meio de um movimento em que se interroga o conhecimento aparente e o oculto, para se aproximar da sua totalidade. Para tanto, os espaços de aprendizagem, assim como o que é ofertado para ser aprendido, necessitam aguçar a curiosidade natural do ser humano e estimulá-lo a trabalhar sobre o conhecimento para conhecê-lo mais e melhor. Conforme Tiba (1998, p. 36), "a apresentação da matéria deve ser convidativa como o *trailer* de um filme, que atrai as plateias ao cinema". Nesse contexto, é o professor que deve auxiliar o aluno a transgredir o campo de significação do que já contempla, para que possa desenvolver-se e apropriar-se das coisas que o mundo apresenta, (re)significando-as, renascendo *junto-com*. "Construir conhecimento significa construir-se com ele. [...] Deixar de lado os pré-conceitos e fazer emergir conceitos, rumos, processos, vida... renascimento!..." (Rojas, 1998, p. 76).

As reflexões sobre a relação pedagógica que discuto neste texto são fruto da minha vivência como aluna da professora doutora Ivani Fazenda do curso de Mestrado e Doutorado em Educação: Currículo, na PUC-SP, no núcleo de Formação de Professores, na linha de pesquisa Interdisciplinaridade.[29]

---

29. Este texto foi construído a partir dos textos da dissertação e da tese defendidas em 1999 e 2005, respectivamente. As referências constam no fim do texto.

A relação norteia o desenvolvimento do ensino e da aprendizagem, na medida em que as relações interpessoais inscrevem, contornam, delineiam os sujeitos, como também abrem perspectivas, dependendo da qualidade e da intencionalidade presente na relação. Postic (1990, p. 92) vem confirmar esse entendimento, dizendo que: "[...] é nas relações sociais, introduzidas pelo ato educativo, que o indivíduo — criança — adolescente ou adulto — se descobre, evolui e se estrutura". Assim, cabe ao professor propiciar uma relação que compreende a descoberta e a evolução do aluno. Uma relação construída com respeito mútuo, cumplicidade, reciprocidade e liberdade para expressar conhecimentos e sentimentos.

Nessa perspectiva, o professor necessita atentar para os interesses que cada aluno traz consigo, sua cultura, seus conhecimentos, os valores que cultiva e utilizar-se desses como ponto de apoio para fornecer as cores e os pincéis necessários à composição do quadro pessoal de desenvolvimento. Desta maneira, a relação pedagógica possibilita a compreensão do aprendido, a apropriação do conhecimento por meio de aprendizagens significativas, temperadas e iluminadas por uma energia vital que sustenta a ação e o envolvimento pelo conhecer. Não é a afetividade o ponto de luz que permeia as relações?

Direcionando o olhar para práticas educativas interdisciplinares, percebemos que nessa prática pedagógica a relação é regida pela parceria. Esta possibilita aos sujeitos o domínio da própria composição do ser como fazedor de história que é cuidada e iluminada por alguém que acredita nas potencialidades individuais e que está implicado e comprometido com o desenvolvimento do aluno em sua completude. A parceria guarda em seu interior as manifestações afetivas do ser.

Fazenda (1995, p. 38) busca o fundamento para a relação professor-aluno na antiga Grécia, na Paideia e, com ela, a situação de preceptor e discípulo.

> O preceptor é aquele que ajuda o discípulo a fazer uma leitura das coisas próprias do conhecimento em geral. O discípulo é aquele que

> gradativamente é indicado a ampliar essa leitura. Preceptor e discípulo trazem consigo conhecimentos próprios de um e de outro, que ampliados sintetizam uma proposta eterna e primeira da educação: Paideia é forma de parceria em que alguém não alfabetizado para as coisas do mundo amplia ou tem a possibilidade de ampliar seu universo próprio de leitura com alguém que viveu mais, que pôde ler mais e que se dispõe com o discípulo a inaugurar também para si o exercício da troca. Em troca, em parceria, ambos evoluem — preceptor e discípulo, e com essa evolução a possibilidade de construção/produção de novos conhecimentos.

Na relação que o professor e o aluno estabelecem, a parceria possibilita a compreensão do conhecimento através da partilha de responsabilidades diante das atividades a serem desenvolvidas. Só é possível a parceria quando se dispõe a partilhar sem se esconder por trás de um "véu", no qual se filtra a subjetividade do professor, seus sonhos, angústias, faltas, desejos. Nessa relação é necessário estarem inteiros, tanto professor quanto alunos. Entretanto, a parceria requer humildade. Humildade em se colocar inteiro diante dos alunos — parceiros — na caminhada da construção de conhecimento; humildade em saber participar e ver, no grupo de alunos, a possibilidade de trocar experiências e aprender com elas, extraindo aspectos muitas vezes insignificantes e utilizando-se destes para ilustrar e complementar o que se propõe a conhecer. Humildade na utilização das palavras, nos gestos, nos símbolos que manifestam o não e o sim. Humildade em dividir para ampliar o grau de significação dos achados. Humildade para aceitar as diferenças e nelas encontrar subsídios para redimir a distância que os tornam diferentes (em conhecimento). Humildade para aceitar, como professor, seus erros e, nestes, perceber, sentir e intuir os caminhos para acertar. Humildade para aceitar que a vida só tem sentido se conseguir *estar-sendo-com-os-outros* e não se isolar no mundo colocando-se num pedestal para que ninguém possa aproximar-se, nem mesmo o olhar do aluno (Ranghetti, 1999; 2005).

Viver uma relação pedagógica em que você não é apenas uma peça de ornamentação do ambiente de aprendizagem, mas protagonista, possibilita-lhe conhecer-se como pessoa e, nesse conhecer, encontrar-se com seus limites e possibilidades, sentindo-se responsável pelo próprio modo de ser. Você torna-se autor e ator de sua história que, conjugada com outras histórias, constitui a história de um tempo, de um determinado pensar e de um modo de existir humano. A parceria na relação possibilita essa reflexão, esse apropriar-se do próprio processo de desenvolvimento.

Segundo Warschauer (1993, p. 299),

> Ser parceiro não significa anular a própria individualidade. Pelo contrário, no dinamismo de alteridade, a individualidade caminha para se diferenciar plenamente. E é através dessa diferenciação que o indivíduo torna-se capaz de considerar a posição do outro, a ponto de poder se relacionar com ele dentro da parceria.

A relação pedagógica, que tem como cenário o quadro interdisciplinar e, neste, a parceria, requer que se viva plenamente, estabelecendo o entrelaçamento do afetivo com o cognitivo, do real com o imaginário, do pensamento com o sentimento, a sensação e a intuição. É comunicar, dialogar, crescer, renascer a cada momento, estabelecendo o encontro consigo mesmo e com o outro, através da troca, da parceria, visto que, "[...] o aluno aprende realmente bem o que o cativa, numa atmosfera de aula que lhe parecerá segura, com um professor que sabe criar afinidades" (Snyders *apud* Paiva, 1996, p. 92).

Uma relação pedagógica com esses atributos possibilita o domínio da própria composição do ser como fazedor de história que é cuidada e iluminada por alguém que acredita nas potencialidades individuais e que está implicado e comprometido com o desenvolvimento do aluno como um todo. E com esses atributos, professor e alunos, na relação que estabelecem com o conhecimento, "[...] cumprem um processo interativo no qual a afetividade é o componente básico de mobilização, direcionamento e intensidade das ações" (Paiva, in: Elias, 1996, p. 92). Destarte, a aprendizagem só acontece quando há o encontro produzido pelo movimento que o envolvimento e a receptividade dos dois sujeitos, em parceria, estabelecem. Por isso, o ato educativo, apesar de sua diretividade, suscita nos alunos autonomia e entusiasmo para que possam "[...] alcançar o domínio de seu próprio desenvolvimento" (Postic, 1990, p. 11).

Postic (1990), no livro *A relação pedagógica*, faz uma crítica aos teorizadores da aprendizagem que se veem preocupados em orientar o estudo do ato de ensinar pelo viés da concepção e utilização de máquinas de ensinar, desprezando as relações interpessoais que têm forte influência na situação pedagógica, pois ensinar e aprender devem ser concebidos como partes integrantes do processo educativo. O que une esses dois atos num movimento articulado, segundo o autor (Postic, 1990, p. 9) é a "socialização do indivíduo". Assim, não cabe ao professor apenas manipular estímulos e esforços e ao aluno ser mero dependente destes. É necessário atentar para atos, atitudes e comportamentos que estão afetando a aprendizagem dos alunos, bem como a daqueles com quem estabelecem a comunicação (professor e alunos).

Nessa perspectiva, o professor precisa conhecer o aluno, respeitar as diferenças individuais, acreditar na capacidade de cada um e propiciar um ambiente estimulador para o desenvolvimento da totalidade dos mesmos, conhecer com profundidade o objeto (conteúdo) com o qual irá trabalhar e conhecer-se como pessoa (totalidade). Conhecer o aluno e acreditar em suas capacidades, possibilitar o seu desenvolvimento em seus aspectos afetivo, cognitivo, social, intelectual, hoje, ao meu ver, é essencial para que se estabeleça uma relação pedagógica que possibilite a aprendizagem. Quando a realidade do aluno[30] é o ponto de partida para propiciar a aprendizagem, ele se sente estimulado para investir nessa caminhada.

Nesse sentido, ao iniciar a composição do quadro relacional, o professor necessita direcionar o olhar e a escuta para captar de cada

30. Realidade do aluno aqui se entende não só como aspectos sociais, econômicos, políticos e culturais, mas também aspectos psíquicos, isto é, o tipo e as funções psicológicas do mesmo.

aluno em particular, e do grupo como um todo, o ponto de luz em que se encontram naquele momento histórico incitando-os a colorir o cenário como participantes ativos e conscientes[31] de suas funções e responsabilidades. É o professor que "[...] anima a relação, que lhe imprime caracteres particulares, que suscita as reações do aluno pela simples presença e pela atitude que adota desde o início" (Marchand, 1985, p. 37). Isso requer sensibilidade e conhecimento de que cada aluno possui características próprias e é afetado de forma singular a partir dos mesmos estímulos.

Nesse contexto, a comunicação e a expressão são elementos imprescindíveis para que haja aprendizagem. São partes que se completam para que o sujeito possa inserir-se no mundo, visto que comunicar é estabelecer presença viva no mundo, afetando-o com nossos pensamentos e ideias e sendo afetado por ele. A comunicação exige abertura ao outro para que se possa fazer compreender, entender e compreender o outro. Pressupõe o encontro — a troca, a partilha, o acolhimento. Há necessidade de interação, isto é, entrelaçar a própria interioridade com a exterioridade do outro, do mundo. Já a expressão diz do ser do homem, insere-o no exterior de si. Expressa as impressões que ele tem do mundo através do seu modo de ser, do seu semblante, de suas atitudes. A expressão tem uma dimensão subjetiva, prevalecendo a manifestação do eu. Ela desenha o ser do homem. Por isso, há necessidade de equilibrar os momentos de introspecção e extroversão para que possamos tomar consciência de nós mesmos a fim de compreendermos a nossa própria existência (Ranghetti, 1999).

Assim, a comunicação é intensamente vivida e construtora de aprendizagens significativas quando se substancia em *relações dialógicas*: relação de abertura ao outro, de partilha de ideias, de humildade, de respeito mútuo, possibilitando um renascer através do movimento que

31. A palavra consciente está sendo utilizada para dizer que o aluno a partir do momento que for despertado para aprender e compreender, decompor a informação e transformá-la em conhecimento, utilizar-se-á deste em suas ações. Essa reflexão foi construída a partir de Tiba (1998).

o diálogo produz. Estabelecer relações é viver a própria afetividade, é mostrar-se inteiro, é descortinar-se. É temperar com a interpretação pessoal e produzir um conhecimento novo, mais elaborado, tendo um colorido diferente para aquele que interfere e sofre interferência do conhecimento através da parceria que se vive nessa relação.

Viver uma relação pedagógica primando pela afetividade nas inter-relações suscita que o espaço da sala de aula seja um espaço de comunicação. Requer do professor conhecimento de si mesmo para conhecer o outro, abertura, humildade, consideração, espera, pois o aluno é um ser em processo de constituição de si, e, portanto, parceiro do professor na construção e reconstrução do conhecimento. A prática interdisciplinar privilegia esse espaço para a liberdade de construção do sujeito. Um espaço de encontro em que o diálogo, o rigor e a afetividade coexistem.

Para tornar mais transparente o que venho refletindo, relato a experiência como aluna de Ivani Fazenda.[32] Essa vivência possibilitou-me habitar a relação professor-aluno, pautada na parceria, e a acreditar que é nessa relação que a afetividade pode manifestar-se com maior intensidade.

O quadro inicial de cada encontro inaugura o desenrolar de todo o processo educativo. Um abraço, um beijo, um aceno de mão, uma piscada faz-nos sentir importantes, necessários e parceiros de uma ação. A *acolhida* que a professora faz ao grupo em geral e a cada aluno em especial torna o ambiente de aprendizagem humano, com vida presente. O calor humano vivido no início do encontro cativa os alunos, envolve e instiga-os a participarem do ato educativo. A acolhida é comunicação, caminho para a interação, convite à participação da roda em torno do conhecimento.

Após a acolhida, apresenta-nos o *tema a ser trabalhado*, o grau de relevância que o mesmo tem para a educação e a necessidade de retomar

32. Vivência como aluna e orientanda da Professora Ivani Fazenda durante o curso de Mestrado e Doutorado em Educação/Currículo, na PUC-SP, no período de 1997 a 2005.

a teoria, para re-significá-la, travestindo-a de uma nova ordem, um novo rigor que contemple as angústias, as incertezas e as rupturas presentes em nossos dias. Esse primeiro momento apresenta-se como um ponto de luz que projeta sua luminosidade do fundo de uma caverna a qual seguimos para encontrar a saída tão esperada. Feito esse primeiro contato com o conhecimento proposto, somos instigados a colocarmos nossas primeiras *impressões e experiências* sobre o assunto, de forma espontânea, momento em que surgem as mais variadas ideias, visto que cada aluno procura extrair de seu projeto de pesquisa — da especificidade *teórico-prática* que possuem referente ao objeto em estudo — elementos que enriqueçam as trocas sobre aquilo a que nos dispomos conhecer. Apresenta-nos, também, bibliografias necessárias à compreensão e ao entendimento do assunto.

Na sequência, um movimento se efetiva: pequenos grupos se formam para o aprofundamento do tema. A *interação* entre os alunos, a *integração* de saberes dá vida ao *diálogo*. Dúvidas emergem, reflexões são desencadeadas, pressupostos são sinalizados e, no abrir das rodas (grande grupo), entrelaçam-se a outras dúvidas, reflexões e pressupostos, compondo um quadro com cores e linhas que sinalizam as descobertas e construções do grande grupo. A interferência da professora, com seus *questionamentos*, dúvidas, caminhos, auxilia nessa construção.

O movimento de fechar e abrir os grupos compõe um quadro com diferentes experiências, sentimentos, desejos, conhecimentos e expectativas anunciadas ao som de melodias singulares constroem um cenário reflexivo, único, composto de sombra e luz. Um cenário que desenha um círculo, porém um círculo movimentado pela comunicação, pela troca, pelo diálogo — *um círculo habitado pela intersubjetividade na construção de conhecimentos.* A *parceria* que se efetiva nos trabalhos de grupo nos quais pesquisa-se, debate-se, interroga-se, duvida-se, comunica-se, encaminha para as mais inusitadas reflexões propulsoras de conhecimentos significativos, possibilitando o apreender.

Nesse quadro em que o *conhecimento é situado* no tempo e no espaço, na teoria e na prática, o aluno apreende o fenômeno em sua complexidade. Situar os alunos como coparticipantes, protagonistas de um caminhar que se faz a muitos pés, por vias diferenciadas, mas que prima pelo brilho individual, apesar de caminhos diferentes, instiga o aluno a estar junto nesse caminhar. Situar o aluno como participante de um processo e o processo em si dá segurança, tranquilidade e a percepção de que alguém mais experiente está junto nesse caminhar e que, se necessário for, estenderá a mão para que não caia em precipícios, para que não se perca nos desvios que esse caminho lhe apresenta, porém que o transcenda a partir de sua totalidade.

Paralelamente às leituras e discussões, experiências práticas são compartilhadas com o grupo, consubstanciadas pelo referencial prático/teórico de outros sujeitos para, juntos (professora e alunos), extrairmos elementos que possibilitem re-significar e ampliar a teoria, chegando, muitas vezes, à construção do novo. Prática e teoria, juntas, compõem o cenário no qual a construção do conhecimento encontra seu fundamento. Desse cenário é possível compreender o sentido e o significado do que se propõe a conhecer e habitar o que dele se constrói, ultrapassando, muitas vezes, o que se desvela, construindo o novo, o diferente. O contato com a teoria e a prática alarga o campo de significação que cada aluno, em particular, e o grupo, como um todo, possuem sobre o assunto, visto que os achados são partilhados pelo grupo, analisados e refletidos para, depois, serem sistematizados, compondo sínteses provisórias que abarcam o aprofundamento e o entendimento teórico-prático do mesmo.

Particularmente, esse ambiente transmite-me tranquilidade, segurança, visto que o *respeito pela maneira de ser* é considerado, pois sinto dificuldades de comunicar-me no grande grupo — sala de aula. O trabalho em grupos menores para discussão do tema, para elaboração de sínteses, ou mesmo esquema dos achados, troca de ideias, para mim, é relevante. Consigo expressar meus pensamentos, muitas vezes, sem necessidade de lapidá-los. O diálogo vivido nos pequenos grupos é rico de ideias: cada um revela-se, mostrando o que sabe e o que intriga, as perguntas são desencadeadas, a discussão encaminha para uma maior compreensão e entendimento sobre o assunto através da partilha, da entreajuda e do complemento das ideias, que se apresentam confusas, do vislumbrar de outras experiências, da maneira como veem, percebem e atuam, significando de forma particular os achados.

Nos pequenos grupos, o silêncio é rompido pelo colorido das vozes. Isso acontece comigo ainda hoje, seja no papel de aluna, ou mesmo num grupo de estudos ou trabalho com outros professores. A liberdade para expressar meus conhecimentos, as dúvidas, interrogações, o medo de errar, de me sentir inferior perante os colegas, diminui. No pequeno grupo, expresso-me sem medo de ser humilhada, ridicularizada perante a classe. As ideias, muitas vezes, são complementadas por outras vozes que, no seu conjunto, passam a formar um pensamento coerente, fundamentado. No pequeno grupo, as ideias fluem como se estivessem sendo escritas no rascunho e, ao contrário, no grupo classe, necessitam serem passadas a limpo.

No fim de cada encontro — aula —, textos individuais são produzidos. Os escritos no fim do texto são um recurso que a professora utiliza para estabelecer um diálogo com o aluno sobre a aprendizagem. Em poucas palavras, às vezes, utilizando-se de metáforas, a professora nos diz como estamos, o que devemos aprofundar, que caminhos perseguir na busca da compreensão do fenômeno que nos dispomos a conhecer. Esse tipo de *avaliação, individual*, serve de parâmetro para que o aluno se situe e se perceba responsável, junto com o professor, pela sua aprendizagem. A professora é parceira de seus alunos. Transforma o poder que o papel do professor representa, em *participação*, em *cuidado*, em *espera*, para que cada aluno consiga ultrapassar o conhecimento que possui e seguir o caminho de seu projeto de vida, fornecendo as pistas que cada um necessita à transgressão do referencial inicial, ampliando o olhar, a escuta e a compreensão do mesmo.

As práticas educativas, quando se alicerçam numa relação pedagógica interdisciplinar, a afetividade é presença, o prazer, a alegria, a rigorosidade, a beleza e o encanto são propulsores de aprendizagens.

A afetividade é vivida na coletividade, o conhecimento é construído, degustado, apreendido e aplicado em um fazer. Um fazer envolvente, dividindo responsabilidades, estabelecendo a sintonia para uma ação conjunta. Uma ação em que professores e alunos, sujeitos do processo, desvelam/revelam, criam/recriam, aprendem/ensinam, *afetam e são afetados*, enfim, encontram-se consigo mesmos e com o outro para a constituição de si.

REFERÊNCIAS

CHERVEL, André. História das disciplinas escolares: reflexões sobre um campo de pesquisa. *Revista Teoria e Educação*, Panorâmica, Porto Alegre, n. 2, 1990, p. 177-229.

FAZENDA, Ivani Catarina Arantes. *Interdisciplinaridade*: história, teoria e pesquisa. 2. ed. Campinas: Papirus, 1995. (Col. Magistério: Formação e Trabalho Pedagógico.)

FERREIRA, Aurélio Buarque de Holanda. *Novo dicionário da língua portuguesa do século XXI*. Rio de Janeiro: Nova Fronteira, 1999.

MARCHAND, Max. *A afetividade do educador*. Tradução de Maria Lúcia Spedo Hildorf Barbante e Antonieta Barini. São Paulo: Summus, 1985.

PAIVA, Yolanda Moreira S. A afetividade na aprendizagem: uma breve introdução ao tema. In: ELIAS, Marisa Del Cioppo (Org.). *Pedagogia Freinet*: teoria e prática. Campinas: Papirus, 1996. (Col. Práxis.)

POSTIC, Marcel. *A relação pedagógica*. 2. ed. Coimbra: Editora Coimbra, 1990. (Col. Psicopedagogia.)

RANGHETTI, Diva Spezia. *Um design curricular interdisciplinar para a formação de professores*: a estampa de um design. Tese (Doutorado em Educação) — Programa de Pós-Graduação em Educação/Currículo da Pontifícia Universidade Católica, São Paulo, 2005. 231 f.

RANGHETTI, Diva Spezia. *O conceito de afetividade numa educação interdisciplinar.* Dissertação (Mestrado em Educação) — Programa de Pós-Graduação em Educação/Currículo da Pontifícia Universidade Católica, São Paulo, 1999. 116 f.

ROJAS, Jucimara. *Interdisciplinaridade na ação didática*: momento da arte/magia do ser professor. Campo Grande: Ed. da UFMS, 1998.

SNYDERS *apud* PAIVA, Yolanda Moreira S. A afetividade na aprendizagem: uma breve introdução ao tema. In: ELIAS, Marisa Del Cioppo (Org.). *Pedagogia Freinet*: teoria e prática. Campinas: Papirus, 1996. (Col. Práxis.)

TIBA, Içami. *Ensinar aprendendo*: como superar os desafios do relacionamento professor/aluno em tempos de globalização. São Paulo: Gente, 1998.

WARSCHAUER, Cecília. *A roda e o registro*: uma parceria entre professor, alunos e o conhecimento. São Paulo: Paz e Terra, 1993.

SABOR

Fátima Aparecida Arantes Sardinha

A palavra sabor é definida como:[33] *s.m.* Sensação produzida por certos corpos (substâncias sápidas) nos órgãos do paladar: sabor doce, amargo, picante, azedo etc.

Sabor é interdisciplinar. Como discuti-lo sem mergulhar em vários aspectos?

A gastronomia talvez seja a área de maior atuação do *sabor*. Há uma dinamização de seu potencial, no entanto, este fato está associado a um grande espectro de ações, efeitos e funções.

O *sabor* é algo lapidado para um foco. Por exemplo, os enólogos purificam o paladar para analisar vinhos a partir de diferentes espécies de cultivares de uva. Portanto, é algo aprendido e estudado.

Comenta-se, também, que a boa saúde resulta em bom paladar, ou seja, ter saúde promove efeitos adequados à fisiologia que caracteriza o paladar, propiciando bom apetite. Evidência disso é a ineficiência do sabor para vários alimentos e mesmo refeição em pessoas doentes e em tratamentos prolongados, promovendo recusa na alimentação por falta de prazer, e apesar de ser considerado um efeito colateral, é apontada, a falta de apetite, como sintoma que deve ser cuidado para facilitar a recuperação dos indivíduos (Zabernigg et al., 2010).

---

33. *Dicionário online de português*. Disponível em: <http://www.dicio.com.br/sabor/>. Acesso em: 18 set. 2013.

O ambiente onde nos encontramos, apesar de pouco estudado e considerado, é um ponto que merece destaque para contemplação e permissão do sabor. Estar em local limpo, arejado, com pessoas tranquilas e saudáveis, propicia efeitos benéficos no cérebro, que promove respostas positivas no sistema relacionado ao processo envolvido na alimentação (Jomori, Proença e Calvo, 2008). Fazer refeições em um hospital, por exemplo, não é estimulador de prazer e, portanto, o sabor estará pouco estimulado, assim como os demais sentidos.

O sabor, tecnicamente é resultado de reações químicas envolvidas no sistema sensorial. Nesse, o olfato e o paladar são filogeneticamente, os mais antigos do encéfalo, que ao perceberem substâncias químicas na cavidade oral e nasal, trabalham juntas. As sensações surgem da combinação de informações gustativas, olfatórias e somatossensoriais (Tortora e Grabowski, 2005, *apud* Palheta Neto et al., 2011).

Os impulsos se propagam para o sistema límbico e áreas corticais superiores, por isso, certos sabores, bem como odores, podem desencadear respostas emocionais ou afluxo de memórias.

A relação entre sabor (paladar) e o cheiro (olfato) é bem explorada, tanto na educação como na saúde, sendo claro que sem o olfato não é possível sentir de forma adequada o sabor dos alimentos, o que influencia fortemente o apetite e o prazer pela alimentação (Félix et al., 2009). Portanto, é um sistema interligado, um processo que uma vez desencadeado, requer o apoio de outros sistemas, reforçando a sua interdisciplinaridade.

O paladar ou sabor permite a escolha e seleção de substâncias específicas de acordo com seus desejos ou ainda, de acordo com as suas necessidades metabólicas, com isso, é possível compreender ou tentar compreender os sinais do organismo. Exemplos referem-se à busca por alimentos específicos ou os não convencionais, como na gestação, na infância (situações mais comuns) ou em outros momentos da vida, podendo ser uma reação complexa dos sistemas decorrentes de algumas deficiências nutricionais, como por ferro, zinco e outros.

Ainda neste contexto, há que se lembrar dos efeitos hormonais. É bem conhecida a ação dos hormônios femininos na busca por determinados alimentos doces no período menstrual, conhecida como Síndrome Pré-Menstrual (SPM) (Rossignol e Bonnlander, 1991; Tucci et al., 2009).

Chocano-Bedoya et al. (2013) estudaram mulheres com SPM e encontraram associação entre maior consumo de ferro não heme[34] (a partir de vegetais) e de zinco com redução do risco de desenvolver o problema. Ambos os minerais estão envolvidos na formação e regulação de neurotransmissores cerebrais, como a serotonina ou de ação direta no hipocampo. Possivelmente as mudanças no paladar decorrem da necessidade de recuperação dos nutrientes para equilibrar o organismo ou a falta dos nutrientes desequilibra o organismo e prejudica o paladar, assim como a escolha dos alimentos.

Palheta Neto et al. (2011) revisando "anormalidade sensoriais" corroboram os estudos supracitados, apontando que em situações de deficiências das vitaminas A, B6 e B12, e de minerais como zinco ou cobre, pode haver mudanças no paladar. Os autores comentam ainda que fatores como tabagismo, sequela de anestesia geral, transtornos dentários, desvios do septo nasal, dentre outras situações, também comprometem o paladar.

Os botões gustativos diminuem com a idade e as papilas gustativas atingem seu ponto máximo de desenvolvimento na puberdade. A sua redução (atrofia) ocorre entre 40-45 anos de idade na mulher e aos 50 anos no homem (Boyce e Shone, 2006).

Apresentar *sabor* pode não ter fim. Papavero (2010), discute em seu estudo *Alegrias e desventuras do paladar: a alimentação no Brasil holandês*, várias situações que destacam os costumes alimentares na época da invasão dos holandeses. Situações como limitações para o

---

34. O ferro não heme, proveniente de vegetais (feijões em geral, folhas verde-escuras), é um tipo de ferro com mais probabilidade de não ser aproveitado, já que pode ser facilmente alterado quimicamente. O ferro heme, proveniente de carnes vermelhas, é um tipo de ferro mais estável, ou seja, com maior probabilidade de aproveitamento.

abastecimento, a fartura de frutas, de vegetais, promoveu modificações em vários pratos europeus, que aos poucos tiveram ingredientes substituídos por frutas nativas, assim como o uso das especiarias e temperos, como o gengibre e a canela, resultando em novos sabores.

O Sabor nos remete à poesia, à sensualidade, à magia. Alceu Valença, em 1982, lançou "Tropicana", em que canta o *sabor* a luz de frutas nativas e muita sensualidade.

Tropicana

Alceu Valença

Da manga rosa
Quero o gosto e o sumo.
Melão maduro, sapoti, juá.
Jabuticaba, teu olhar noturno;
Beijo travoso de umbu cajá.

Pele macia,
Ai! carne de caju!
Saliva doce, doce mel,
Mel de uruçu.

Linda morena,
Fruta de vez temporana,
Caldo de cana caiana,
Vem me desfrutar!

Linda morena,
Fruta de vez temporana,
Caldo de cana caiana,
Vou te desfrutar!

Morena tropicana,
Eu quero teu sabor.
Ai! Ai! Ioiô! Ioiô!
Morena Tropicana!

O sabor pode ser, portanto aprendido, vivenciado, internalizado (Toral, Conti e Slader, 2009). Pode-se considerar uma aquisição da vida, algo que se confunde com nossas "histórias de vida". Permitamos ou não, invade nossa alma e provoca sensações nem sempre mensuráveis, porém sempre causadoras de sentimentos (positivos ou não).

REFERÊNCIAS

BOYCE, J. M.; SHONE, G. R. Effects of ageing on smell and taste. *Postgrad. Med. J.*, v. 82, p. 239-241, 2006. doi: 10.1136/pgmj.2005.039453.

CHOCANO-BEDOYA, P. O. et al. Intake of selected minerals and risk of Premenstrual Syndrome. *Am. J. Epidemiol.*, v. 177, n. 10, p. 1118-1127, 2013. doi: 10.1093/aje/kws363 First published online: February 26, 2013. Disponível em: <http://aje.oxfordjournals.org/content/177/10/1118>. Acesso em: 22 set. 2013.

FELIX, F. et al. Avaliação de alteração gustatória em pacientes com otite média crônica. *Braz. J. Otorhinolaryngol.*, v. 75, n. 4, p. 550-55, 2009.

JOMORI, M. M.; PROENÇA, R. P. C.; CALVO, M. C. Determinantes de escolha alimentar. Food choice factors. *Rev. Nutr.*, Campinas, v. 21, n. 1, p. 63-73, jan./fev. 2008.

PALHETA NETO, F. X. et al. Anormalidades sensoriais: olfato e paladar. Sensorial abnormalities: smell and taste. *Arq. Int. Otorrinolaringol./Intl. Arch. Otorhinolaryngol.*, São Paulo, v. 15, n. 3, p. 350-358, jul./ago./set. 2011.

PAPAVERO, C. G. Alegrias e desventuras do paladar: a alimentação no Brasil holandês. Bliss and misfortunes of taste: food from the Brazilian Dutch Colony. *Rev. Nutr.*, Campinas, v. 23, n. 1, p. 137-147, jan./fev. 2010.

ROSSIGNOL, A. M.; BONNLANDER, H. Prevalence and severity of the Premenstrual Syndrome. Effects of foods and beverages that are sweet or high in sugar content. *J. Reprod. Med.*, v. 36, n. 2, p.131-16, fev. 1991.

TORAL, N.; CONTI, M. A.; SLATER, B. A alimentação saudável na ótica dos adolescentes: percepções e barreiras à sua implementação e características esperadas em materiais educativos. *Cad. Saúde Pública*, Rio de Janeiro, v. 25, n. 11, p. 2386-2394, nov. 2009.

TORTORA; GRABOWSKI, 2005, *apud* PALHETA NETO, F. X. et al. Anormalidades sensoriais: olfato e paladar. Sensorial abnormalities: Smell and taste. *Arq. Int. Otorrinolaringol/Intl. Arch. Otorhinolaryngol.*, São Paulo, v. 15, n. 3, p. 350-358, jul./ago./set. 2011.

TUCCI, Sonia A. et al. Influencia del Síndrome Premenstrual y el uso de anticonceptivos orales en la selección de alimentos durante las fases folicular y lútea del ciclo menstrual/Influence of Premenstrual Syndrome and oral contraceptive use on food selection during he follicular and luteal phases of the menstrual cycle. *Endocrinol Nutr.*, v. 56, n. 4, p. 170-175, abr. 2009.

ZABERNIGG, A. et al. Taste alterations in cancer patients receiving chemotherapy: a neglected side effect? *The Oncologist,* v. 15, p. 913-920, 2010. Disponível em: <www.TheOncologist.com>.

SABORES

Ana Maria Ruiz Tomazoni

O número de sabores é infinito. Todo corpo solúvel tem um sabor especial que não se parece com nenhum outro.

Brillat (1998, p. 45).

A alimentação engloba não só o hábito de comer, mas também cultura e importantes noções de nutrição, autocuidado, respeito às lembranças, às emoções, enfim, à própria história de vida. Em muitos lugares, o sabor do pão simboliza o lar e a família. Em alguns países do Leste europeu, a noiva é saudada à entrada de sua nova casa com pão e sal (Bennett, 1996, p. 159).

Sabor vem do latim *sapore* (Ferreira, 1986). Está relacionado com a impressão que as substâncias sápitas produzem na língua e com a qualidade comparável a qualquer coisa agradável ao paladar. É a propriedade que têm substâncias de impressionar o paladar e o gosto. É o ato ou o efeito de apreciar (sentir) o sabor, como comprazer-se, deleitar-se, deliciar-se; regozijar-se com; tornar agradável e apetitoso. Que tem bom sabor ou gosto, portanto, seja gostoso ou não.

Existe uma diferença entre gosto e sabor: gosto se refere ao estímulo sensorial único da língua, em outras palavras do paladar. Enquanto o conceito de sabor se aplica a "um estágio do processo degustatório que inclui *inputs* de diferentes modalidades, por exemplo, do olfato" (Rolls, in: MacBeth, 1997, p. 46). Assim, sabor pode ser considerado uma representação do gosto de forma mais avançada e talvez mais refinada.

Buscar a epistemologia de sabor é uma interessante viagem com paradas nos mais diversos segmentos de estudo, por exemplo, a química. Quando colocamos um alimento na boca (Rodrigues, 2009), as moléculas para sabor, que já se encontram dissolvidas em água (como as de molho etc.), primeiro alcançam os bulbos gustativos e já apresenta, na boca, uma sensação inicial do gosto. À medida que mastigamos o alimento, libertamos, na saliva, novas moléculas para sabor, bem como enzimas que começam a reagir com proteínas etc., produzindo mais novas moléculas para sabor, por reações químicas que ocorrem naturalmente na saliva. Por isso, a sensação do gosto pode mudar ao mastigarmos cada porção de alimento.

Já para a antropologia, de acordo com Murrieta (2001), a ideia central do termo sabor está relacionada ao pensar em comida.

Para a gerontologia (área de estudo sobre o idoso), o sabor é algo que nos acompanha ao longo da vida, se desenvolve e se aprimora. Cicero (2006, p. 38), em seu livro *Saber envelhecer* considera a felicidade da partilha nos banquetes, o prazer dos sentidos e do convívio em torno da mesa, julgando assim que implicava em uma certa comunhão de vida e dizia: "De minha parte, é porque amo a conversação que me aprazem as refeições prolongadas, não apenas com pessoas de minha idade. Sou grato à velhice por ter aguçado meu gosto pela conversação, ao mesmo tempo que abranda meu interesse pelos pratos e pelos vinhos, admitindo que há prazer em comer! E que a velhice não é insensível a esse prazer".

O sabor tem grande importância em nossas lembranças, memórias e aparece de forma única e misteriosa, que só pode ser encontrada na alma, na intersubjetividade de cada ser (Tomazoni, Tavares e Conceição, 2011, p. 99).

Na busca do entendimento do sabor, apesar de somente detectarmos os cinco sabores distintos (doce, salgado, amargo, azedo, ácido) resta, na boca, um grande número de gostos muito tênues. É raro provarmos alimentos puramente salgados, doces, amargos ou azedos. Na verdade, as diferentes combinações de intensidade destes quatro gostos permitem uma grande variedade deles. Se considerarmos apenas a doçura, os diferentes açúcares têm gosto mais ou menos doce e sua combinação que pode parecer mais doce que um açúcar em particular.

Quando testes comparativos são realizados, diferentes indivíduos mostram diferentes formas de sensibilidade para diferentes sabores doces. Assim, se tomarmos duas pessoas que gostam de café adoçado com uma colher de chá de açúcar e pedirmos que troquem por outro adoçante, uma delas usará quantidade muito pequena desse adoçante, enquanto a outra precisará de quantidade muito maior. Dessa forma, temos a certeza de que um grupo de pessoas sentirá sabor, digo gostos diferentes para uma preparação culinária em particular. O melhor que um cozinheiro pode desejar é que ambas, bem como os seus convidados, gostem do sabor!

Como professora de gastronomia, preocupo-me com a saúde integral da pessoa e procuro não restringir os conceitos de gosto e de sabor a uma experiência puramente sensorial.

Ministro aulas para pessoas de 5 a 100 anos de idade e procuro levar para elas o conhecimento com relação aos alimentos, a nutrição, ao acolhimento à mesa, o autocuidado, os benefícios à saúde integral do ser humano: física, emocional e espiritual.

Procuro transformar minhas aulas em vivências práticas em que os sentidos vão sendo despertados, vão trazendo à tona nas lembranças, certos sabores que historicamente haviam se perdido no tempo, como, por exemplo, ao tocar determinada fruta, ao cheirar determinado assado, ao olhar determinado bombom.

Minhas aulas obedecem a uma prática interdisciplinar em que os alunos exercitam e vivenciam os conhecimentos que estão aprendendo. As aulas são realizadas em grupo para que os alunos tenham a possibilidade de compartilhar com seus colegas o aprendizado e são estimulados a exercitarem suas criatividades. Para Fazenda (2013) "a sala de aula é o lugar em que a interdisciplinaridade habita".

Os alunos aplicam em seus lares o que aprendem nas aulas de gastronomia e técnicas dietéticas e saboreiam ao ritmo de rituais de etiqueta e cuidado à mesa, assim, tudo o que foi aprendido fica interiorizado. Lembrando Freire (2005, p. 59): "somos seres inacabados, que pode ir mais além, principalmente o ser que é curioso, aberto para aprender. Homens e mulheres se tornam educáveis na medida em que se reconhece que são seres inacabados". É essa curiosidade que temos como regra de que educar não é transferir conhecimento, mas criar possibilidades para a sua própria dução e criatividade.

É importante conhecer e entender os nossos sentidos. Ao visualizamos a estética dos pratos, vamos descobrindo seus diferentes odores. Estes sentidos também estão relacionados aos sabores. Nesse momento, o cheiro e a visualização permitem resgatar as nossas lembranças.

Concluímos que sábio é aquele que degusta e descobre o verdadeiro sabor de cada alimento e se não descobre, fica curioso e faz perguntas. Entretanto, não podemos deixar de mencionar também as formas poéticas do sabor, que se apresentam com as sensações que o sabor nos proporciona, o sabor da vida, o sabor de infância, sabor de casa da vovó... O sabor!

REFERÊNCIAS

BENNETT, William J. *O livro das virtudes II*. 7. ed. Rio de Janeiro: Nova Fronteira, 1996.

BRILLAT, Savarin. *A fisiologia do gosto*. São Paulo: Editora Schwarcz, 1998.

CICERO, Marco Túlio. *Saber envelhecer e a amizade*. Tradução de Paulo Neves. Porto Alegre: L&PM, 2006.

FAZENDA, Ivani C. A. *Memória de aula*. Pontifícia Universidade Católica, São Paulo, 2013.

FERREIRA, Aurélio Buarque de Holanda; J. E. M. M. (Eds.). *Dicionário Aurélio da língua portuguesa*. Nova edição revista e ampliada. Rio de Janeiro: Nova Fronteira, 1986.

FREIRE, Paulo. *Pedagogia da autonomia*: saberes necessários à prática educativa. 31. ed. São Paulo: Paz e Terra, 2005.

MURRIETA, Rui Sérgio Sereni. Dialética do sabor. *Revista de Antropologia*, São Paulo, v. 44, n. 2, 2001, v. 50, n. 1, jun. 2007. Disponível em: <www.scielo.br/scielo.php?script=arttexx&pid=S0034->. Acesso em: 3 out. 2013.

RODRIGUES, Ronaldo da Silva. *A história da ciência e a experiência na constituição do conhecimento escolar*: a Química e as especiarias. Dissertação (Mestrado em História da Ciência) — Universidade de Brasília, Brasília, fev. 2009.

ROLLS, E. T. Neural processing underlying food selection. In: MACBETH, H. (Ed.). *Food preferences and tast*. Oxford: Berghahn Books, 1997.

TOMAZONI, Ana Maria Ruiz; CONCEIÇÃO, Maria Helena Esteves; TAVARES, Dirce Encarnación. *Química, sabor e olhar*: uma parceria necessária. São Paulo: Ícone, 2011.

SENSIBILIDADE

Elenice Giosa

O termo sensibilidade ocorre para indicar três coisas diversas, de acordo com Pieri (2002):

> a esfera consciente e inconsciente das operações sensíveis, que compreendem tanto o conhecimento sensível como as necessidades, os instintos e as emoções e, portanto, tanto a realidade externa como a interna (consciente; inconsciente); 2) a capacidade de receber sensações e responder de modo seletivo e diferenciado às mesmas impressões mais ou menos conscientemente recebidas através dos sentidos (sensação); 3) a capacidade de sentir vivamente emoções, sentimentos e afetos específicos de outrem (assemelhação; participação mística).

Para discutir sobre sensibilidade, observemos a noção de corpo. Jung (1983, p. 95) insere o corpo físico atuando de forma dinâmica com a psique: "Com o corpo vivo partilha a psique da capacidade de produzir estruturas significativas e orientadas para uma finalidade, por meio das quais consegue reproduzir-se e desenvolver-se". Cabe considerá-lo, portanto, um corpo que sente. Segundo Jung (1991, p. 440), o sentir é uma das quatro funções psicológicas (entre o pensar, intuir e perceber) que fazem parte da formação da personalidade do homem:

> Não consigo endossar a orientação psicológica que entende o sentimento como fenômeno secundário, dependente de "representações" ou sensações [...] mas acho que o sentimento é função autônoma *sui generis*.

> O sentimento é, em primeiro lugar, um processo que se realiza entre o eu e um dado conteúdo, um processo que atribui ao conteúdo valor definido, no sentido de aceitação ou rejeição, ("prazer ou desprazer") mas também um processo que, abstraindo do conteúdo momentâneo da consciência ou de sensações momentâneas, pode aparecer como que isolado, como 'disposição de ânimo.

Para Jung (1991), o sentir é um processo subjetivo porque pode ser independente do estímulo externo — ainda que se associe à percepção ou emoção. O autor considera o sentir uma função psicológica racional, no sentido de ter um "critério julgador" (Jung, 1991, p. 440) — aceitando ou rejeitando algo. Isso porque o sentir possui "valor", ou seja, é valorizado pelo sentimento. Por essa valoração estender-se também à consciência, de modo que a intensidade dos sentimentos possa aumentar ou diminuir "surge a afeição, que constitui um estado sentimental com inervações físicas perceptíveis, isto é, mais ou menos como um processo de pensar". (Jung, 1991, p. 441). O sentir pode, então, misturar-se com as outras funções psicológicas, sendo classificado como *sentir concreto, afetivo* ou *percepção sentimental* — o que mostra uma interação com elementos perceptivos. O propósito é exercitá-las de modo mais integrado. Na educação, a busca é por um pensar que inclui, ou seja, o pensamento *sensualizado* — que significa um contato mais intenso com a sensorialidade que se apresenta no corpo, que experimenta emoções, que se concretiza num pensar imbuído do sentir, transformando a razão numa Razão Sensível, como aponta Maffesoli (2001, p. 53). Segundo esse autor, há a necessidade de se exprimir a "sinergia da razão e do sensível."

Na sala de aula, mais especificamente no ensino de inglês, as atividades propostas podem abordar a escolha de um personagem mítico, dramatizações e escritas referentes ao modo como aquele aluno se identifica pessoalmente com o personagem e como ele se sente ao realizar tal atividade. Desse modo, promove-se um espaço maior para a função sentimento se manifestar. O corpo, a intuição, a percepção e o pensamento também são ativados por meio das atividades propostas. Dramatizar o mito invoca sentimento e intuição, pois quando o aluno percebe o enredo do mito e consegue relacioná-lo à sua vida, ele exerce um pensamento por analogia, ou seja, um pensamento mais sensível. Por sua vez, o professor também exercita um pensar sensível, já que ele mesmo pode fazer sua autocrítica, pensando em sua postura enquanto professor. Para imaginar um pouco mais a inter-relação do pensar e sentir, sugerimos o termo utilizado pelo prof. Alberto Pereira Lima: **sensar** (Lima, 2007), ilustrando que um termo não se subjuga a outro, mas sim, se intercomunicam no exercício **sensualizado** de ensinar e aprender. Na educação, a língua inglesa esta não é somente pragmática, mas expressão da individualidade e do processo de elaboração (simbolização). Quanto mais funções psicológicas puderem ser exercidas, mais o aluno poderá expressar uma comunicação efetiva e significativa para ele. Desenvolver as funções da consciência faz parte do processo de individuação. Convidar o aluno a mergulhar no universo mítico da cultura é convidá-lo a uma imersão no universo linguístico, mostrando a ele a cultura na qual vive (ou outra cultura) e dando oportunidade a ele para expressar seus sentimentos e emoções perante a língua aprendida. Com esta postura, entramos no terreno interdisciplinar na preocupação do *saber-ser*, como aponta Fazenda (2006, p. 39) — no sentido de inserir o aluno como "ser do mundo". Em aulas de língua inglesa, o aluno é incentivado a vivenciar alguns padrões arquetípicos como a luta entre luz e trevas, o mergulho nas águas, a solidariedade, o mito do Graal. Esta é a direção para uma *Educação de Sensibilidade,* permitindo ao professor e aos alunos envolverem-se mais com seus campos sensoriais e com o sentir.

Baseada nesses autores, uma educação interdisciplinar entra no campo do sensível, pois se preocupa com o desenvolvimento da alma humana, com o nascimento de um novo homem enobrecido pela sua própria humanidade, por seus desejos que reinam dentro dele. Como aponta Fazenda (2008), no campo de uma pesquisa interdisciplinar, a preocupação está no **processo** e não no **produto**. É uma questão de princípio, de mudança de paradigma de uma educação cansada de se ver amarrada aos nós da racionalização cega, da ciência sem consciência em atender às necessidades da alma, à interioridade humana.

Pelas vias da antropologia e fenomenologia, *Educação de Sensibilidade*, de acordo com Merleau-Ponty (1999) e Ferreira Santos (2004) é uma educação que consiste em dialogarmos com os nossos diversos campos sensoriais, resultando em um modo de agir e, sobretudo de sentir o mundo e que se aproxima muito da noção de Educação da Alma (Atihé, 2006), cujo caminho é o criar e ser criado pelas imagens. Essa educação consiste assim, em entender a racionalização que se abate na educação por meio da sensibilidade, do encontro com a alma, ou seja, é uma possibilidade de inserirmos na educação a subjetividade do aluno e professor em contato com a sensibilidade do mundo que o cerca. Quanto mais exercemos nosso campo perceptivo, mais nos abrimos para exercitar nossa sensibilidade — que organizará nossa própria *poiésis*. O que é importante ser ressaltado é que para esses autores antes de o homem pensar, ele sente o mundo por meio da intercomunicação de sensibilidades que são colocadas pelo corpo, na sua trajetividade antropológica, utilizando o termo de Durand (2001). Pautado em uma perspectiva fenomenológica, Merleau-Ponty (1999) aponta que o mundo convida o corpo a conhecê-lo e ao mesmo tempo esse corpo conhece o mundo, processo esse que se desenvolve, segundo Durand (2001), no Trajeto Antropológico do Imaginário.

Por meio desse conhecimento é que podemos sensibilizar o pensamento racional. Por isso, falar em sensibilidade não implica em negar o pensamento racional, mas sim, como aponta Maffesoli (2001) ir em busca de uma **razão sensível**. A Educação de Sensibilidade caracteriza-se, portanto, em exercitar o devaneio poético exposto por Bachelard (2001). Também significa, de acordo com Ferreira Santos (2005, p. 1): "Uma apologia do canto... da nossa forma de cantar, portanto, da expressão mais autêntica de nosso ser; e como apologia de nosso canto: nosso rincão, nosso lugar". Essa educação interdisciplinar *tem sentido* e *faz sentido* para aluno e professor, os quais no diálogo de suas sensibilidades podem mudar seus papéis no contexto educacional no qual estão inseridos. Como descreve Fazenda (2006, p. 39) "a interdisciplinaridade se faz no *encontro*, na *relação* educador--educando em que haja reciprocidade, amizade e respeito mútuo."

A temática do sensível passa assim, a ser discutida em vários campos do conhecimento. Ser sensível não significa cair em lágrimas, mas deixar-se levar pela profundidade da **alma**. É construção do ser, pois "o homem é um constante vir a ser" (Fazenda, 2006, p. 40).

REFERÊNCIAS

ATIHÉ, E. B. A. *Uma educação da alma*: literatura e imagem arquetípica. Tese (Doutorado em Educação) — Faculdade de Educação, Universidade de São Paulo, São Paulo, 2006.

BACHELARD, G. *A poética do devaneio*. São Paulo: Martins Fontes, 2001.

DURAND, G. *As estruturas antropológicas do imaginário*. 2. ed. São Paulo: Martins Fontes, 2001.

FAZENDA, Ivani. *O que é interdisciplinaridade?* São Paulo: Cortez, 2008.

______. *Interdisciplinaridade:* qual o sentido? 2. ed. São Paulo: Paulus, 2006.

FERREIRA SANTOS, M. O espaço crepuscular: mito-hermenêutica e jornada interpretativa em cidades históricas. In: PITTA, D. P. R. (Org.). *Ritmos do imaginário*. Prefácio Gilbert Durand. Recife: UFPE, 2005.

______. *Crespusculário*: conferências sobre mito-hermenêutica e educação em Euskadi. São Paulo: Zouk, 2004.

JUNG, C. G. *Tipos psicológicos*. Tradução de Lúcia Mathilde Endlich Orth. Petrópolis: Vozes, 1991. (Col. Obras completas, de C. G. Jung, v. 6.)

______. *O desenvolvimento da personalidade*. Tradução de Frei Valdemar do Amaral. Petrópolis: Vozes, 1983. (Col. Obras completas de C. G. Jung, v. 17.)

LIMA, Alberto Pereira. Informação fornecida em aula do curso "Jung e os tipos psicológicos", em abril de 2007.

MAFFESOLI, M. *Elogio da razão sensível*. 2. ed. Petrópolis: Vozes, 2001.

MERLEAU-PONTY, M. *Fenomenologia da percepção*. São Paulo: Martins Fontes, 1999.

PIERI, Paolo Francesco. *Dicionário junguiano*. Tradução de Ivo Storniolo: São Paulo: Paulus, 2002.

SENTIDO

Mariana Aranha Moreira José

Sentido, originário do latim *sensus*, pode ser definido como a possibilidade de sentir e sofrer alterações a partir de sua relação com objetos interiores ou exteriores. De igual forma,

> [...] compreende tanto a capacidade de receber sensações quanto a consciência que se tem das sensações e, em geral, das próprias ações: capacidade que na filosofia moderna é chamada mais frequentemente de sentido interno ou reflexão [...] ou consciência. (Abbagnano, 2003, p. 874)

Ferreira (1988, p. 594), compreende sentido como "cada uma das formas de receber sensações", e como "intento, propósito e objetivo". Também o considera como a "razão de ser" e como "orientação, direção e rumo". Da mesma forma, atrela seu significado à palavra consciência, já que esta é compreendida como um atributo pelo qual o homem se relaciona com o mundo em seu estado interior e subjetivo.

A consciência se constitui como uma unidade pertencente ao homem e ao local onde habita a própria noção de sentido. Por isso, é possível a afirmação de que o sentido está relacionado à própria existência humana e, consequentemente, à maneira como se define o ser humano.

Frankl (1989, p. 42) acredita que o homem é uma "unidade apesar da pluralidade: porque há uma unidade antropológica apesar das diferenças ontológicas". É a unidade antropológica, formada pelas dimensões biológica e psicológica, que o torna semelhante aos demais seres humanos. No entanto, em paralelo existem as diferenças ontológicas, aquelas que formam a dimensão espiritual do homem, responsável por diferenciá-lo das outras espécies de um modo mais amplo e dos demais homens em características e escolhas sutis.[35]

O sentido permite ao homem manter-se consciente de suas escolhas, ações e sensações, pois está ligado às conexões que estabelece consigo mesmo, com o outro e com a sociedade. Neste caso, o sentido também proporciona ao sujeito a reflexão sobre a sua vida e as situações por ele vivenciadas, na tentativa de extrair delas o seu significado e o seu propósito.

A descoberta e a realização do sentido são atitudes que fazem parte de uma dimensão complexa da teia de tramas que convivem com o homem ao longo de toda a sua existência e que, por isso, não podem ser explicadas a partir de um único prisma: são necessários múltiplos e atentos olhares.

A interdisciplinaridade permite que se tenha uma visão mais abrangente, sistêmica e complexa do ser humano e da realidade que o envolve, principalmente por se apropriar de uma gama de princípios que conduzem e revelam a atitude interdisciplinar: a coerência, o respeito, a humildade, a espera e o desapego. É o olhar interdisciplinar de Fazenda (2001) que direciona o homem em busca de um saber que transcenda o saber-saber e o saber-fazer, em direção a um saber-ser interdisciplinar, mais conectado com as dimensões objetivas e subjetivas que o envolvem e o constituem.

O saber-ser interdisciplinar compreende, além das dimensões do conhecer e do fazer, a dimensão da descoberta e da realização do sentido por meio da atitude interdisciplinar. É o exercício constante de

35. Para Frankl (1989), é por meio da dimensão espiritual que o homem é livre para fazer escolhas perante si mesmo, perante o outro e perante a vida, sem fugir da responsabilidade que possui nestas escolhas.

rever a si mesmo, sua história pessoal, profissional e acadêmica, o conhecimento adquirido, os autores estudados e a diversidade de relações estabelecidas, que conduzem os que se aventuram pelo caminho da interdisciplinaridade a descobrirem o sentido de suas teses e dissertações, de seus trabalhos, de suas atitudes e, enfim, o próprio sentido de suas vidas.

O saber-ser interdisciplinar nos conduz, nesse sentido, à uma dimensão mais complexa e profunda do ser humano, anteriormente apontada por Frankl (1989): a dimensão espiritual.

> A espiritualidade é uma dimensão do ser humano, que existe independentemente de suas crenças religiosas. Mesmo os que não creem também são portadores de tal dimensão. [...] A dimensão espiritual do ser humano é aquela capaz de inspirar a beleza, a alegria e o amor. (Espírito Santo, 2007, p. 67-68)

É justamente nesta dimensão, a espiritual, que o ser humano pode realizar suas escolhas, consciente de que existe uma realidade além da situação presente e que, também, por ela, é possível direcionar seu pensamento, suas ações e sua energia. Para Frankl (1989, p. 45), "ser homem significa, de *per si* e sempre, dirigir-se e ordenar-se a algo ou a alguém: entregar-se o homem a uma obra a que se dedica, a um homem que ama, ou a Deus a quem serve". É por meio de atitudes tomadas sob esta perspectiva, a interdisciplinar, que podemos encontrar o sentido.

É fato, também, que o sentido pode ser um problema[36] que se apresenta para o homem em determinados momentos, nem sempre muito fáceis, e que o fazem refletir sobre o sentido da vida. Ao contrário do que se possa pensar, esta atitude não reflete uma tendência doentia, mas a própria "expressão do ser humano — expressão precisamente do que há de mais humano no homem" (Frankl, 1989, p. 56).

36. Problema aqui tem o significado de "questão não solvida e que é objeto de discussão, em qualquer domínio do conhecimento" (Ferreira, 1988, p. 530). Significa, também, "qualquer situação que inclua a possibilidade de uma alternativa" (Abbagnano, 2003, p. 796).

O sentido não se apresenta ao homem de forma pronta ou acabada e, muitas vezes, não é tão simples encontrá-lo. Para isto, é preciso aventurar-se pelo caminho do autoconhecimento, passando pelo reconhecimento de si mesmo até alcançar o reconhecimento do outro (Ricoeur, 2006), justamente porque cada um de nós é um sujeito único e irrepetível, como já afirmava Frankl (1989).

E da mesma forma que cada sujeito é único, também são únicas as situações, os contextos, os espaços e o próprio tempo por ele vividos. "O sentido, portanto, em virtude da sua relação com a situação, é também [...] irrepetível e único" (Frankl, 1989, p. 76) e depende da subjetividade dos saberes que cada um possui e da relação consciente e objetiva que estabelece consigo e com o mundo.

Nesse sentido, se pensarmos em formação de professores, por exemplo, podemos afirmar que as intervenções didáticas frequentemente nascem a partir da observação do professor sobre a realidade em que vive e sobre as relações que seus alunos estabelecem consigo mesmos, com ele e com o conhecimento. A partir daí, o docente inicia a realização de uma série de perguntas conceituais e práticas, primeiramente a si mesmo e depois aos alunos, a fim de refletir com mais profundidade sobre os assuntos discutidos. Estes questionamentos conduzem o professor à descoberta do sentido que fundamenta a sua prática docente, pois assumem, também, características existenciais.

Frankl (1989a) afirma que, frequentemente, o homem não possui consciência da possibilidade da realização do sentido. Neste caso, as contribuições advindas do resgate das histórias de vida dos educadores torna-se uma atitude que pode possibilitar-lhes a descoberta do sentido, tanto nas ações passadas como na ativação da consciência para que esteja atento às ações presentes e futuras. Foi possível perceber este movimento durante a realização de minha tese de doutoramento intitulada *De ator a autor do processo educativo: uma investigação interdisciplinar* (Moreira José, 2011), na qual as alunas de um curso de Pedagogia (uma parcela dos meus sujeitos de pesquisa) tiveram a oportunidade de relembrar experiências marcantes presentes em suas trajetórias de vida que, de alguma forma, estavam repletas de sentido.

Verifiquei, também, a possibilidade de encontrar sentido nas pesquisas realizadas no GEPI. Para Matos (2003), um de seus membros, o pesquisador interdisciplinar precisa passar, obrigatoriamente, por um processo de autodescoberta para que sua tese possua sentido. No decorrer de sua pesquisa de doutorado, ele demonstrou o desejo de ir à raiz dos problemas existentes no ensino da Arte. Para o pesquisador, era preciso propor muito mais do que soluções simples. Por isso, recorreu à análise dos fundamentos teóricos convergentes com as suas hipóteses, com a realidade social dos alunos que se matriculavam no curso de Arte e com os elementos que constituíam a sua própria história de vida enquanto professor e pesquisador. Somente a partir de tais conhecimentos, o autor pôde perceber o sentido real de sua tese.

Acredito que o encontro do sentido seja algo extremamente complexo, já que exige um mergulho nas dimensões profundas da existência humana. Porém, permanece como uma possibilidade a ser escolhida. Concordo com Frankl (1989) quando menciona que este caminho é para os otimistas. Espero profundamente que os leitores deste texto se considerarem inclusos nesta categoria de seres humanos:

> O pessimista assemelha-se a um homem que está diante de um calendário de parede e vê, com medo e tristeza, como o calendário — a que arranca diariamente uma folha — fica cada vez mais fino; ao passo que quem conceber a vida no sentido do que acima se disse, parece-se com um homem que cuidadosamente toma a folha que acabou de separar do calendário, para juntá-la às restantes, já arrancadas, sem deixar de inscrever no verso uma notícia a modo de diário, a fim de se lembrar, cheio de orgulho e alegria, de tudo o que nessas notícias assentou — de tudo o que na vida foi "realmente vivido" (Frankl, 1989, p. 65).

A capacidade de ação sobre si mesmo, sobre o outro e sobre o meio, confere ao homem a possibilidade do encontro do sentido. Nesse caso, é possível a observação de uma convergência com uma das definições atribuídas por Fazenda (2001) à Interdisciplinaridade: ela é uma categoria de ação.

O saber-ser interdisciplinar confere ao sujeito a possibilidade de realizar sentido na medida em que coloca em ação a atitude interdisciplinar, interiorizada por meio de sua dimensão espiritual e exteriorizada de maneira consciente em seu convívio cotidiano. A interdisciplinaridade se configura, desta forma, como uma nova possibilidade de resposta às diversas questões que se impõem ao homem na atualidade. Respostas estas que conduzem a novas perguntas, todas imbuídas e repletas de sentido.

REFERÊNCIAS

ABBAGNANO, N. *Dicionário de filosofia*. São Paulo: Martins Fontes, 2003.

ESPÍRITO SANTO, R. C. *Autoconhecimento na formação do educador*. São Paulo: Ágora, 2007.

FAZENDA, I. C. A. (Org.). *Dicionário em construção*: interdisciplinaridade. São Paulo: Cortez, 2001.

FERREIRA, A. B. H. *Dicionário de língua portuguesa*. Rio de Janeiro: Nova Fronteira, 1988.

FRANKL, V. E. *Psicoterapia e sentido da vida*: fundamentos da logoterapia e análise existencial. 3. ed. São Paulo: Quadrante, 1989.

MATOS, R. H. *O sentido da práxis no ensino e pesquisa em artes visuais*: uma investigação interdisciplinar. Tese (Doutorado em Educação) — Programa de Pós-Graduação em Educação/Currículo da Pontifícia Universidade Católica, São Paulo, 2003. 155 f.

MOREIRA JOSÉ, M. A. *De ator a autor do processo educativo*: uma investigação interdisciplinar, 2011. 288 f. Tese (Doutorado em Educação) — Programa de Pós-Graduação em Educação/Currículo da Pontifícia Universidade Católica, São Paulo, 2003.

RICOEUR, P. *O percurso do reconhecimento*. São Paulo: Loyola, 2006.

SONHO

Peterson José Cruz Fernandes

Eis algo fundamental para a vida, mas que atualmente soa "obsoleto", "arcaico", pois, como afirma Habermas (*apud* Cavalcante, 1996, p. 75), a modernidade é a expressão de uma época "[...] com conteúdos em mudança, que se opõe em relação com a Antiguidade para conceber-se a si mesma como resultado de uma transição do antigo para o novo". Na modernidade, o presente revela-se como a instância na qual se constrói ou se desenvolve a validade de todas as ações.

> Um presente que, a partir do horizonte dos novos tempos, se compreende a si próprio como atualidade da época mais recente, tem de assumir, como renovação contínua, a cisão que os novos tempos levam a cabo com o passado. [...] A modernidade não pode e não quer continuar a ir colher em outras épocas os critérios para sua orientação, ela tem de criar em si própria as normas por que se rege. A modernidade vê-se remetida para si própria sem que a isso possa fugir. (Habermas, 1990, p. 18)

Um reflexo dessa realidade, no meu ponto de vista, é a forma como a sociedade atual pauta, de maneira preponderante, seus critérios e ações no hoje, no agora e naquilo que é material. Sonhar é desafiador. Quantas crianças e jovens sem sonhos... Vivendo apenas o agora... Sem perspectivas e expectativas... Com o seu emocional à deriva nos sucessos e insucessos do hoje... Sem esperança... Sem espera... Sem amanhã.

Penso que a pessoa não nasceu para viver de maneira sonolenta, indiferente. Há a necessidade de um engajamento que o lança para algo supremo, para além de si, para o futuro, para a transcendência.

Sem esse movimento "para o alto e para fora", o homem seria um objeto estático e viveria na mediocridade.

> [...] O homem pessoal não é feito para a adaptação e para a segurança, mas como diz Malebranche, "para ir sempre mais longe". Sem esta realidade que o aspira para o alto, o homem ou vegeta na mediocridade — a interioridade se dissolve em subjetivismo, a exterioridade no impessoal — ou então cai abaixo da animalidade: "Nenhum ser vivo, salvo o homem", escreve Mounier, "inventou as crueldades e as baixezas em que se compraz ainda". (Moix, 1968, p. 1174)

Parece-me que é papel da escola sonhar. Sonhar com um mundo melhor, com pessoas melhores, com menos injustiças, com mais partilha, felicidade, amor. Para tal, a escola precisa de pessoas que sonham e acreditam. Infelizmente, tenho observado, cada vez mais, uma multidão de educadores pessimistas diante do cenário educacional e global. Essa postura torna a peregrinação do educador pesada, exaustiva e, em muitos casos, inviável. Acredito que, como educadores, precisamos assumir uma visão mais positiva do mundo e do homem e, dessa maneira, sonhar. Dessa forma, a partir do nosso testemunho, conseguiremos incutir uma cultura da esperança e do sonho, que poderá inspirar nossos alunos a viverem de maneira engajada e comprometida com os seus próprios projetos e com os projetos da humanidade.

REFERÊNCIAS

HABERMAS, Jurgen. *O discurso filosófico da modernidade*. Trad. Ana Maria Bernardo. Lisboa: Dom Quixote, 1990.

______ *apud* CAVALCANTE, Alberto Rocha. Habermas e a gênese da modernidade na ilustração ou Aufklarung. *An. Filos. São João del-Rei*, São João del-Rei, n. 3, p. 75-91, jul. 1996.

MOIX, Candide. *O pensamento de Emmanuel Mounier.* Rio de Janeiro: Paz e Terra, 1968.

SUSTENTABILIDADE

Arnoldo José de Hoyos Guevara
Beatriz Marcos Telles

Etimologicamente, sustentabilidade é palavra originária do latim *sustentare* e nos remete a suportar, defender, auxiliar, manter, conservar em bom estado, resistir, impedir que caia, alimentar física ou moralmente, impedir a ruína, animar, aguentar, dentre outros (Telles, 2011; Ferreira, 1986).

Quando se estuda sustentabilidade deparamo-nos com a expansão do conceito para desenvolvimento sustentável. Em publicação do Relatório Nosso Futuro Comum da ONU, conhecido como *Relatório de Brundtland* (CMMAD, 1987, p. 46) encontramos um dos conceitos mais divulgados e aceitos sobre desenvolvimento sustentável como "aquele que atende às necessidades do presente sem comprometer a possibilidade de as gerações futuras atenderem a suas próprias necessidades".

O conceito foi bem divulgado pelas áreas ambientais, alertando sobre o definhamento da natureza gerado pelas decisões e omissões inconsequentes humanas repercutindo na água, no solo, na terra, no ar, comprometendo o futuro da vida em toda sua biodiversidade (Guevara et al., 2011).

A palavra sustentabilidade não deveria remeter somente a questões ambientais, conhecidas como questões *verdes,* como acontece na maioria dos casos, diante das divulgações iniciais do assunto, pois existem vários outros aspectos tão importantes quanto este, que foram deixados de lado por muito tempo, como as questões econômicas e sociais que também requerem cuidados, pesquisas, consciência e ações, principalmente mudanças de práticas.

A temática da sustentabilidade tem sido discutida e inserida em vários espaços, em formatos e tempos bem distintos, como nas corporações e instituições de ensino. No ambiente empresarial, percebemos empresas se mobilizando para o tema, porém, na sua maioria por pressões do ambiente mercadológico e dos negócios, pois, os clientes mais conscientes já começam a exigir produtos (e serviços) sustentáveis, ou seja, aqueles que não agridem a natureza e não contribuem com a insustentabilidade das futuras gerações, por exemplo, um produto não oriundo de trabalho escravo.

Já no ambiente educacional, percebemos a integração da sustentabilidade ocorrendo de forma lenta e com pouca aderência, pois, ainda não está incluída de fato na consciência de todos seus *stakeholders*, ou seja, todas pessoas envolvidas com a questão direta ou indiretamente como gestores, professores, alunos, funcionários/colaboradores, comunidade em geral, poder público, fornecedores etc.

Considerando a instituição educacional uma empresa, ela também precisa ser bem administrada com adequada gestão e para tal a sustentabilidade também precisa ser integrada o mais breve possível ao seu modelo administrativo. Algumas instituições já abordam sustentabilidade, mas, focam em redução de custos, o que reduz o tema e sua discussão. O tema é complexo e interdisciplinar, exigindo união de pessoas apoiando na sua ampla discussão e integração nos mais variados contextos, considerando os pilares social, ambiental e econômico, dentre outros que já despontam.

No campo da Administração de Empresas, destacamos os *Principles for Responsible Management Education* (PRME), que, até dezembro de 2010, já tinham sido assinados por mais de 300 instituições de ensino superior de Administração em todo o mundo (Zelem, Blanchard e Lecome, 2010), onde constam os princípios do propósito, de valores, de método, de pesquisa, de parceria, de diálogo. Para o professor Jacobi (2011), as ações e atividades relacionadas à sustentabilidade nas instituições se manifestaram de duas formas inter-relacionadas. A primeira está relacionada com iniciativas dentro dos *campi*, que consistem no que se convencionou denominar planos para *campus greening*, onde encontramos desenvolvimento de programas referentes a reciclagem, eficiência energética, consumo consciente de água etc.

A segunda refere-se à inserção da sustentabilidade nos currículos, chamados de currículos sustentáveis.

Existe uma grande incoerência e lacuna entre o que se assina (em declarações, pactos e compromissos), o que se ensina, o que se divulga à sociedade e o que de fato se pratica.

Há vários obstáculos aos avanços da sustentabilidade no currículo das escolas de Administração de Empresas (Benn e Martin, 2010), como, por exemplo: os de base disciplinar e ao caráter fragmentado do ensino. Algumas iniciativas de sucesso encontradas referem-se a ações isoladas de docentes sem o devido apoio institucional.

> [...] uma das questões que mais desafiam as universidades e, no caso, as escolas de Administração é como as instituições podem modificar sua dinâmica de aprendizagem organizacional, visando enfatizar uma visão participativa e abrangente que inclua a universidade e a sociedade no tema da sustentabilidade, principalmente os enfoques participativos, em uma visão mais integradora e abrangente. (Jacobi, 2011, p. 39)

Um outro obstáculo relaciona-se à integração de um tema complexo em modelos lineares:

> na medida em que se coloca a necessidade de apresentar e usar um paradigma de complexidade em um contexto que estimula o pensamento linear. Nesse sentido, esse desafio propõe a metodologia da resolução de problemas no sentido de estimular complexas abordagens e aquisição de habilidades em uma agenda de ensino orientada por valores instrumentalistas (Jacobi, 2011, p. 40).

De certa forma, percebemos via pesquisas publicadas que as instituições de ensino superior que dizem adotar sustentabilidade ou fazem pelo *esverdeamento* do campus em que se empreendem projetos relacionados a questões ambientais especificamente ou adicionam conteúdos a uma parte específica do currículo (Springett e Kearins, 2005; Starik e Rands, 2009; Raufflet, Dupré e Blanchard, 2009). As universidades têm permanecido em grande parte como organizações *que conhecem*, em vez de organizações que *aprendem* (Tilbury, In: Corcoran e Wals, 2004).

Considerando que as Escolas de Administração, os bacharelados em destaque, priorizam formar pessoas para atuarem no ambiente mercadológico, nota-se uma necessidade urgente de se ajustar currículos, didática e formação docente para que se atenda a demanda por um profissional polivalente, que exerça uma governança ética e transparente, comprometida com um modelo de valor sustentável ao acionista (Hart, Milstein, 2004) e com comprometimento às futuras gerações que influencia, em que a *vida* no seu âmbito global aconteça de forma sustentável. Nossas pesquisas têm apontado a isso, em que os princípios da interdisciplinaridade, como espera, humildade, respeito e desapego, possam talvez facilitar esta integração da sustentabilidade na educação visto ser tarefa complexa e delicada, exigindo cuidado na quebra de paradigmas que o fato requer, quando observamos os modelos fragmentados e dissociados de ensino e de projetos curriculares (Fazenda, 2008, 2003, 2001; Fazenda e Ferreira, 2013; Fazenda e Pessoa, 2013).

Neste contexto, estaríamos participando da formação de novas gerações de gestores empresariais e tomadores de decisão, mais comprometidos com o planeta, com o futuro e com a vida dentro de toda sua biodiversidade, assim como comprometidos com a criação de empresas sustentáveis, indo muito além do aumento de lucros e redução de custos. Sem esses novos princípios, entendemos que continuaríamos reproduzindo os mesmos modelos exploratórios e insustentáveis de vida e de empresas, em que o estímulo à competição e aos lucros, de forma atomizada e fragmentada potencializaria o caos do planeta como já temos acompanhado em várias áreas, referentes problemas à natureza (clima, água, agricultura, biodiversidade, poluição, geração de resíduos, consumo, energia, nascentes etc.) e problemas relacionados às questões econômicas e sociais (fome, desemprego, acesso às informações, educação, mobilidade em cidades, infraestrutura, dentre tantos outros).

Sustentabilidade é um conceito amplo e complexo que para ser integrado no ambiente empresarial e educacional da forma global como as pesquisas sinalizam, poderia acontecer facilitado e mediado pela interdisciplinaridade, apoiando na formação de docentes interdisciplinares e consequentemente dos futuros tomadores de decisão, alinhados todos ao novo planeta em que somos chamados a construir.

REFERÊNCIAS

BENN, S; MARTIN, A. Learning and change for sustainability reconsidered: a role for boundary objects &, Sydney, v. 9, n. 3, p. 397-412, Sept. 2010. Academy of Management Learning Education,

COMISSÃO MUNDIAL SOBRE MEIO AMBIENTE E DESENVOLVIMENTO (CMMAD). *Nosso Futuro Comum.* Rio de Janeiro: Editora da Fundação Getúlio Vargas, 1987.

FAZENDA, Ivani Catarina Arantes; FERREIRA, Nali Silva R. (Org.). *Formação de docentes interdisciplinares.* Curitiba: CRV, 2013.

FAZENDA, Ivani Catarina Arantes; PESSOA, Valda Inês F. (Org.). *O cuidado em uma perspectiva interdisciplinar.* Curitiba: CRV, 2013.

______. FAZENDA, Ivani Catarina Arantes (Org.). *O que é a interdisciplinaridade?* São Paulo: Cortez, 2008.

______. *Interdisciplinaridade*: qual o sentido? São Paulo: Paulus, 2003.

______. *Dicionário em construção.* São Paulo: Cortez, 2001.

FERREIRA, A. B. H. (Coord.) *Novo dicionário da língua portuguesa*. 2. ed. Rio de Janeiro: Nova Fronteira, 1986.

GUEVARA, Arnoldo J. H. et al. (Orgs.). *Educação na era da sustentabilidade*. São Paulo: Saint Paul, 2011.

HART, S.; MILSTEIN, M. Criando valor sustentável. *RAE Executivo*, revista de Administração de Empresas, v. 3, n. 7, p. 65-79, maio/jun. 2004.

JACOBI, Pedro R.; RAUFFLET, E.; ARRUDA, M. P. Educação para a sustentabilidade nos cursos de administração: reflexão sobre paradigmas e práticas. *RAM, REV. ADM. MACKENZIE*, v. 12, n. 3, Edição Especial. São Paulo, maio/jun. 2011, p. 21-50. ISSN 1678-6971

RAUFFLET, E.; DUPRÉ, D.; BLANCHARD, O. Training managers for sustainable development: the lens of three practioners. In: WANKEL, C.; STONER, J. A. F. *Management education for global sustainability*. Charlotte: Information Age Pub, 2009.

SPRINGETT, D.; KEARINS, K. Educating for sustainability: an imperative for action. *Business Strategy and the Environment*, New York, v. 14, p. 143-145, May/June 2005.

STARIK, G.; RANDS, M. The short and glorious history of sustainability in North American management education. In: WANKEL, C.; STONER, J. A. F. *Management education for global sustainability*. Charlotte: Information Age Pub, 2009.

TELLES, Beatriz Marcos. *Integrando a sustentabilidade na formação de administradores*. São Paulo: Dissertação (Administração) — Programa de Pós-Graduação em Administração, Pontifícia Universidade Católica, São Paulo, 2011. 250 p.

TILBURY, D. Environmental education for sustainability: a force for change in higher education. In: CORCORAN, P. B.; WALS, A. E. J. *Higher education and the challenge of sustainability*: problematics, promise, and practice. Dordrecht: Kluwer Academic, 2004.

ZELEM, M. C.; BLANCHARD, O.; LECOME, D. *Education pour le développement durable*: de l'école au campus. Paris: L'Harmatlan, 2010.

TRABALHO CRÍTICO

Ana Rosa Vidigal

A interdisciplinaridade, tomada como processo interacional de referência para o ensino-aprendizagem, e como um dos parâmetros mais significativos que concorrem para o processo de produção e circulação de saberes de formação docente na contemporaneidade, pressupõe um trabalho crítico, que se constitui naquilo que diz respeito ao tensionamento inerente ao movimento de interseção entre diferentes campos do conhecimento, ou disciplinas.

A criação de um novo campo do conhecimento, que se origina no encontro entre dois ou mais domínios de saber, é o resultado de um diálogo que se propõe interdisciplinar, por meio de interlocução social, a circulação de pontos de vista, critérios e reflexões, organizadas na construção de proposições de uma efetiva formação para a interação entre disciplinas, que tenha como eixo a formação do cidadão. A esse diálogo, denomina-se trabalho crítico.

O trabalho crítico, inerente ao movimento interdisciplinar, é aquele que permite fundamentar a sustentação de um ambiente de reflexão permanente com vistas à construção de espaços mediadores para proposições de intervenção social. É nesse diálogo, na pluralidade de vozes que o fundamentam, que se manifesta a interdisciplinaridade, ligada à prática e formação docentes, e de sua operacionalização nos currículos de formação discente, foco sobre o qual nos debruçamos neste verbete.

O exercício do "diálogo" cognitivo pelo trabalho crítico que a formação, nessas práticas, solicita, é uma condição para a efetiva participação dos sujeitos no espaço social, constituindo-se elemento fundamental na construção identitária crítica e participativa dos sujeitos. O trabalho crítico é permeável, e diferentes experiências podem se influenciar mutuamente, considerando-se que os objetivos se fundam, essencialmente, no desenvolvimento de âmbitos de interlocução social, fazendo circular diferentes pontos de vista.

A concepção de trabalho crítico (Braga, 2006) pressupõe o trabalho com práticas de linguagem significativas na escola. Tal concepção de articula com a noção de gênero, discutida, na medida em que se apresenta como de um conjunto de atividades de práticas de linguagem, evidenciadas em sistemas de ações de linguagem (Schneuwly e Dolz, 1999, p. 6), que implicam em diversas capacidades do sujeito, a saber: "adaptar-se às características do contexto e do referente (capacidades de ação), mobilizar modelos discursivos (capacidades discursivas) e dominar as operações psicolinguísticas e as unidades linguísticas (capacidades linguístico-discursivas)".

No que concerne ao trabalho crítico na interdisciplinaridade é preciso ressaltar seu caráter transversal. Conforme Braga (2006, p. 62), esse trabalho crítico, quanto mais bem desenvolvido for, sobretudo em ambientes de formação, como na escola, mais capacidade os sujeitos terão para um movimento de autoformação e autonomia no aprender a aprender, em suas práticas sociais, de uma forma mais abrangente.

Um dos aspectos relevantes do trabalho crítico desenvolvido na escola é, para Braga (2006, p. 49), "elaborar as 'boas perguntas' que estejam sendo sugeridas e solicitadas na vivência social, que talvez o senso comum não consiga distanciamento para formular com precisão e pertinência". Isso envolve o tensionamento, o enfretamento entre diferenças, negociações de sentido, aprendizagem colaborativa, disponibilidade para reconhecer a provisoriedade de convicções, livre debate. Nesse sentido, Schneuwly e Dolz (1999, p.13) defendem que o debate é, na escola,

> *um formidável instrumento* de aprofundamento dos conhecimentos, de exploração de campos de opiniões controversas, de desenvolvimento de

> novas ideias e de novos argumentos, de construção de novas significações, de apreensão dos outros e de transformação de atitudes, de valores e de normas.

Esses modos de um posicionamento próprio a partir do desenvolvimento de argumentos e de modalização de enunciados, a possibilidade de cada um (por meio do funcionamento do debate) de intervir livremente quando quiser, a capacidade de centralizar-se nos objetos em jogo e de engendrar novos temas que daí decorram, o respeito à palavra dos outros e a integração destas ao próprio discurso (Schneuwly e Dolz, 1999, p.13).

Ainda, para os autores citados, o trabalho crítico deve ser entendido como uma atividade agonística,[37] que diz respeito à atitude responsiva dos sujeitos em formação, que atribuem ao debate sentido social. É, portanto, um trabalho dinâmico de "ação crítica", de tensionamento, de embate, de inserção em contextos diversos, por meio do qual se que fazem gerar e circular processos interpretativos.

Por fim, assenta-se o pressuposto segundo o qual o agenciamento desse trabalho é, inevitavelmente, o agenciamento dos sujeitos envolvidos nele, e de sua representatividade, no âmbito social, decorre a significação dada a essas práticas no âmbito escolar. Em outras palavras, esse trabalho crítico afigura-se como um espaço significativo de interlocução, e "é nesse território de atos dialógicos, fundadores das ações interativas, agenciadoras de relações com outros discursos, que os sujeitos se constituem como tais [...]" (Silva, 1999, p. 94-95).

O professor é, dessa forma, esse agente social que mobiliza os saberes e experiências de um grupo, e é aquele que agencia o trabalho crítico, em forma de debate, na sala de aula, e que se propõe, dessa feita, um condutor de ações dialógicas entre diferentes vozes: pontos

---

37. "Agonística (de *agón*, luta, conflito, combate, codificado) refere-se à busca de conhecimento com base na polêmica, no livre debate de ideias, no abandono do argumento de autoridade" (Braga, 2006, p. 336).

de vista, outros agentes sociais, diferentes domínios do conhecimento e de atividades sociais.

Como bem acentuam Braga e Calazans (2001), lida-se, nesse contexto, com uma cultura de aprendizagem em processo constante de transformação. O desafio maior dessa interface entre diferentes disciplinas, no entanto, parece ser o de se privilegiar a reflexão e ação, na perspectiva daquilo que se compreende por trabalho crítico (Braga, in Fausto Neto, 2008), que, tem a fundamentação no professor, como agente de letramento (Kleiman, 2005), e na legitimação dos novos e diversos saberes, práticas de linguagem (Schneuwly, Dolz, 1999), que se manifestam nas práticas sociais.

Note-se a diversidade de saberes que circulam no espaço de interação social e que novas habilidades para o uso desses saberes são, dessa forma, demandadas pela sociedade às instâncias socializadoras como a instituição escolar. Novas linguagens, novas formas de interação, novos ambientes, novas formas de aprender e de produzir conhecimento se impõem como saberes a serem legitimados e inseridos nas práticas escolares.

Importa ressaltar aqui, para finalizar, a importância da articulação, nesse contexto, da autonomia, da participação social e do trabalho crítico na construção de novos domínios de saber, novas áreas do conhecimento, por meio da ação da interdisciplinaridade. O trabalho crítico, que compreende a ação pedagógica do professor em sala de aula, com o referido objeto que pressupõe o debate, uma reflexão, ou seja, um trabalho assentado na argumentação e no tensionamento de diferentes pontos de vista, deve se dar de uma forma transversal nas práticas pedagógicas e na formação docente. Deve se fundamentar na aprendizagem colaborativa (Wells, 1992) e na competência do "aprender a aprender". E, dessa forma, trabalho crítico de tensionamento nas interações entre os atores e o objeto de ensino (mediações), na construção de saberes, pode alimentar a mobilização política da esfera civil com repertórios de informação e estoques cognitivos (Gomes, in:

Peruzzo et al., 2003) tão necessários à prática cidadã, que se fundamenta no diálogo social por excelência.

REFERÊNCIAS

BRAGA, José Luiz. *A sociedade enfrenta sua mídia*: dispositivos sociais de crítica midiática. São Paulo: Paulus, 2006.

______. Processo de aprendizagem de interação midiatizada. In: FAUSTO NETO, Antônio; GOMES, Pedro Gilberto (Orgs.). *Midiatização e processos sociais na América Latina*. São Paulo. 2008.

______; CALAZANS, Maria Regina Zamith. *Comunicação e educação*: questões delicadas na interface. São Paulo: Hacker, 2001.

GOMES, Wilson. Jornalismo e esfera civil: o interesse público como princípio moral no jornalismo. In: PERUZZO, Cicília Maria Krohling; ALMEIDA, Fernando Ferreira de (Orgs.). *Comunicação para a cidadania*. São Paulo: Intercom; Salvador: Uneb, v. 17, p. 28-51, 2003.

KLEIMAN, A. B.; MANTENCIO, M. L. M. (Orgs.). *Letramento e formação do professor*: práticas discursivas, representações e construção do saber. Campinas: Mercado das Letras, 2005.

SCHNEUWLY, B.; DOLZ, J. Os gêneros escolares: das práticas de linguagem aos objetos de ensino. *Revista Brasileira de Educação*, n. 11, maio/jun./jul./ago. 1999.

SILVA, Jane Quintiliano Guimarães. Gênero discursivo e tipo textual. *Revista Scripta*. Belo Horizonte: PUC-Minas, v. 2, n. 4, p. 87-106, 1999.

WELLS, G. L. Chang. *Constructing knowledge together*: classrooms as centers of the inquiry and literacy. Portsmouth: N. H. Heine Mann, 1992. p. 136-175. (Talk about text: where literacy is learned and taught, Chapter 7.)

VALORES

Mariana Aranha Moreira José

A palavra valor, para Ferreira (1988, p. 663), possui tanto o significado do equivalente em dinheiro por uma mercadoria, quanto da importância que se dá a algo, no sentido de "qualidade pela qual determinada pessoa ou coisa é estimável, em maior ou menor grau; mérito ou merecimento intrínseco". Para valores, o autor Ferreira (1988, p. 663) atribui, dentre outros, o seguinte significado: são "as normas, princípios ou padrões sociais aceitos ou mantidos por indivíduo, classe, sociedade etc.".

Já para a filosofia, o termo valor significa os objetos de escolha moral, definição esta que permeará as discussões tratadas neste texto:

> Em geral, [o valor é] o que deve ser objeto de preferência ou de escolha. Desde a Antiguidade essa palavra foi usada para indicar a utilidade ou o preço dos bens materiais e a dignidade ou o mérito das pessoas. [...] O uso filosófico do termo só começa quando seu significado é generalizado para indicar qualquer objeto de preferência ou de escolha, o que acontece pela primeira vez com os estoicos, que introduziram o termo no domínio da ética e chamaram de valor os objetos de escolha moral. (Abbagnano, 2003, p. 989)

Frankl (1989) compreende que os valores possuem uma qualidade universal, dirigida para o bem. A sua realização ocorre no cotidiano das pessoas, e não no campo subjetivo, das ideias. Para ele (Frankl,

1989, p. 75), "os valores redundam em exigências do dia e em missões pessoais; ao que parece, somente por intermédio destas missões é que se pode intender para os valores que por trás delas se escondem". Por isso, a realização de valores não é igual para todas as pessoas. Ela depende que cada sujeito elabore seus próprios valores e que a eles atribua significado.

Para Cortella (2003), os valores são produtos ideais de cultura criados pelos homens para que suas vidas valham a pena, ou, em outras palavras, que a existência adquira sentido. Diz o autor:

> A primeira intenção de todo o ser vivo é manter-se vivo, mas, para nós, não é suficiente a mera sobrevivência apoiada em conhecimentos sobre o mundo: é fundamental que a vida valha a pena. Por isso, um dos produtos ideais da Cultura são os valores por nós criados para o existir humano pois, quando os inventamos, estruturamos uma hierarquia para as coisas e acontecimentos, de modo a estabelecer uma ordem na qual tudo se localize e encontre seu lugar apropriado. Só assim a vida ganha sentido (na dupla acepção de significado e direção). (Cortella, 2003, p. 45-46)

Quando da realização de minha pesquisa de doutorado (Moreira José, 2011), verifiquei que a vida cotidiana oferece aos sujeitos possibilidades de realizar valores e que estas possibilidades não são impostas. De acordo com Frankl (1989), elas se manifestam em valores criativos, vivenciais e de atitude.

Os *valores criativos* estão relacionados à dimensão do saber-fazer, ao campo do trabalho, e às ações exercidas pelas pessoas em seu cotidiano. Não importa, neste caso, em que o homem trabalha. O que realmente configura a realização de valor é o "modo" como este homem exerce o seu trabalho, ou seja, a sua atitude[38] diante dele:

---

38. Nesse conceito, verificamos o mesmo sentido atribuído pela Interdisciplinaridade (Fazenda, 2001) ao termo atitude. A atitude interdisciplinar está diretamente relacionada a um modo de ser coerente, que não abre mão do olhar em totalidade, atento às mais variáveis formas de manifestação da realidade e exteriorizadas nas formas de respeito, desapego, espera e humildade.

> Um homem simples que realmente cumpre as tarefas concretas impostas pela família e a profissão é, a despeito da sua vida "pequena", bem "maior" e mais altamente colocado do que, por exemplo, um "grande" estadista que, com uma penada, pode dispor da sorte de milhões de pessoas, mas toma as suas decisões sem prestar atenção à consciência. (Frankl, 1989, p. 81)

Dentro desta concepção, estão inclusas todas as ações realizáveis por qualquer indivíduo, independente de sua idade e da existência de pagamento por estas ações. Podem realizar valores criativos crianças, jovens, adultos e idosos, em atividades remuneradas ou de voluntariado.

Um exemplo interessante ocorreu em uma escola em que eu era a diretora quando foi implantado o Ensino Médio. Os alunos, coordenados pela professora de Arte, iniciaram uma pesquisa sobre um projeto denominado "Arte e Cultura" existente há anos na Educação Infantil. Esta pesquisa tinha como objetivos promover uma convivência saudável e prazerosa entre os alunos destas duas modalidades de ensino (já que estudariam no mesmo horário); compreender que a escola possui uma história e que todos fazem parte dela; além de promover a releitura de algumas obras de arte já trabalhadas, reproduzindo-as nos muros da escola.

Esta tarefa acabou sendo abraçada por todos os alunos do Ensino Médio e foi se ampliando — por iniciativa deles mesmos — para as turmas seguintes, demonstrando a importância e o valor da atividade realizada.

Nem todos os valores, porém, se condensam na realização de um ato criador, e por isso não podem ser considerados criativos. Segundo Frankl (1989), existem categorias de valores que ocorrem por meio das experiências subjetivas do homem, ou seja, quando ele abre o seu espírito para a acolhida do mundo, entregando seus sentimentos à beleza da natureza e da arte. Estes valores são denominados *vivenciais*:

> Imagine-se que um homem, amante da música, está sentado na sala de concertos e que, precisamente no instante em que lhe soam aos ouvidos

> os compassos mais tocantes da sua sinfonia predileta, sente aquela forte comoção que só se experimenta perante a beleza mais pura. Suponha-se agora que, nesse momento, alguém lhe pergunta se a sua vida tem um sentido; a pessoa assim interrogada não poderá deixar de responder que valeria a pena viver, mesmo que fosse só para experimentar a vivência desse doce instante. Com efeito, embora se trate de um só momento, pela grandeza de um momento já se pode medir a grandeza de uma vida. (Frankl, 1989, p. 82)

Para Ferreira (1988, p. 677), o termo vivencial é originário do termo vivência. Vivência, por sua vez, significa: "1. O fato de ter vida, de viver; existência. 2. Experiência de vida. 3. O que se viveu". O termo vivência está correlacionado às experiências atribuídas ao ser humano, ou seja, às experiências que fazem parte de sua trajetória de vida e que, por isso, contribuem para a sua constituição enquanto pessoa e profissional.

Fazenda (2013) acredita que as vivências fazem parte do processo que constrói um professor interdisciplinar. É por meio de experiências sensíveis que as parcerias ganham força e sentido, tocadas pelo reconhecimento, pela gratidão, pela generosidade, pela alteridade, pelo abraço e pelo olhar.

Em 2010, durante um curso sobre Letramento no ensino superior, propus que os alunos resgatassem, por meio de suas memórias pessoais, situações agradáveis relacionadas à leitura. Para tanto, escolhi intencionalmente um poema, e pedi que as lembranças se materializassem em telas de pintura, com pincel e tinta. No final da atividade, muitas alunas descreveram a emoção que as envolveu a partir da ativação de suas lembranças e da possibilidade de registrá-las simbolicamente.

No entanto, para Frankl (1989) ainda existe uma terceira categoria de valores que permitem ao ser humano o encontro do sentido: os *valores de atitude*.

A realização deste tipo de valor ocorre quando não há a possibilidade da criação de algo (no caso dos valores criativos), nem do usufruto das vivências (no caso dos valores vivenciais). Por isso, é considerada uma categoria de valor que se apresenta em um nível mais elevado da dimensão espiritual do homem, pois exige deste uma atitude de mudança diante de uma realidade que não pode ser alterada ou, como diria Frankl (1989, p. 83), "diante de um destino imutável". Quando não se pode mudar determinada situação, a pessoa ou o próprio destino, o que nos resta é a transformação de nossa forma de pensar, sentir e agir sobre e a partir desta situação.

Durante minha pesquisa de doutorado (Moreira José, 2011) percebi que são muitas as oportunidades que as escolas possuem de oferecer subsídios para que alunos, professores e funcionários possam realizar valores de atitude quando a vida lhes apresentar situações imutáveis.

Um exemplo descrito foi de um aluno que, ao sofrer violência doméstica e ser internado em um hospital infantil, aguardava todos os dias a visita do professor designado para levar as atividades de aula. A confiança do menino nos professores era tanta que o juiz, ao sentenciar sua guarda para determinado membro da família, orientou para que ele permanecesse na escola. Esta situação fez com que o corpo docente refletisse sobre a importância de sua ação na vida das crianças e dos adolescentes, pois muitas vezes as atividades rotineiras os impediam de visualizar o que realmente importa no processo educativo: a educação do ser humano como um todo.

A interdisciplinaridade, considerada uma categoria de ação por Fazenda (2001), conduz o sujeito à realização de valores por meio de atitudes concretas em seu cotidiano, no universo composto pelas relações entre os indivíduos, desde as mais próximas até as mais distantes. Estas atitudes — interdisciplinares — exigem uma postura coerente com os princípios teóricos que norteiam a teoria, como a humildade, o desapego, o respeito, a espera e o olhar.

Realizar valores criativos, vivenciais e de atitude é próprio de um saber-ser interdisciplinar, que preocupado com um olhar de totalidade diante de si mesmo, do outro e do seu cotidiano, aponta para a constituição de um universo mais humano, mais vivo, mais repleto de sentido.

REFERÊNCIAS

ABBAGNANO, N. *Dicionário de filosofia*. São Paulo: Martins Fontes, 2003.

CORTELLA, M. S. *A escola e o conhecimento*: fundamentos epistemológicos e políticos. 2. ed. São Paulo: Cortez/Instituto Paulo Freire, 2003.

FAZENDA, I. C. A. (Org.). *Dicionário em construção*: interdisciplinaridade. São Paulo: Cortez, 2001.

______. *Formação de docentes interdisciplinares*. Curitiba: CRV, 2013.

FERREIRA, A. B. H. *Dicionário de Língua Portuguesa*. Rio de Janeiro: Nova Fronteira, 1988.

FRANKL, V. E. *Psicoterapia e sentido da vida*: fundamentos da logoterapia e análise existencial. 3. ed. São Paulo: Quadrante, 1989.

MOREIRA JOSÉ, M. A. *De ator a autor do processo educativo:* uma investigação interdisciplinar. 2011. 288 f. Tese (Doutorado em Educação) — Programa de Pós-Graduação em Educação/Currículo da Pontifícia Universidade Católica, São Paulo, 2003.

VIVÊNCIA SIMBÓLICA

Simone Moura Andrioli de Castro Andrade

A vivência simbólica é uma possibilidade ou necessidade de busca do conhecimento do ser humano em sua totalidade por meio do caminho simbólico, pois: "Todas as coisas e vivências são símbolos. A percepção da parte como símbolo a remete ao Todo" (Byington, 2003, p. 34). O símbolo é um elemento essencial no processo de comunicação e de expressão, encontrando-se difundido pelo cotidiano e pelas mais variadas vertentes do saber humano.

O processo de autoconhecimento vivenciado, que foi um caminho apontado como resultado da minha pesquisa de mestrado (Andrade, 2010), como psicóloga/educadora, possibilitou-me reconhecer a importância da vivência simbólica, mediante o exercício da interdisciplinaridade, como uma aproximação para uma educação integradora.

O termo símbolo, originado no grego *σύμβολον* (*sýmbolon*), designa um elemento representativo de algo que tanto pode ser um objeto, como um conceito ou ideia, e além do sentido visível e objetivo, esconde um sentido invisível (Jacobi, 1995). Segundo Jung (1987, p. 55), símbolo "significa sempre mais do que o seu significado imediato e óbvio [...] aparecem em todos os tipos de manifestações psíquicas. Existem pensamentos e sentimentos simbólicos, situações e atos simbólicos". É a partir desta perspectiva que uma palavra ou um gesto podem ser simbólicos, pois implicam alguma coisa além do seu significado manifesto e imediato.

Com minha pesquisa (Andrade, 2010) pude levantar a hipótese de que a partir do reconhecimento da inclusão da vivência simbólica na formação do educador, aproximaria este profissional para uma educação mais integrada. Esse trabalho pode ser reconhecido como uma prática interdisciplinar, considerando interdisciplinaridade como "uma nova atitude diante da questão do conhecimento, da abertura à compreensão de aspectos ocultos do ato de aprender e dos aparentemente expressos, colocando-os em questão" (Fazenda, 2002, p. 11).

Desejo ao compartilhar a minha experiência simbólica, que denominei de "trilha transformadora" contemplada no meu processo de individuação, não só desvelar o tema em questão, mas mobilizar a reflexão de educadores para a inclusão da vivência simbólica em sua prática interdisciplinar.

Vivenciando simbolicamente

Na minha dissertação de mestrado (Andrade, 2010) vivenciar simbolicamente contemplou de forma intuitiva o mito pessoal, que segundo Campbell (2007) é uma metáfora[39] da potencialidade espiritual do ser humano. Fui direcionada por meio do universo simbólico para o desenvolvimento espiritual, inserido no processo de individuação,[40]

39. Houaiss (2004) apresenta a definição de metáfora como a designação de um objeto ou qualidade mediante uma palavra que designa outro objeto ou qualidade que tem com o primeiro uma relação de semelhança.

40. O conceito de individuação foi criado pelo psicólogo Carl Gustav Jung e é um dos conceitos centrais da sua psicologia analítica. A individuação, conforme descrita por Jung, é um processo através do qual o ser humano evolui de um estado infantil de identificação para um estado de maior diferenciação, o que implica uma ampliação da consciência. Através desse processo, o indivíduo identifica-se menos com as condutas e valores encorajados pelo meio no qual se encontra e mais com as orientações emanadas do Si-mesmo, a totalidade (entenda-se totalidade como o conjunto das instâncias psíquicas sugeridas por Carl Jung, tais como persona, sombra, *self*, por exemplo) de sua personalidade individual.

o que revela o mito como um "chamado anímico". Segundo Campbell (2007), nós somos tomados pelos mitos, somos capturados pelos mesmos, ou seja, ao entrar em contato com algum símbolo ou vivência simbólica que pode surgir por meio de uma ideia, imagem ou sonho, inicialmente pode causar estranhamento ou curiosidade. Na minha vivência fui capturada pela imagem da "flor de lótus". Embora tivesse, ao iniciar a pesquisa (Andrade, 2010), outro tema em mente, conscientemente, ao me permitir entrar em contato com esta metáfora de transformação, percebi a importância de abrir mão do controle racional, ou seja, de vivenciar a "entrega", que é um princípio interdisciplinar (Fazenda, 2002). Esse foi um ponto de partida fundamental para que o que o processo transformador ocorresse. Outro elemento que saliento que o educador leve na sua "bagagem" como educador interdisciplinar diz respeito à "escuta sensível", que segundo Barbier (2007) significa sentir o universo afetivo, imaginário e cognitivo do outro para compreender do interior as atitudes e os comportamentos, os sistemas de ideias, de valores, de símbolos e de mitos ou a existencialidade interna. Iniciei o percurso rumo ao processo de individuação — trilha transformadora — adentrando em contato com símbolos inconscientes existentes na "sombra", aspectos obscuros na psique, propicia examinar e reavaliar trilhas anteriores para poder preparar a bagagem para essa trilha. No meu processo, ao vivenciar os aspectos inconscientes e sombrios como, por exemplo, a dificuldade de escrever, desenvolvi a função da criatividade e inclusive ousei escrever poesias.

Todas as funções psíquicas, tais como: medo, ansiedade, orgulho, coragem, tristeza, alegria, segundo Byington (2003), são estruturantes no processo de individuação. Contêm as polaridades e interagem criativa e defensivamente em nosso desenvolvimento psíquico. Cabe ao educador perceber o que ocorre na interação com o educando no contexto escolar, o que Byington (2003) denominou de "Self"[41] peda-

41. *Self* ou si-mesmo Jung (1987) considera como principal dos arquétipos ou arquétipo central e a soma dos processos inconscientes e conscientes.

gógico. Ao reconhecer essas polaridades na ação o educador pode se sentir mais integrado e interagir de uma forma ampliada, e conectado ao seu aluno com novas ideias e projetos.

Segundo Jung (1981), o inconsciente coletivo é organizado em símbolos e modelos chamados arquétipos. Os mitos representam um tipo de arquétipo. A formação de cristais foi uma analogia que Jung (1981) usou para ajudar a explicar a diferença entre os padrões arquetípicos e os ativados em nós: um arquétipo é como um padrão invisível que determina qual a forma e a estrutura que um cristal tomará enquanto se molda. Outros tipos compreendem as histórias de fadas, as sagas populares e as obras de arte. Segundo Jung (1987), todas as mitologias têm alguns traços comuns e estudando a mitologia poderíamos traçar o desenvolvimento psicológico da humanidade. Cada indivíduo deve encontrar um aspecto do mito que se relacione com sua própria vida.

O processo de autoconhecimento vivenciado simbolicamente pode contribuir para que as atividades no cenário educacional possam ser realizadas de uma maneira mais totalizadora, onde não só sobressairia o pensamento ou os conteúdos a serem assimilados de uma forma mental, como também englobaria, por meio de um trabalho de dramatização, contação de história ou mitos, dimensões que incluiriam o corpo, o movimento, as sensações, as intuições e os sentimentos no processo educacional.

O sentido e encantamento da vida podem ser engajados neste caminho transformador educacional, proporcionando o desenvolvimento do educando em sua inteireza. Esse caminho poderia ser considerado uma prática interdisciplinar na medida em que a ação interdisciplinar, segundo Fazenda (2003), é pautada em ação, movimento e reconhece a renovação e transformação nesse processo. Pode-se considerar que a Interdisciplinaridade proporciona encantamento nas práticas educacionais: "Um olhar interdisciplinarmente atento recupera a magia das práticas, a essência dos seus movimentos, mas, sobretudo conduz-nos a outras superações, ou mesmo reformulações" (Fazenda, 2005, p. 13).

Entrar em contato com método da pedagogia simbólica que contempla a vivência simbólica no contexto educacional possibilita um caminho que integra vida e aprendizagem, pois a cognição envolve todo o processo de vida e inclui a emoção, percepção e o comportamento. Segundo Byington (2003, p. 15) a pedagogia simbólica é:

> um método centrado na vivência e não na abstração, e que evoca diariamente a imaginação de alunos e educadores para reunir o objetivo e o subjetivo dentro da dimensão simbólica ativada pelas mais variadas técnicas expressivas para vivenciar o aprendizado.

No meu processo, frente a uma realidade posta, a vontade que nasceu do coração precisava da ação e de mãos para ser construída. Era um "pedido" do meu *self*. Percebia, aos poucos, que as questões apresentadas me conduziam para uma direção em busca da minha totalidade. Assim, para iniciar o caminho simbólico, é importante reconhecer quais são as verdadeiras mobilizações e origens do movimento. Na minha trilha pude reconhecer a importância de perceber e desenvolver outras capacitações que vieram da dimensão afetiva e da função do sentimento. Aspectos mais obscuros da sombra como "potenciais transformadores"[42] puderam emergir ao longo dessa trilha interdisciplinar vivencial simbólica. Metaforicamente, pode aparecer o mito pessoal, bem como foi evidenciada a importância da vivência simbólica no processo de desenvolvimento. A vontade de transformar e a integração psíquica do princípio feminino possibilitaram a expansão da sensibilidade e afetividade o que se opõe a uma atitude autoritária e machista que ainda prevalece em muitas situações e contextos, inclusive no educacional.

42. Simbolicamente compreendido como talentos ou potencialidades desconhecidas.

A vivência simbólica contempla o desenvolvimento do Ser em sua totalidade, e engloba a humildade, respeito, desapego, espera e coerência, que são destacados e trabalhados por Ivani Fazenda como importantes princípios interdisciplinares. Por meio do desenvolvimento desses princípios, dimensões essenciais do ser humano, o educador pode se aproximar da finalidade "humanizadora"[43] de educação proposta por Gusdorf (2006). A interdisciplinaridade vem ao encontro dessas conexões. É a busca permanente de sentido, na direção da totalidade do conhecimento, respeitando a especificidade de cada disciplina, ao mesmo tempo em que se expressa a partir da vivência. Assim, "a interdisciplinaridade não se ensina, nem se ensina, nem se aprende, apenas vive-se, exerce-se" (Fazenda, 2002, p. 56).

REFERÊNCIAS

ANDRADE. *Autoconhecimento e pedagogia simbólica junguiana*: uma trilha interdisciplinar transformadora na educação. Programa de Pós-Graduação em Educação/Currículo da Pontifícia Universidade Católica, São Paulo, 2010.

BARBIER, Renée. *A pesquisa-ação*. Tradução de Lucie Didio. Brasília: Liber Livro, 2007.

BYINGTON, Carlos. *A construção amorosa do saber*: o fundamento e a finalidade da pedagogia simbólica junguiana. São Paulo: Religare, 2003.

CAMPBELL, Joseph. *O poder do mito*. São Paulo: Palas Athena, 2007.

FAZENDA, Ivani (Org.). *Pesquisa em educação e as transformações do conhecimento*. Campinas: Papirus, 2005.

FAZENDA, Ivani. *Interdisciplinaridade*: qual o sentido? São Paulo: Paulus, 2003.

43. A finalidade "humanizadora" de educação proposta por Gusdorf contribui para a ampliação da consciência de humanidade.

FAZENDA, Ivani. *Dicionário em construção*: interdisciplinaridade. 2. ed. São Paulo: Cortez, 2002.

GUSDORF, G. et al. *Interdisciplinaridade*: Antologia. Porto: Campo das Letras, 2006.

HOUAISS, Instituto Antônio. *Dicionário eletrônico da língua portuguesa*. Manaus: Objetiva, 2004 (CD-ROM).

JACOBI, J. *Complexo, arquétipo e símbolo na Psicologia de C. G. Jung*. São Paulo: Cultrix, 1995.

JUNG, C. G. *O homem e seus símbolos*. Rio de Janeiro: Nova Fronteira, 1987.

______. *O desenvolvimento da personalidade*. Petrópolis: Vozes, 1981.

GEPI, Obras, Organizadora, Coordenadora e Autores

GRUPO DE ESTUDOS E PESQUISA EM INTERDISCIPLINARIDADE (GEPI)

O Grupo de Estudos e Pesquisa em Interdisciplinaridade (GEPI) foi criado em 1981 pela professora doutora Ivani Catarina Arantes Fazenda. O Grupo teve seu reconhecimento pela Capes em 1986. É composto por pesquisadores atuantes nas mais variadas áreas do saber. Ligados a universidades e instituições de pesquisa do Brasil e do exterior, esse grupo trabalha como massa crítica na elaboração das reflexões sobre a Interdisciplinaridade. O GEPI construiu ao longo de sua história parcerias de pesquisa entre grupos de estudo sobre a Interdisciplinaridade no Brasil e no mundo. Atualmente mantém um contato permanente entre vários de seus interlocutores. Visite nosso *site* e participe de nossa revista e eventos.

Site: <http://www4.pucsp.br/gepi>
Revista do GEPI: <http://revistas.pucsp.br/index.php/interdisciplinaridade>

RELAÇÃO DE OBRAS PUBLICADAS POR E SOB A ORGANIZAÇÃO DE IVANI CATARINA ARANTES FAZENDA[44]

(1979) Integração e Interdisciplinaridade no ensino brasileiro: efetividade ou ideologia

FAZENDA, Ivani Catarina Arantes. *Integração e interdisciplinaridade no ensino brasileiro*: efetividade ou ideologia. São Paulo: Loyola, 1979. 107 p.

(1981) Práticas interdisciplinares na escola

FAZENDA, Ivani Catarina Arantes (Org.). *Práticas interdisciplinares na escola*. 8. ed. São Paulo: Cortez, 2001 [1981]. 147 p.

(1985) Anotações sobre metodologia e prática de ensino na escola de 1º grau

FAZENDA, Ivani Catarina Arantes; PETEROSSI, Helena Gemignani. *Anotações sobre metodologia e prática de ensino na escola de 1º grau*. São Paulo: Loyola, 1985. v. 10, 135 p. (Col. Educ-ação.)

(1985) Educação no Brasil anos 60: o pacto do silêncio

FAZENDA, Ivani Catarina Arantes. *Educação no Brasil*: anos 60. O pacto do silêncio. São Paulo: Loyola, 1985. 126p.

(1988) Tá pronto, seu lobo?

FAZENDA, Ivani Catarina Arantes (Org.). *Tá pronto, seu lobo?* Didática/Prática na pré-escola. São Paulo: Educ, 1988. 72 p.

(1988) Um desafio para a didática

FAZENDA, Ivani Catarina Arantes et al. *Um desafio para a didática*: experiências, vivências, pesquisas. São Paulo: Loyola, 1988. 74 p.

---

44. Muitas destas edições foram acrescidas e reformuladas.

(1988) Encontros e desencontros da didática e da prática de ensino

FAZENDA, Ivani Catarina Arantes (Org.). Encontros e desencontros da didática e da prática de ensino. *Cadernos Cedes* (Centro de Estudos Educação e Sociedade), São Paulo, v. 21, 76 p., 1988.

(1989) Metodologia da pesquisa educacional

FAZENDA, Ivani Catarina Arantes (Org.). *Metodologia da pesquisa educacional*. São Paulo: Cortez, 1989. v. 1, 174 p.

(1990) A arte-magia das dobraduras

FAZENDA, Ivani Catarina Arantes; ASCHENBACH, Maria Helena (Lena) Costa Valente; ELIAS, Marisa Del Cioppo. *A arte-magia das dobraduras*: histórias e atividades pedagógicas com origami. São Paulo: Scipione, 1990. v. 19, 208 p. (Série Pensamento e Ação no Magistério.)

(1991) Interdisciplinaridade: um projeto em parceria

FAZENDA, Ivani Catarina Arantes. *Interdisciplinaridade*: um projeto em parceria. São Paulo: Loyola, 1991. v. 13, 119 p. (Col. Educar.)

(1994) Interdisciplinaridade: história, teoria e pesquisa

FAZENDA, Ivani Catarina Arantes. *Interdisciplinaridade*: história, teoria e pesquisa. Campinas: Papirus, 1994. 143 p.

(1995) A academia vai à escola

FAZENDA, Ivani Catarina Arantes (Org.). *A academia vai à escola*. Campinas: Papirus, 1995. 238 p.

(1995) A pesquisa em educação e as transformações do conhecimento

FAZENDA, Ivani Catarina Arantes (Org.). *A pesquisa em educação e as transformações do conhecimento*. Campinas: Papirus, 1995. 159 p.

(1998) Didática e interdisciplinaridade

FAZENDA, Ivani, Catarina Arantes (Org.). *Didática e interdisciplinaridade*. Campinas: Papirus, 1998. v. 1, 192 p.

(1999) A virtude da força nas práticas interdisciplinares

FAZENDA, Ivani Catarina Arantes (Org.). *A virtude da força nas práticas interdisciplinares*. Campinas: Papirus, 1999. 174 p.

(1999) Os lugares dos sujeitos na pesquisa educacional

FAZENDA, Ivani; TRINDADE, Victor; LINHARES, Célia (Orgs.). *Os lugares dos sujeitos na pesquisa educacional*. Campo Grande: Ed. da UFMS, 1999.

(2001) Conhecimento, pesquisa e educação

FAZENDA, Ivani Catarina Arantes; SEVERINO, Antonio Joaquim (Orgs.). *Conhecimento, pesquisa e educação*. Campinas: Papirus, 2001. v. 1, 175 p. (Série Cidade Educativa.)

(2001) Dicionário em construção

FAZENDA, Ivani Catarina Arantes (Org.). *Dicionário em construção*: interdisciplinaridade. São Paulo: Cortez, 2001. v. 1, 272 p.

(2002) Formação docente: rupturas e possibilidades

SEVERINO, Antônio Joaquim; FAZENDA, Ivani Catarina Arantes (Orgs.). *Formação docente*: rupturas e possibilidades. Campinas: Papirus, 2002. 222 p.

(2001) Les fondements de L'interdisciplinarité dans la formation à l'enseignement.

FAZENDA, I. C. A.; LENOIR, Y.; REY, B. (Orgs.). *Les fondements de L'interdisciplinarité dans la formation à l'enseignement*. Québec: Édictions du CRP, 2001. v. 1, 430 p.

(2003) Interdisciplinaridade: qual é o sentido?

FAZENDA, Ivani Catarina Arantes. *Interdisciplinaridade*: qual o sentido? São Paulo: Paulus, 2003. 85 p.

(2003) Políticas educacionais: o ensino nacional em questão

SEVERINO, Antonio Joaquim; FAZENDA, Ivani Catarina Arantes (Orgs.). *Políticas Educacionais*: o ensino nacional em questão. Campinas: Papirus, 2003. 192 p.

(2004) Novos enfoques da pesquisa educacional

FAZENDA, Ivani Catarina Arantes (Org.). *Novos enfoques da pesquisa educacional*. São Paulo: Cortez, 2004. v. 1, 150 p.

(2006) Formação docente: rupturas e possibilidades

SEVERINO, Antônio Joaquim; FAZENDA, Ivani Catarina Arantes (Orgs.). *Formação docente*: rupturas e possibilidades. Campinas: Papirus, 2002. 222 p.

(2006) Interdisciplinaridade na formação de professores: da teoria à prática

FAZENDA, Ivani Catarina Arantes (Org.). *Interdisciplinaridade na formação de professores*: da teoria à prática. Canoas: Ulbra, 2006. v. 1, 190 p.

(2006) Interdisciplinaridade na Educação Brasileira — 20 anos

FAZENDA, I. C. A.; VILCHES, Manolo; SOARES, Arlete Soares; KIECKOEFEL, Leomar; PEREIRA, Luiza (Orgs.). *Interdisciplinaridade na educação brasileira*: 20 anos. São Paulo: CRIARP, 2006. v. 1, 224 p.

(2008) O que é interdisciplinaridade?

FAZENDA, Ivani Catarina Arantes (Org.). *O que é interdisciplinaridade?* São Paulo: Cortez, 2008. v. 1, 199 p.

(2013) Formação de docentes interdisciplinares.

FAZENDA, Ivani Catarina Arantes; FERREIRA, Nali Rosa Silva (Orgs.). *Formação de docentes interdisciplinares*. Curitiba: CRV, 2013. v. 1, 233 p.

(2013) O cuidado em uma perspectiva interdisciplinar

FAZENDA, Ivani Catarina Arantes Fazenda; PESSOA, Valda Inês Fontenele (Orgs.). *O cuidado em uma perspectiva interdisciplinar*. Curitiba: CRV, 2013. 140 p.

ORGANIZADORA

Ivani Catarina Arantes Fazenda

Livre-docente em Didática pela Universidade Estadual Paulista Júlio de Mesquita Filho (Unesp/1991). Doutora em Antropologia pela Universidade de São Paulo (USP/1984). Mestre em Filosofia da Educação pela Pontifícia Universidade Católica de São Paulo (PUC-SP/1978). Graduada em Pedagogia pela Universidade de São Paulo (USP/1963). Atualmente é professora titular da PUC-SP, professora associada do CRIE (Centre de Recherche et Intervention Educative) da Universidade de Sherbrooke (Canadá), membro fundadora do Instituto Luso-Brasileiro de Ciências da Educação (Universidade de Évora), Portugal. Líder do Grupo de Estudos e Pesquisas em Interdisciplinaridade (GEPI) (PUC-SP). Integrante do grupo de pesquisa Interespe (PUC-SP).

CV: <http://lattes.cnpq.br/9538159500171350>
E-mail: jfazenda@uol.com.com

COORDENADORA TÉCNICA e AUTORA

Herminia Prado Godoy: Pós-doutora em Interdisciplinaridade pelo GEPI/PUC-SP (2011). Doutora em Educação/ Currículo pela Pontifícia Universidade Católica de São Paulo (PUC-SP/2011). Mestra em Distúrbios do Desenvolvimento pela Universidade Presbiteriana Mackenzie (Mackenzie/1999). PhD em Regression Therapy em 2000 pela AAPLE (USA). Graduada em Psicologia pela Universidade Paulista (Unip/1978). Especialista pelo CRP/06 em Psicologia Clínica e Forense. Integrante dos grupos de pesquisa pela PUC-SP (GEPI, Interespe) e Unifesp (GEH).

CV: <http://lattes.cnpq.br/1130515834292714>
E-mail: herminia@osite.com.br

AUTORES

ADALZIRA REGINA DE ANDRADE SILVA

Mestre em Educação/Currículo pela Pontifícia Universidade Católica de São Paulo (PUC-SP/2012). Especialista em Administração em Recursos Humanos pela Fundação Armando Álvares Penteado (2006) e em Administração de Empresas pela Universidade Ibirapuera (1997). Graduada em Matemática pela Universidade de Santo Amaro (1993). Educadora e Técnica de Desenvolvimento Profissional do Serviço Nacional de Aprendizagem Comercial São Paulo (Senac). Experiência na área de Educação e docência nos temas Interdisciplinaridade, Gestão de Pessoas e Qualidade de Vida. Consultora *ad-hoc* Capes na linha Interdisciplinaridade. Integrante do GEPI (PUC-SP).

CV: <http://lattes.cnpq.br/8336898660734391>
E-mail: adalzira@sp.senac.br

ANA LÚCIA GOMES DA SILVA

Doutora pelo Programa de Pós-Graduação em Educação/Currículo da Pontifícia Universidade Católica de São Paulo. Mestre em Educação pela Universidade Católica Dom Bosco de Campo Grande/MS (UCDB). Especialista em Arte na Educação pela UFMS. Graduada em Licenciatura em Artes Plásticas pela Universidade de Marília/SP. Professora da Universidade Federal de Mato Grosso do Sul/câmpus de Aquidauana. Pesquisadora no Grupo de Estudos e Pesquisas em Interdisciplinaridade (GEPI) da Pontifícia Universidade Católica de São Paulo e no Grupo de Pesquisa Ensino e Aprendizagem em Artes Visuais da UFMS.

CV: <http://lattes.cnpq.br/3468543283151836>
E-mail: analucia.sc1@hotmail.com

ANA LUIZA XAVIER STRANG

Graduada em Educação pela Faculdade de Educação da Universidade de São Paulo (Docência e Supervisão Escolar) em 1975. Consultora de empresas com foco no Desenvolvimento Humano e Organizacional; 41 anos de experiência em Recursos Humanos em organizações de vários portes, nacionais e familiares. Integrante do GEPI (PUC-SP).

E-mail: nilustrang@gmail.com

ANA MARIA DOS REIS TAINO

Doutorado e mestrado em Educação/Currículo pela Pontifícia Universidade Católica de São Paulo (2008 e 2002). Graduada em Pedagogia pela Universidade do Vale do Paraíba (1978). Coordenadora e docente do Núcleo de Educação a Distância da Universidade de Taubaté/SP; e professora colaboradora no Mestrado de Desenvolvimento Humano da mesma instituição. Integrante do GEPI (PUC-SP).

CV: <http://lattes.cnpq.br/3335134212765427>
E-mail: anam.reis@uol.com.br

ANA MARIA RUIZ TOMAZONI

Doutoranda em Educação e Currículo da Pontifícia Universidade Católica de São Paulo. Mestra em Gerontologia PUC-SP e Pós-Graduada em Hotelaria e Eventos pelo Senac-SP. Pedagoga pela PUC-SP. Técnica em Nutrição. Especialista em Gastronomia com vários cursos no exterior como Le Cordon Blue de Paris, Blue Elefant em Bangkok, entre outros realizados na Itália, Indonésia, México e outros. É proprietária da Escola de Gastronomia Sabor & Saber Gastronomia há mais de 28 anos, localizada em São Bernardo do Campo. Professora convidada no SESC, Professora pesquisadora na Uni-Italo. Integrante do GEPI.

CV: <http://lattes.cnpq.br/0504725376002311>
E-mail: anatomazoni@uol.com.br

ANA ROSA VIDIGAL DOLABELLA

Doutora em Língua Portuguesa/Linguística pela Pontifícia Universidade Católica de Minas Gerais (2010) (Programa de Doutorado com

Estágio no Exterior PDEE Capes Université Stendhal Grenole III, França). Mestre em Análise do Discurso (UFMG, 1999). Especialista em Psicopedagogia. Formada em Jornalismo/Comunicação Social (UFMG). Professora do Centro Universitário de Belo Horizonte (Uni-BH). Pesquisadora do UniBH — Educomunicação: Mídia, educação e organizações (Educomuni). Linha de pesquisa: A sala de aula interativa: mídias e processo de aprendizagem.

CV: <http://lattes.cnpq.br/8620617874418486>
E-mail: anarosavidigal@gmail.com

ANDREA CURY BORGES DE GOUVÊA TONANNI

Mestranda do Programa de Educação Currículo da Pontifícia Universidade Católica de São Paulo. Graduada em Administração pelo Centro Universitário das Faculdades Metropolitanas Unidas (1994). Especialização em Qualidade e Produtividade pela Fundação Carlos Alberto Vanzolini (2000). Gerente no Serviço Nacional de Aprendizagem Comercial, São Paulo, Senac Santana, São Paulo. Tem experiência na área de Educação, com ênfase em desenvolvimento de produtos educacionais e gestão educacional.

CV: <http://lattes.cnpq.br/5934391509412603>
E-mail: andreagouvea@hotmail.com

ARNOLDO JOSÉ DE HOYOS GUEVARA

Pós-doutorado na Universidade de Oxford (UK) (1985). Doutorado em Estatística pela University of California, Berkekley (USA, 1970). Mestrado em Engenharia Nuclear do PRNC na Universidade de Puerto Rico (USA, 1965). Graduação em Engenharia Química e Matemáticas pela Universidade de Nuevo Leon (México, 1961). Representante no Brasil da World Future Society (<www.wfs.org>), e do Projeto Milênio (<www.millennium-project.org>). Fundador e diretor do Núcleo de Estudos do Futuro (NEF) da Pontifícia Universidade Católica de São Paulo e da ONG educacional Gira Sonhos (<www.girasonhos.org.br>).

Professor da Pós-graduação em Administração da Pontifícia Universidade Católica de São Paulo. É responsável no Brasil pela organização do International Conference on Innovation and Managment ICIM (<www.pucsp.br/icim>) em colaboração com equipes da China, Japão e Holanda (<www.icimonline.net>); bem como do *Journal on Innovation and Sustainability* (<http://revistas.pucsp.br/risus>).

CV: <http://lattes.cnpq.br/1249843121429282>
E-mail: arnoldodehoyos@yahoo.com.br

BEATRIZ MARCOS TELLES

Mestra em Administração (PUC-SP/2011). Especializações em: *Design* Instrucional para EAD Virtual pela Universidade Federal de Itajubá (Unifei/2008) e Administração de Empresas pela Fundação Armando Álvares Penteado (FAAP/1993). Graduações em: Tecnologia em Processamento de Dados pela Universidade Federal de São Carlos (UFSCar/1983) e Licenciatura em Matemática/R2 (Centro Universitário Claretiano/2009). Possui vasta experiência no ambiente corporativo com planejamento estratégico, *design* de processos organizacionais, metodologias de negócios, informática, empreendimento turístico e com terapias holísticas. Experiência de oito anos como professora universitária em disciplinas da administração e como pesquisadora sobre sustentabilidade. Integrante dos grupos de pesquisa pela Pontifícia Universidade Católica de São Paulo: GEPI e NEF (Núcleo de Estudos do Futuro).

CV: <http://lattes.cnpq.br/1035565993154877>
E-mail: biatelles@gmail

CLAUDIO TORDINO

Doutorado em Educação/Currículo pela Pontifícia Universidade Católica de São Paulo (2010). Doutorado em Educação pela Faculdade de Educação da Universidade de São Paulo (2009). Mestrado em Educação/Currículo — Pontifícia Universidade Católica de São Paulo (2004).

Mestrado em Educação pela Faculdade de Educação da Universidade de São Paulo (2004). Especialização em Didática do Ensino Superior pela Universidade Presbiteriana Mackenzie (1992). Graduação em Administração com Ênfase em Análise de Sistemas pelas Faculdades Associadas de São Paulo (1981). Graduação em Economia pela Faculdade de Economia, Administração e Contabilidade da Universidade de São Paulo (1970). Pesquisador do GEPI (PUCSP).

CV: <http://lattes.cnpq.br/9486666779412186>
E-mail: ctordino@amcham.com.br

CHRISTINE SYRGIANNIS

Mestre em Educação Currículo pela Pontifícia Universidade Católica de São Paulo (PUC-SP) em 2013. Profissional de Humanidades, no Desenvolvimento Pessoal por meio da Expressão Falada e Escrita Proficiente em inglês/português junto a profissionais e acadêmicos de várias áreas. Integrante do GEPI (PUC-SP).

CV: <http://lattes.cnpq.br/2124813589310551>
E-mail: chrissyrgiannis@yahoo.com.br

DIAMANTINO FERNANDES TRINDADE

Pós-doutor em Educação pelo GEPI, Pontifícia Universidade Católica de São Paulo (PUC-SP/2008). Doutorado em Educação: Currículo pela PUC-SP em (2007). Mestrado em Educação pela Universidade Cidade de São Paulo (2002). Master Science in Education Science pela City University Los Angeles (1980). Graduação em Licenciatura em Química (1976) e Bacharelado em Química pelas Faculdades Oswaldo Cruz (1977). Graduação em Pedagogia/ Administração Escolar pela Universidade Nove de Julho (1983). Professor aposentado do Instituto Federal de Educação, Ciência e Tecnologia de São Paulo. Professor visitante do Centro Universitário Salesiano de São Paulo. Tem experiência na área de Química, atuando principalmente nos seguintes temas: Educação, Ensino, Química, formação de professores,

História da ciência e História e cultura afrobrasileira. Pesquisador do GEPI (PUC-SP).

CV: <http://lattes.cnpq.br/1057908056891748>
E-mail: diafetri@hotmail.com

DIRCE ENCARNACIÓN TAVARES

Pós-doutorado em Interdisciplinaridade pelo GEPI. Doutorado em Educação/Currículo pela Pontifícia Universidade Católica de São Paulo (2008). Doutorado em Educação pela Universidade São Marcos, São Paulo (2004). Mestrado em Educação/Currículo pela Pontifícia Universidade Católica de São Paulo (1990). Graduação em Pedagogia pelas Faculdades de Filosofia Ciências e Letras Tibiriçá (1985). Colaboradora para responder pela direção da escola para os cursos de auxiliar e técnico de enfermagem e técnico de esteticista na Cruz Vermelha de São Paulo. Pesquisadora do GEPI (PUC-SP).

CV: <http://lattes.cnpq.br/4345506272562072>
E-mail: dircetav@uol.com.br

DIVA SPEZIA RANGHETTI

Doutorado (2005) e mestrado (1999) em Educação/Currículo pela Pontifícia Universidade Católica de São Paulo. Graduação em Pedagogia pela Associação Catarinense de Ensino (1986). É professora titular do Centro Universitário Católica de Santa Catarina, câmpus de Jaraguá do Sul. Compõe o banco de avaliadores do Inep/MEC. É pesquisadora do GEPI (PUC-SP).

CV: <http://lattes.cnpq.br/1803300035899263>
E-mail: diva.ranghetti@uol.com.br

ELENICE GIOSA

Doutora pelo Instituto de Psicologia e Faculdade de Educação da Universidade de São Paulo. Participa de projetos voltados ao ensino de Inglês em universidades e empresas. Foi professora da Pontifícia Universidade Católica de São Paulo, ministrando cursos específicos na área de ensino de Inglês pela Educação de Sensibilidade. É membro do GEPI (PUC-SP) e do Interdisciplinaridade e Espiritualidade na Educação (Interespe).

CV: <http://lattes.cnpq.br/6173021984292370>
E-mail: elenicegiosa@gmail.com

FÁTIMA APARECIDA ARANTES SARDINHA

Doutorado em Ciências dos Alimentos pela Universidade de São Paulo (2002). Mestrado em Nutrição pela Universidade Federal de São Paulo (1996). Graduação em Nutrição pela Universidade de Mogi das Cruzes (1986). Especialização de Nutrição em Saúde Pública pela Universidade Federal de São Paulo (1992). Tem experiência na área de Nutrição Clínica e Experimental. Atua na área acadêmica desde 2002. Pesquisadora do GEPI (PUC-SP).

CV: <http://lattes.cnpq.br/5941507385434350>
E-mail: sardinha.fatima@yahoo.com.br

JERLEY PEREIRA DA SILVA

Mestrando do Programa de Educação/Currículo pela Pontifícia Universidade Católica de São Paulo. Pós-graduado em Gestão de Pessoas para Negócios e Consultoria Empresarial. Bacharel em Administração pela Universidade Ibirapuera (Unib). Gestor Educacional dos Cursos de Pós-Graduação nas Áreas de Negócios, Saúde e Educação. Coordenador adjunto do Curso de Administração e Docente no Centro Universitário Ítalo Brasileiro (Uni-Italo). Diretor executivo em empresa de Consultoria Educacional, com ênfase em elaboração de provas para concursos públicos. Integrante do GEPI e Interespe (PUC-SP).

CV: <http://lattes.cnpq.br/1012314103423287>
E-mail: jerley.silva@italo.br

LUCIANA PASQUALUCCI

Mestranda em Educação/Currículo na Pontifícia Universidade Católica de São Paulo, linha de pesquisa Interdisciplinaridade. Especialista em Psicopedagogia pela Pontifícia Universidade Católica de São Paulo. Graduada em Artes Plásticas pela FAAP. Possui experiência em educação em museus, formação de professores e estratégias para o ensino da arte contemporânea. Integrante do GEPI (PUC-SP).

CV: <http://lattes.cnpq.br/6970732117221802>
E-mail: lucianapasqualucci@gmail.com

MANOLO PEREZ VILCHES

Doutor em Educação pela Pontifícia Universidade de São Paulo (2009). Mestrado em Educação/Currículo pela Pontifícia Universidade Católica de São Paulo (1993). Graduação em Lengua Española pela Universidad de Salamanca (1990). Graduação em Arquitetura e Urbanismo pela Universidade de São Paulo (1988). Licenciatura em Matemática e Estatística pela Universidade de São Paulo (2002). Há mais de 30 anos trabalha com projetos arquitetônicos e também como professor/coordenador, lidando com as dificuldades no aprendizado escolar em diferentes níveis. Pesquisador do GEPI (PUC-SP).

CV: <http://lattes.cnpq.br/0064321434263143>
E-mail: manolovilches@uol.com.br

MARIA JOSÉ ERAS GUIMARÃES BIGUETTI

Doutora em Educação/Currículo, Linha da Interdisciplinaridade (PUC-SP), Mestre em Semiótica, Tecnologia de Informação e Educação (UBC-SP), Psicopedagoga (Univap-SP). Graduada em Pedagogia e Educação Física. Atua na área educacional desde 1986. Integrante do Núcleo Docente Estruturante (NDE) da Anhanguera Educacional, Unidade Jacareí (AESA). Pesquisadora do GEPI (PUC-SP).

CV: <http://lattes.cnpq.br/4855407483087809>
E-mail: espacosantamaria8@gmail.com

MARIA SUELI PERIOTTO

Mestre em Educação/Currículo pela Pontifícia Universidade Católica de São Paulo (2013). Pós-graduada em Gestão Educacional e Metodologia das Ciências Humanas, pela EADCON (2008). Graduada em Pedagogia pela Unifa (2003). Gestora escolar e professora do Instituto de Educação José de Paiva Netto, em São Paulo (2001-2013). Supervisora da linha pedagógica e formadora de professores rede de ensino da Legião da Boa Vontade (LBV). Apresenta o programa *Educação em Debate* na rádio AM 1230, pela SuperRede Boa Vontade de Rádio (sábado, domingo e segunda-feira). Integrante do GEPI (PUC-SP).

CV: <http://lattes.cnpq.br/6484077882374833>
E-mail: suelidez@hotmail.com

MARIANA ARANHA MOREIRA JOSÉ

Doutora e mestre em Educação/Currículo, linha de Pesquisa: Interdisciplinaridade pela Pontifícia Universidade Católica de São Paulo (PUC-SP/2011-2006). Pedagoga pela Faculdade Maria Augusta Ribeiro Daher, Jacareí/SP (2001). Professora visitante do Mestrado em Desenvolvimento Humano: Formação, Políticas e Práticas Sociais da Universidade de Taubaté (Unitau-SP). Trabalha nas áreas de Formação de Professores, Gestão Educacional e Interdisciplinaridade. Pesquisadora do GEPI (PUC-SP).

CV: <http://lattes.cnpq.br/1486008243996275>
E-mail: mariana-aranha@uol.com.br

MARILDA PRADO YAMAMOTO

Doutoranda pela Pontifícia Universidade Católica de São Paulo em Educação/Currículo. Mestrado em Educação/Currículo pela Pontifícia Universidade Católica de São Paulo (2003). Graduação em: Habilitação em Supervisão Escolar pela Universidade de Taubaté (1982); Habilitação em Administração Escolar pela Universidade de Taubaté (1981); Serviço Social pela Universidade de Taubaté (1969); em Desenvolvimento de Currículo pela Universidade de Taubaté (1966). Atualmente (2010) é professora de Pós-Graduação, Coordenadora Pedagógica, professora do Ensino à Distância da Universidade de Taubaté. Integrante do GEPI (PUC-SP).

CV: <http://lattes.cnpq.br/8308949064726196>
E-mail: marildayamamoto@ig.com.br

MARINA GRAZIELA FELDMANN

Doutora e mestra em Supervisão e Currículo pela Pontifícia Universidade Católica de São Paulo. Graduação em Pedagogia pela Pontifícia Universidade Católica de São Paulo (1971). É professora titular do Departamento de Fundamentos da Educação da Pontifícia Universidade Católica de São Paulo. Vice-coordenadora do Programa de Pós-Graduação em Educação/Currículo (2013-2015). Docente pesquisadora do Programa de Pós-Graduação em Educação/Currículo. Líder do Grupo de Pesquisa Formação de Professores e Cotidiano Escolar (PUC-SP).

CV: <http://lattes.cnpq.br/5107177703842569>
E-mail: feldmnn@uol.com.br

MAURINA PASSOS GOULART OLIVEIRA DA SILVA

Doutora em Educação/Currículo pela Pontifícia Universidade Católica de São Paulo (2008). Mestra em Educação pela Pontifícia Universidade Católica de São Paulo (1996). Especialista em Educação pela Universidade Católica de Santos (Unisantos/1991). Graduações pela Unisantos em: Letras (1978) e Pedagogia (1980). *Lato sensu* em Educação, Unisantos. Docente do ensino superior na rede privada de ensino e professora de Língua Portuguesa na rede pública de ensino no município de Guarujá. Atuou como professora conferencista da Universidade Estadual Paulista (Unesp), câmpus do litoral paulista (2005-2006). Pesquisadora do GEPI (PUC-SP).

CV: <http://lattes.cnpq.br/7928701726277924>
E-mail: mauripassos@uol.com.br

NALI ROSA SILVA FERREIRA

Doutora em Educação/Currículo (PUC-SP/2012). Mestre em Educação pelo Centro Federal de Educação Tecnológica de Minas Gerais (Cefet-MG). Licenciada em Pedagogia pela Universidade Federal de Minas Gerais (UFMG, BH). Especialização em Metodologia do Ensino Superior e em Orientação e Supervisão Educacional: Visão Integrada, pelo Centro de Estudos e Pesquisas Educacionais de Minas Gerais (Cepe-MG). Professora do Centro Universitário de Belo Horizonte (Uni-BH). Pesquisadora do Uni-BH, Educomunicação: Mídia, Educação e Organizações (Educomuni), linha de pesquisa: A sala de aula interativa: mídias e processo de aprendizagem. Pesquisadora do GEPI (PUC-SP).

CV: <http://lattes.cnpq.br/7638799795276672>
E-mails: nali.ferreira@yahoo.com.br; nali.ferreira@prof.unibh.br

ODILA AMÉLIA VEIGA FRANÇA

Doutoranda em Educação/Currículo pela Pontifícia Universidade Católica de São Paulo. Mestrado em Educação/Currículo pela Pontifícia Universidade Católica de São Paulo (2003). Graduação em Supervisão Escolar (Escolas de 1º e 2º Graus) pela Faculdade de Filosofia Ciências e Letras Nossa Senhora do Patrocínio (1985). Graduação em Pedagogia Habilitação Ensino das Disciplinas e Atividades Práticas dos Cursos Normais pela Faculdade de Filosofia, Ciências e Letras de Santos (1974). Graduação em Administração Escolar para o exercício nas Escolas de 1º e 2º Graus pelo Instituto de Educação Fábio Barreto (1972).

CV: <http://lattes.cnpq.br/3284641112108058>
E-mail: odila.veiga@hotmail.com

PETERSON JOSÉ CRUZ FERNANDES

Mestrando em Educação/Currículo pela Pontifícia Universidade Católica de São Paulo. Licenciatura em Filosofia e especializações em

Gestão Pedagógica, Supervisão e Orientação Educacional e Administração de Empresas. *Coach*, certificado pela Sociedade Brasileira de Coaching e pelo Behavioral Coaching Institute, com diversos cursos de extensão universitária e aprimoramento nas seguintes áreas: Filosofia, Gestão de Negócios e Pessoas, Pedagogia e Teologia. Integrante do GEPI (PUC-SP).

CV: <http://lattes.cnpq.br/1597142111140706>
E-mail: peterson.jose@uol.com.br

RICARDO HAGE DE MATOS

Doutorado em Educação/Currículo pela Pontifícia Universidade Católica de São Paulo (2003). Mestrado em Educação/Currículo pela Pontifícia Universidade Católica de São Paulo (1992). Graduação em Arquitetura e Urbanismo pela Universidade de São Paulo (1988). Diretor na Ponto — Sistema de Ensino. Tem experiência na área de artes, com ênfase em Artes Plásticas, atuando principalmente nos seguintes temas: Artes Visuais, Interdisciplinaridade, Arte e Tecnologia, Vídeoarte e Computação Gráfica.

CV: <<http://lattes.cnpq.br/3127250990275538>
E-mail: bedu@ig.com.br

ROSANA FERNANDEZ MEDINA TOLEDO

Mestre em Educação pela Universidade Cidade de São Paulo (Unicid). Especialização em Docência em Gastronomia e graduação em Gastronomia. Professor assistente I e líder no CNPq do Grupo de Estudos em Gastronomia (Gegastro) na Universidade Cruzeiro do Sul. Coordenadora do CST em Gastronomia e do CST em Eventos da Universidade Cruzeiro do Sul.

CV: <http://lattes.cnpq.br/8404499912166290>
E-mail: rftoledo@uol.com.br

SARAH FANTIN DE OLIVEIRA LEITE GALVÃO

Mestranda no Programa Educação/Currículo da Pontifícia Universidade Católica de São Paulo (PUC-SP). Especialista em Aprendizagem Docente no Ensino Superior pelas Faculdades Metropolitanas Unidas de São Paulo (2011) e especialista em Administração Estratégica com Foco em Recursos Humanos pela Universidade de Mogi das Cruzes (2009). Graduada em Hotelaria pela Universidade Anhembi-Morumbi de São Paulo (2005). Professora de Ensino Superior do Centro Universitário das Faculdades Metropolitanas Unidas (FMU). Integrante do GEPI (PUC-SP).

CV: <http://lattes.cnpq.br/6355241074808607>
E-mail: sarah_fantin@hotmail.com

SIMONE MOURA ANDRIOLI DE CASTRO ANDRADE

Mestre em Educação/Currículo pela Pontifícia Universidade Católica de São Paulo (PUC-SP/2010). Graduação em Psicologia pela Pontifícia Universidade Católica de São Paulo (1990). Coordenadora do projeto social Integração Real. Atua como psicóloga clínica e educadora. Integrante do Interespe e do GEPI.

CV: <http://lattes.cnpq.br/0618029679833651>
E-mail: simoneandrade@terra.com.br

SONIA REGINA ALBANO DE LIMA

Pós-doutorado em Interdisciplinaridade e Educação pelo GEPI (PUC-SP). Doutorado em Comunicação e Semiótica (Artes), pela Pontifícia Universidade Católica de São Paulo (1999). Pós-graduação *lato sensu* em Práticas Instrumentais e Música de Câmara pela Faculdade de Música Carlos Gomes (FMCG). Especialização em Interpretação Musical e Música de Câmara sob a orientação do professor Walter Bianchi na Faculdade de Música Carlos Gomes. Bacharelado em Instrumento musical (piano) pela Faculdade de Música Carlos Gomes, em 1982. Bacharelado em Direito pela Faculdade de Direito da Universidade de

São Paulo, em 1973. Licenciatura curta em Educação Musical pelo Instituto Musical de São Paulo (1967). Diretora da Escola de Música de São Paulo (Unesp). Pesquisadora do GEPI (PUC-SP) e da UniABC-Anhanguera (SP).

CV: <http://lattes.cnpq.br/1666271021207069>
E-mail: soniaalbano@uol.com.br

TELMA TEIXEIRA DE OLIVEIRA ALMEIDA

Doutoranda em Educação/Currículo pela Pontifícia Universidade Católica de São Paulo (PUC-SP). Mestre em Educação pela Universidade Metodista de Piracicaba (Unimesp-SP/2000). Especialista em Docência no Ensino Superior pela FIG/Unimesp/Guarulhos/SP (2010). Graduada em Licenciatura em Educação Física pelo Instituto Gammon, Lavras/MG (1995). Integrante do Interdisciplinaridade e Espiritualidade na Educação (Interespe) e GEPI (PUC-SP). Colaboradora do Núcleo de Estudos do Futuro (NEF/PUC-SP).

CV: <http://lattes.cnpq.br/1406608653225183>
E-mail: telmateix@yahoo.com.br

VALDA INÊS FONTENELE PESSOA

Doutorado em Educação/Currículo pela Pontifícia Universidade Católica de São Paulo (PUC-SP/2012). Mestrado em Educação pela Universidade de Campinas (Unicamp/1999). Graduada em Pedagogia pela Universidade Federal do Acre (1981). Integrante do grupo de pesquisa GEPI (PUC-SP) e GEPE. Professora e pesquisadora do Centro de Educação, Letras e Artes da Universidade Federal do Acre. Graduada em Pedagogia.

CV: <http://lattes.cnpq.br/3182016462906419>
E-mail: valdapessoa@yahoo.com.br

O QUE É INTERDISCIPLINARIDADE?

LEIA TAMBÉM

Ivani Fazenda (Org.)	
200 págs.	2ª edição (2013)
ISBN 978-85-249-2056-1	

Esta coletânea convida os leitores para fazerem suas próprias descobertas sobre a interdisciplinaridade, como atitude de ousadia frente ao conhecimento, mergulhando nos textos que a compõem. A obra vislumbra uma educação comprometida com os novos tempos do conhecimento humano.

LEIA TAMBÉM

NOVOS ENFOQUES DA PESQUISA EDUCACIONAL

Ivani Fazenda (Org.)	
192 págs.	8ª edição (2011)
ISBN 978-85-249-1639-7	

O educador/pesquisador é tão sozinho quanto solitário é o ato de pesquisar Educação. Da confluência das diferentes solidões surge este livro: convite ao desconhecido das pesquisas recentemente produzidas por eminentes educadores. Em cada texto, a presença de inúmeras contradições por eles vivenciadas em seus próprios itinerários.